le vrai
LIVRE du VIN

Paméla Vandyke Price

le vrai
LIVRE du VIN

EDITIONS PRINCESSE
55, Quai des Grands Augustins 75006 Paris

Production
Agence Internationale d'Edition
Jean F. Gonthier
8, avenue Villardin
1009 Pully (Suisse)

Titre original

THE TASTE OF WINE

A Dorling Kindersley Book

D. L. 1er trimestre 1981
No Editeur 203
ISBN 2-85961-097-9

Printed and Bound by Grijelmo, Bilbao, **Spain**

Table

CHATEAU LAFITE ROTHSCHILD

De tous les spécialistes du vin, Pamela Vandyke Price est certainement, à mon avis, la plus agréable à lire.

Elle connaît si bien la question qu'elle réussit toujours à aller au cœur du sujet avec un esprit de synthèse rare.

Elle a de plus ce don de rendre simples les choses compliquées tout en restant parfaitement technique, amusante et pleine d'anecdotes.

Tout néophyte, tout étudiant en œnologie se doit de lire ses œuvres. J'ajouterai que ceux qui croient s'y connaître ne perdront pas leur temps, rafraîchiront leurs connaissances et en acquerront de nouvelles.

Lorsque Pamela Vandyke vint déguster, en 1962, notre 1961 en primeur, elle fit preuve non seulement d'une compréhension totale du problème mais aussi d'une aptitude à la communiquer avec cet humour typiquement anglo-saxon qui manie l'euphémisme et l'art de « l'understatement » qui est tellement plus expressif que les superlatifs.

Je suis heureux que ce sésame du « bien boire » sorte en ce moment. On a trop tendance à considérer le vin comme une valeur refuge à mettre en coffre à des fins spéculatives : « l'or rouge ».

Trop de ventes aux enchères atteignent des prix en rapport seulement avec la publicité mondiale, que veut se faire, à bon compte, l'acheteur d'une bouteille à un prix démentiel sans savoir ce qui se passera au débouchage.

Heureusement, nous revenons maintenant à des comportements plus sages et plus logiques : Dieu a créé le vin pour être bu.

Que devenant plus sophistiqué, « on le regarde, on le tourne, on le hume, on le goûte, on le crache, enfin qu'on en parle ». Cela est affaire de spécialistes.

Le livre de Pamela Vandyke Price nous dit que chacun se fasse sa propre opinion sur chaque vin, de toujours tout remettre en question et de ne jamais se laisser impressionner par l'étiquette.

Alors, lisez-le, vous ne le regretterez pas et… à votre santé !

ELIE DE ROTHSCHILD

L'histoire du vin

Feuille de vigne fossilisée, ci-dessus. La première vigne connue est *vitis sezannensis*, qui poussait il y a plus de 60 millions d'années. On en a retrouvé quelques fossiles dans la région de Sézanne, en Champagne.

Evolution du pressoir. Dans les deux illustrations du haut, des Egyptiens pressent des raisins dans un sac dont ils tordent la toile pour recueillir les dernières gouttes. En dessous on voit un pressoir à poutre de la Grèce antique et un pressoir en bois caractéristique des pressoirs utilisés du Moyen Age au XIXᵉ siècle.

La vigne est une plante extraordinaire. C'est l'une des plus utiles à l'homme, l'une des plus belles qui soient... et c'est aussi la mère du liquide le plus fascinant du monde, le vin.

La vigne a existé bien avant l'homme. On a découvert des fossiles attestant la croissance de certain type de vigne dans les forêts subtropicales qui se dressaient dans la partie orientale de la France avant l'apparition de l'être humain. Mais les premiers raisins que l'homme a cultivés pour son propre usage ont sans doute poussé en Asie Mineure, au sud de la mer Noire et de la Caspienne, entre 6000 et 4000 avant Jésus-Christ. Nous ne saurons probablement jamais comment fut fabriqué le premier vin, mais il doit s'être fait par hasard : quelques grappes de raisin ont dû être abandonnées, peut-être oubliées dans une cruche ou dans un pot où, en raison de la chaleur, elles ont fermenté.

La Bible attribue à Noé le mérite d'avoir planté une vigne ; en tout cas, le raisin pouvait être utile à l'homme primitif de diverses manières : sa teneur en sucre est élevée, c'était donc un aliment précieux ; d'autre part, on peut le sécher et l'emmagasiner sous forme de raisin sec, ce qui permettait de constituer des réserves pour les nomades, pour les périodes hivernales et en temps de disette. On peut encore faire croître la vigne de telle sorte qu'elle protège du soleil ; enfin, elle est capable, comme l'olivier, de pousser dans des régions virtuellement inutilisables pour toute autre culture. Voilà pourquoi, comme on en trouve l'indication dans maint passage de l'Ancien Testament, la vigne était un bien précieux.

La culture de la vigne était, dès l'Antiquité, répandue tout autour de la Méditerranée ; ce furent probablement les Phéniciens qui amenèrent les premiers ceps en Grèce, à Rome et, plus tard, en France, et cela se produisit certainement avant 600 avant Jésus-Christ. Mais d'autres peuples de l'Antiquité, les Mésopotamiens, les Egyptiens, les Babyloniens et les Sumériens ont cultivé la vigne, et dès que l'homme a commencé à se représenter et à représenter ses occupations par le dessin ou par l'écriture, il a constamment montré et mentionné la vigne et le vin. Tout en étant une boisson agréable, le vin possède des propriétés médicinales et désinfectantes naturelles ; on s'en servait comme remontant, comme calmant et comme protecteur préventif contre les infections dans des régions où l'approvisionnement en eau était suspect. On pouvait laver avec du vin ou du vinaigre les aliments avant de les consommer, on pouvait les conserver en marinade composée de vin, d'huile et d'herbes, et on nettoyait les blessures avec du vin avant de les panser avec de l'huile. Les propriétés aussi multiples que mystérieuses du vin expliquent aussi qu'il ait inévitablement joué un rôle important dans nombre de rites religieux. Le culte de Dionysos, le dieu du vin, était un élément important de l'existence en Grèce ancienne ; il devenait parfois terrifiant, comme le démontrent les orgies bacchiques décrites par Euripide dans *les Bacchantes*.

Les Etrusques, les Carthaginois et, plus tard, les Romains, plantèrent des vignes et fabriquèrent du vin dans toute l'Italie. La vigne fut toujours vénérée : Pline signale que non seulement les centurions portaient des ceps comme insigne de leur rang et de leur autorité, mais encore que l'on ne flagellait les soldats romains pris en faute qu'avec des ceps de vigne, alors que les membres des autres troupes étaient fustigés au moyen de n'importe quel bâton. Le fondateur du christianisme s'est désigné lui-même comme « la vraie vigne » : dès lors, le vin et les grappes de raisin ont toujours figuré dans toutes les formes d'art chrétien.

A Rome, la demande croissante de vin était satisfaite non seulement par l'exploitation des vignes privées des riches citoyens mais aussi par celle de grandes plantations collectives, à vaste échelle. On recourait à divers types de pressoirs et le vin était transporté dans des peaux de bêtes, comme c'était encore le cas très récemment à Madère. On l'emmagasinait ensuite dans de grandes jarres ou plutôt dans des espèces de cuves primitives ; s'il était spécialement bon, on le conservait dans les récipients allongés à base en pointe que nous connaissons sous le nom d'amphores et qui peuvent être facilement enterrés, ce qui permet d'en tenir au frais le contenu. Pour le servir, on recourait à des amphores plus petites, fixées sur des supports de métal dans les demeures privées ; sur une peinture de l'époque classique représentant une cave individuelle, on voit une rangée de récipients analogues à des flacons trapus et portant des dates : il doit s'agir de crus spéciaux. A Pompéi, on a retrouvé un débit de boisson où les amphores étaient fixées, en position verticale, dans des niches pratiquées dans une sorte de comptoir ; elles étaient ainsi toutes prêtes pour verser à boire au client. Certaines des vignes que les Romains cultivaient ont même été identifiées par des autorités contemporaines en œnologie : il s'agirait des ancêtres des cépages classiques utilisés pour les meilleurs vins : l'Argitis de Pline était sans doute l'ancêtre du Riesling, il est probable que le Biturica Minor ait été un Gamay et le Helvenacia Minor un Pinot noir. Les règles relatives à la taille de la vigne et à sa protection contre les insectes nuisibles étaient très évoluées. Au fur et à mesure que les Romains étendaient leur Empire, ils plantèrent des vignobles destinés à approvisionner l'armée en Allemagne, dans la péninsule ibérique, dans les Balkans et en Grande-Bretagne.

Mais les vignobles locaux ne suffisaient pas à satisfaire à la demande des parties les plus reculées de l'Empire. On recourut aux fleuves navigables comme la Garonne et certaines portions du Rhône pour transporter les vins méditerranéens jusqu'aux garnisons nordiques ; des restes d'amphores trouvés dans des fouilles le long des routes romaines nous fournissent des indications sur les sites d'où les colonies romaines importaient leur vin et les itinéraires que ces importations empruntaient. A cette époque, il y avait déjà de vastes vignobles dans ce qui allait devenir plus tard le Bordelais, le long de la vallée du Rhône et dans celle de la Moselle : durant la seconde moitié du premier siècle de notre ère, on fabriqua même tant de vin que les prix commencèrent à baisser. Aussi l'empereur Domitien, craignant que la culture de la vigne ne supplantât celle du blé qui était indispensable pour faire du pain, promulgua en l'an 92 un décret interdisant l'établissement de nouveaux vignobles en Italie et ordonnant d'arracher la moitié de ceux qui se trouvaient dans le reste de l'Empire. Mais bien qu'on ait fait beaucoup de bruit à propos de ce décret, il semble très probable que les paysans s'arrangèrent, au moins partiellement, à éviter de s'y conformer. En tout cas, au moment où l'empereur Probus, au cours de son bref règne (276-282), abrogea le décret de Domitien, les vignobles de Bourgogne et ceux de la vallée du Rhône étaient bien en place. On commençait alors à se servir de fûts ; huit siècles plus tard, la Tapisserie de Bayeux nous montre que Guillaume le Conquérant importa en

Scènes de vendanges de l'Egypte ancienne, en haut et ci-dessus, du tombeau de Nakht (1372-1350 av. J.-C.) à Thèbes. On cultivait la vigne en treille (comme dans le Minho actuellement) pour les raisins de table ou le vin. La vigne marquait la position sociale de son propriétaire. Après le foulage, le vin était mis dans des jarres bouchées.

Détail d'un vitrail (XIIIe s.) de la cathédrale de Cantorbéry, ci-dessus, qui montre les deux espions revenant du pays de Canaan chargés d'une énorme grappe de raisin. «Nous sommes allés dans le pays où tu nous as envoyés. En vérité le lait et le miel y coulent, et en voici les fruits.»

Angleterre du vin transporté dans des tonneaux sans doute très semblables à ceux des Romains.

Les récipients dont se servaient les Romains étaient, à l'origine, scellés au moyen de cire, et ils avaient l'habitude, peut-être héritée des Grecs, de verser un peu d'huile sur le dessus du vin encore ouvert pour le protéger de la détérioration qu'il aurait subie autrement au contact de l'air. Cette pratique s'est poursuivie pendant très longtemps en Italie, et jusqu'à récemment, ceux qui ouvraient une bouteille ou un flacon de vin italien lui donnaient automatiquement une chiquenaude pour débarrasser la couche supérieure de son huile avant de le verser. Vers

Ci-dessus, fragments de mosaïque, Paphos, qui montrent Dionysos offrant du jus de raisin fermenté à une nymphe qui lève sa coupe. Au centre, Icarios, à qui le dieu avait appris à faire le vin, observe les effets du breuvage sur deux bergers. La mosaïque date du IIIe siècle.

A droite, scène de vendanges d'une mosaïque de Sainte-Constance, Rome, IVe siècle.

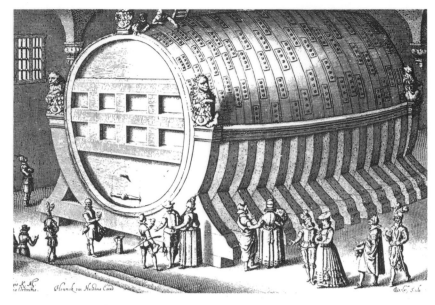

la fin de l'époque romaine, on recourut cependant aux bouchons de liège et aux bondes de bois pour fermer les récipients à vin : cette innovation résultait certainement du développement de l'Empire romain dans la péninsule ibérique et dans les régions occidentales de l'Afrique du Nord ; mais Pline parle déjà de « bouchons » pour le vin.

Après l'expansion du christianisme, ce furent les établissements religieux qui cultivèrent la vigne, tant pour l'usage ecclésiastique que pour la pratique médicinale. Certains grands propriétaires possédaient aussi des vignobles ; mais avec le déclin de l'Empire romain ct le début du Moyen Age, ces vignobles devinrent de plus en plus isolés et soumis aux risques de la guerre. Beaucoup d'entre eux dégénérèrent — on sait que des loups envahirent les vignobles bordelais — et on perdit l'habitude de se servir de bouchons, à l'exception peut-être des viticulteurs qui se trouvaient à proximité des forêts de chênes-lièges en Espagne et au Portugal.

Mais on continuait à faire du vin. Alcuin (735-804), le religieux que Charlemagne fit venir du Yorkshire pour servir de maître d'études à la cour impériale et qui fut sans aucun doute le premier œnologue anglais, remercie souvent dans ses lettres divers collègues qui lui avaient fait présent de pièces de vin et il donne aussi des directives très explicites sur la façon dont il faut prendre soin du vin qu'on lui envoie. Alcuin termina son existence à l'abbaye de Saint-Martin, à Tours, qui était déjà un centre vinicole bien connu ; en effet, saint Martin (315-397), le moine-soldat qui aurait partagé son manteau avec un mendiant, passe aussi pour avoir redécouvert l'art de la taille de la vigne : en inspectant leur vignoble, saint Martin et ses compagnons s'aperçurent avec horreur que leurs ânes, s'étant détachés, avaient brouté les jeunes pousses de vigne, mais ils constatèrent aussi que lors des vendanges suivantes, c'étaient justement ces vignes-là qui avaient fourni la production la plus abondante. Charlemagne s'intéressait certainement aux vins de Bourgogne, et ce fut lui qui donna l'ordre de planter de la vigne sur les grandes pentes de Johannisberg, au bord du Rhin, car il avait remarqué, à la fin d'un hiver, que ce site voyait fondre la neige avant tous les autres.

Pendant les quelque trois siècles durant lesquels tout le sud-ouest de la France appartint à la couronne d'Angleterre, une flotte transportant le produit des vendanges quittait régulièrement Bordeaux à destination des ports britanniques et de ceux d'Europe septentrionale, et pour se protéger des pirates qui rôdaient le long des côtes françaises, les Anglais constituèrent en outre une flottille spéciale de protection qui fut, en fait, à l'origine de la *Royal Navy*. Les fûts

L'énorme Kurfüsten Hoft de Heidelberg, fin du XVIᵉ siècle. C'était une des trois tonnes géantes des caves de l'Electeur palatin. Elle contenait plusieurs centaines de barriques. On trouvait souvent de telles tonnes en Allemagne. Les gravures retraçaient souvent des événements importants.

« La honte de Noé », à gauche, représentée sur un vitrail (XVᵉ siècle) du prieuré de Great Malvern. Noé, sorti de l'arche, planta une vigne et s'enivra de son vin. Cham se moqua de la nudité de son père, mais Sem et Japhet le couvrirent pendant son sommeil.

Saint Martin (316-397), ci-dessus. Evêque de Tours, plus connu pour le partage de son manteau, il a sa place dans l'histoire du vin pour avoir découvert l'importance de la taille — les ânes du monastère ayant brouté les vignes, la récolte fut meilleure.

A gauche, Dom Pérignon aveugle. Cellérier de Hautvillers à la fin du XVIIᵉ siècle, il fut « l'inventeur » du Champagne, et on lui attribue l'utilisation des bouchons de liège.

gigantesques qui remplissaient les cales des bateaux, les tonnes, ne sont plus en usage de nos jours, mais leur capacité est demeurée le paramètre mondial du *tonnage* des navires. Dès cette époque, on se servait à nouveau de bouteilles, mais plutôt comme carafons, pour y mettre le vin au fur et à mesure qu'on le tirait des fûts ; et si on ne les vidait pas immédiatement, on les bouchait sommairement au moyen d'un morceau de tissu ou de bois. Le vin nouveau était alors toujours meilleur que l'ancien, qui restait exposé à l'air pendant qu'il était en fût, ce qui amenait sa détérioration et sa transformation en vinaigre. Dans certaines parties du monde, on se servait de neige ou de glace pour conserver le vin et le refroidir, mais il fallait néanmoins « améliorer » la plus grande partie de ce breuvage, fabriqué sans méthode, en y ajoutant du miel pour le rendre à peu près buvable vers la fin de son existence ; ou bien on le mélangeait à l'hydromel pour en faire une boisson dite « bâtarde ». Chaucer se réfère souvent aux différents vins qu'on pouvait se procurer à Londres ; le grand poète anglais était, en effet, fils d'un négociant en vins et, comme tel, il était évidemment familiarisé avec les crus espagnols et bordelais.

Bordeaux se trouvait aussi sur l'itinéraire d'un des plus grands pèlerinages de tous les temps, celui de Saint-Jacques-de-Compostelle. Les pèlerins qui passaient par Bordeaux, auxquels se joignaient les réfugiés fuyant les Maures d'Espagne et les gens qui cherchaient un asile contre les persécutions religieuses et politiques dont ils étaient victimes dans maint pays, constituaient dans cette ville une sorte de communauté internationale. Les commerçants en vin de Bordeaux essayèrent de se protéger en insistant pour que les étrangers ne pussent se fixer qu'en dehors des murs de la vieille ville et que les vins que ces étrangers tiraient de leurs vignes ne fussent jamais exportés avant que le véritable Bordeaux eût quitté le port. C'est alors que fut créé le mot *clairet* que les Anglais emploient encore (sous la forme légèrement modifiée de « claret ») pour désigner le Bordeaux : il devait distinguer le Bordeaux authentique du vin produit dans la même région mais mélangé à des crus plus foncés et plus lourds provenant de l'intérieur et du sud de la France. Il faut noter que, de nos jours, les quais où étaient alors relégués les « étrangers » sont devenus au contraire la résidence de la « noblesse du bouchon » bordelaise.

Quand les explorateurs partaient pour découvrir des contrées nouvelles, le vin constituait une partie essentielle du chargement de leurs vaisseaux, ne fût-ce que pour économiser les précieuses rations d'eau : ainsi le Rioja accompagna Colomb en Amérique, mais le vin figure aussi dans les comptes rendus d'expédi-

tions plus anciennes. Lorsque, peu après l'an 1000 de notre ère, le Viking Leif Ericsson explora ce qui est devenu beaucoup plus tard la Nouvelle-Angleterre, il décrivit ses aventures dans la *Saga du pays du vin* ; il avait été impressionné par les vignes qu'il y avait trouvées. En fait, il ne pouvait s'agir de la vigne classique *(Vitis vinifera)* ; ce devait être *Vitis labrusca,* une vigne sauvage dont on tire un breuvage aigre que les Anglais qualifient de *foxy* (en français on parle d'un vin « foxé » ou « renardé »). Lorsqu'en 1585 sir Walter Raleigh entreprit son expédition qui devait s'achever par la colonisation de l'île de Roanoke en Virginie, il mentionna dans ses rapports l'existence d'une vigne produisant des raisins à très gros grains, le Scuppernong.

En 1522, Cortés envoya chercher en Espagne des boutures de vigne et, ce qui est encore plus intéressant, les Espagnols qui s'étaient installés au Mexique greffèrent ces boutures de vignes européennes sur les ceps indigènes, pour les protéger du phylloxéra : on trouve cette remarquable précision dans un compte rendu de la colonisation du Mexique rédigé en 1536.

Toutefois, c'est évidemment en France que se produisirent les développements les plus importants de l'histoire du vin, et cela vers la fin du XVIIᵉ siècle. En 1658, un jeune homme se fit moine et, dix ans plus tard, fut nommé cellérier de l'abbaye de Hautvillers en Champagne. A partir de cette date et jusqu'à sa mort en 1715, Dom Pérignon se dépensa sans compter pour étendre la renommée des vins de Hautvillers, qu'on désignait souvent comme les « vins de Pérignon ». Par malheur, les registres de l'abbaye disparurent lorsque les moines furent contraints de s'enfuir en 1790, mais il ne semble pas exagéré de dire qu'à ce bénédictin revient le mérite non seulement d'avoir réalisé le mélange particulier du Champagne et d'en avoir mis en valeur le pétillement, mais aussi d'avoir remis en honneur l'usage du bouchon de liège, ce qui permettait de mettre le vin en bouteille, de le sceller, de le coucher et de l'amener ainsi à maturité et à l'apogée de sa splendeur. Selon une anecdote, deux bénédictins espagnols en route pour la Suède se seraient arrêtés pour la nuit à Hautvillers ; les moines français leur auraient demandé quel était l'objet curieux dont ils se servaient pour boucher leurs gourdes d'eau et les Espagnols auraient expliqué qu'il s'agissait de l'écorce d'une espèce de chêne. A l'époque où se situe cet épisode, Dom Pérignon était devenu complètement aveugle, mais il était toujours très attentif aux innovations et il vit les possibilités qu'ouvrait cette méthode : ce serait donc de ce moment que daterait l'utilisation du liège pour conserver le bon vin en bouteille. Selon une autre version de l'histoire, ce serait Dom Pérignon qui aurait visité le monastère

Amphores dans le port de Carthage, sans doute du IIIᵉ siècle av. J.-C. Elles servaient aussi bien pour les olives et l'huile que le vin, et se logeaient entre les couples de la cale des navires. Outre le transport, elles étaient utilisées pour la conservation et la vente.

Echoppe de marchand de vin à Pompéi. Les trous du comptoir permettaient de poser les amphores droites. Le vin était peut-être rafraîchi par de l'eau ou du sable humide sous le comptoir.

bénédiction d'Alcántara, sur la frontière hispano-portugaise, et il aurait assisté aux travaux dans les forêts de chênes-lièges.

A la fin du XVIIᵉ siècle, on avait aussi mis au point, grâce à l'amélioration du soufflage du verre, de nouvelles bouteilles, plus épaisses et plus résistantes : celles-ci, fabriquées d'abord en Grande-Bretagne, furent dénommées *verres anglais* et servirent à l'embouteillage du Champagne.

Les premiers bouchons, même en liège, ne s'adaptaient pas très bien aux bouteilles et une bonne partie dépassait hors du goulot ; c'est souvent avec les dents que les buveurs débouchaient les flacons. Autour de 1750, on mit au point le tire-bouchon et il fut dès lors possible de boucher hermétiquement les bouteilles, qu'on se mit en outre à sceller au moyen de capsules de cire. La première étiquette, destinée à un Porto, date probablement de 1756, mais l'usage général de l'étiquette restait rare avant le XXᵉ siècle, sauf pour les très grands vins. Les gens se contentaient alors de commander à leur marchand le type de vin qu'ils désiraient.

Une fois que le vin put être conservé en bouteille pendant un certain temps, son amélioration fut si manifeste qu'au terme d'une très brève période, l'ère des grands vins bouchés débuta. Les bouteilles n'étaient pas encore normalisées, mais quand on pouvait les coucher latéralement (le bouchon, humecté par le vin, demeurait gonflé et, de ce fait, fermait hermétiquement le goulot), il était possible néanmoins d'en accumuler de grands stocks. Au cours du XVIIIᵉ siècle, la bonne chère et des vins appropriés constituèrent désormais un des éléments de la vie civilisée dans les grandes capitales ; et les viticulteurs conçurent alors des vins capables de durer longtemps. Par exemple, dans certaines régions viticoles comme la Gironde, le « chapeau » formé par les peaux de raison, les pépins et les tiges qui flotte à la surface d'une cuve de fermentation, au lieu d'être retiré, fut laissé en place durant plusieurs semaines : les jeunes vins fabriqués de la sorte étaient très durs et très foncés, mais ils se conservaient beaucoup mieux après avoir mûri plusieurs années en bouteille ; et on ne mettait ces vins-là en bouteille qu'après les avoir laissés d'abord de longues années en fûts.

Puis, au milieu du XIXᵉ siècle, deux maladies frappèrent successivement la vigne dans le monde entier et obligèrent à modifier à la fois les méthodes de culture et le « style » des vins, qui devint ce qu'il est demeuré jusqu'à nos jours. En 1845, un jardinier de Margate, en Grande-Bretagne, soumit à l'analyse des laboratoires des feuilles de vigne malades : on découvrit qu'elles étaient atteintes d'une affection causée par un champignon (qui fut appelé *Oïdium tuckerii*, du

La gravure française du XVᵉ siècle, ci-dessus, montre une scène de vendanges. La hotte en bois est identique à celles utilisées de nos jours. Un jeune homme, à l'intérieur, tire du vin d'un tonneau.

République Française
Préfecture de la Drôme

PHYLLOXÉRA

Formation de syndicats en vue de résister à l'invasion phylloxérique

Extrait de la loi des 15 juillet 1878 — 2 août 1879.

Cet énorme tonneau de Xérès, ci-dessus, exporté d'Espagne en Grande-Bretagne, avait été construit en vue de la Grande Exposition de 1851. Des barriques géantes ont souvent figuré à de telles expositions, mais elles ont rarement servi à conserver le vin.

Les vignerons s'opposèrent souvent violemment à la campagne organisée contre le phylloxéra : ils ne voulaient pas que l'on détruisît leurs vignobles et se méfiaient des traitements. L'un de ces traitements se faisait avec l'injecteur Vermorel (ou pal injecteur) qui introduisait du sulfure de carbone dans le sol pour tuer les insectes. La greffe permit de vaincre ce fléau.

nom du botaniste qui l'identifia), qu'on supposa avoir été importé d'Amérique du Nord avec certains plants de vignes ou de plantes grimpantes. En 1852, cette maladie, l'oïdium (que les Britanniques appellent «mildiou poudreux»), s'était étendue à tous les vignobles d'Europe et d'Afrique du Nord ; heureusement, le directeur des forceries du palais de Versailles, M. Grison, qui avait été dès 1846 le premier à constater que les raisins du roi étaient atteints de l'oïdium, découvrit le moyen de les protéger en vaporisant sur les vignes du sulfate de calcium. L'oïdium ne tuait pas la vigne, mais les raisins qui en étaient atteints se fendillaient et restaient petits et acides. Par la suite, la pulvérisation de soufre sur les vignes devint un procédé d'usage général ; on en utilise, encore de nos jours, des milliers de tonnes à cet effet.

Une maladie bien plus grave fit son apparition peu avant 1870. En 1863, à Hammersmith, on enregistra la présence d'un nouveau parasite de la vigne et, très peu après, on apprit qu'une mystérieuse maladie affectait plusieurs vignobles français. L'ironie de la chose, c'est que le parasite responsable de ce nouveau fléau, *Phylloxera vastatrix,* qui détruit les racines de la vigne, était certainement venu d'Amérique et probablement avec des plants de vigne importés de ce continent à des fins de recherche pendant que les hommes de science essayaient de maîtriser l'oïdium. Le phylloxéra est doté d'un cycle reproductif assez complexe, mais ce cycle comporte toujours des individus femelles sans ailes qui vivent dans les racines de la vigne et détruisent en trois ans environ les racines des vignes européennes. A ce propos, il faut rappeler que, dès le milieu du XVIe siècle, les Espagnols du Mexique avaient recouru à la greffe pour enrayer ce fléau ; mais bien que Gaston Bazille eût suggéré dès 1869 d'appliquer cette méthode, les Européens ne comprenaient pas suffisamment bien l'action du parasite pour admettre que la greffe pût y changer quelque chose. Aussi le vignoble subit-il des dégâts effroyables. En dix ans, rien qu'en France, la superficie viticole fut réduite de moitié. Une fois qu'il se trouve dans le sol, le phylloxéra ne peut en être extrait, de sorte que, bientôt, presque tous les vignobles d'Europe furent atteints. On essaya toutes sortes de remèdes, certains totalement absurdes ; des vignobles entiers furent inondés ou déracinés. Certains produits chimiques tuaient efficacement le parasite, mais ils n'évitaient pas une nouvelle attaque du phylloxéra. Et il est probable qu'actuellement, le vin ne serait plus qu'une légende si l'on ne s'était pas enfin rendu compte de la résistance effective que la vigne d'Amérique, *Vitis labrusca,* opposait au fléau. Aussi, de nos jours la majorité des vins européens sont-ils fabriqués à partir de variétés classiques de *Vitis vinifera* greffées sur des racines de vigne américaine résistant au phylloxéra.

La vigne était sauvée, mais qu'en était-il du vin ? Les vignes greffées tendent à avoir une existence plus courte et, lorsqu'on eut découvert le seul remède possible au phylloxéra, les pessimistes commencèrent par affirmer que le vin fait à partir de ceps greffés serait plus mince et de qualité inférieure. Mais, pour les démentir, on vit apparaître au début du XXe siècle des crus superbes et, aujourd'hui, beaucoup de connaisseurs admettront probablement que ce n'est pas tellement la greffe qui a modifié le style des vins que l'évolution des techniques de culture et de vinification. Les vignobles européens où l'on continue à produire des vins «nationaux» (c'est-à-dire provenant de ceps non greffés) ne donnent pas et n'ont jamais donné des crus de très grande qualité ; il est donc difficile d'effectuer des comparaisons directes et concluantes entre les produits de vignes greffées et non greffées. Même si quelqu'un a la chance, par miracle, de pouvoir goûter un Bordeaux d'avant le phylloxéra, son âge même interdit de savoir à quoi ce vin ressemblait quand il était jeune, de sorte que tout jugement comparatif est exclu.

D'autres facteurs aussi entrent en ligne de compte. La fabrication et le commerce du vin sont devenus des industries importantes, la demande en bons vins dépasse toujours le stock disponible, et il devient de moins en moins possible pour un propriétaire, même s'il possède un vaste domaine, de laisser dormir son capital pendant que sa récolte mûrit longuement, dans ses caves, selon les canons traditionnels. (Même le cru de Château-Lafite n'a pas fait de bénéfices jusqu'en 1948, donc pendant près d'un siècle après que les Rothschild l'eurent acquis.) On fabrique donc aujourd'hui le vin de telle manière qu'il soit agréable et buvable dès les premiers stades de son existence ; les progrès de la science permettent de lui donner les qualités d'un bon vin dans des conditions qui, autrefois, l'auraient rendu mauvais ou même imbuvable ; et l'adresse du mélangeur met au point les proportions adéquates des vins non millésimés de manière à séduire un vaste public et pas seulement la clientèle locale. En effet, le coupage permet d'obtenir une qualité constante.

Les amateurs sont souvent déçus quand ils visitent une entreprise de vinification moderne ; ils trouvent que le vin a perdu une partie de son charme en raison de l'intervention de la science. Mais à condition que l'homme de science ne déforme pas le caractère essentiel du vin et ne se prête pas aux pressions commerciales au point d'apposer un grand nom sur une bouteille d'«eau vaguement alcoolisée avec une jolie étiquette», je ne vois pas en quoi les progrès contemporains sont mauvais en eux-mêmes.

Nature morte hollandaise de 1627. Les chefs-d'œuvre de l'époque témoignent du goût que les peintres avaient pour des sujets comme les raisins, le vin, les verres, les flacons et les carafes.

Le raisin

Il est souvent difficile d'identifier les diverses variétés de raisin, car elles portent fréquemment des dénominations locales et elles peuvent avoir évolué, à un stade précoce du développement de la plante, en des souches diverses. Mais il existe en tout cas un certain nombre de cépages, provenant tous de la vigne *vitifera,* qui influent sur tous les vins du monde ; nous en donnons la liste ci-contre.

Selon une opinion erronée, les vins provenant d'un seul cépage raisin sont «meilleurs» que ceux qui sont faits à partir d'une combinaison de variétés diverses. Dans les entreprises modernes de vinification, l'art du technicien et l'équipement de son laboratoire, ainsi que les méthodes mécaniques de culture, permettent de produire divers genres de vins à partir d'un seul type de raisin et même à partir d'un seul type de terrain ; ainsi diverses entreprises de vinification californiennes recourent toutes au Chenin blanc. En revanche, avant que l'intervention de la science eût permis une maîtrise aussi raffinée de la vinification, le mélange de divers cépages pouvait, dans certains vignobles, produire des vins meilleurs. Certes, les meilleurs vins de la Moselle et du Rhin sont faits à 100% de raisin de Riesling et les grands Bourgognes rouges sont tous à base de Pinot noir ; mais dans les Bordeaux, le Cabernet Sauvignon contribue à la noblesse du vin, le Cabernet franc lui donne son fruité et sa vivacité, le Petit Verdot lui confère un certain type d'acidité, le Merlot son charme et son bouquet, et ainsi de suite.

Lorsque vous goûtez un vin, essayez de sentir si d'une manière ou d'une autre il évoque quelque chose que vous connaissez déjà. Parfois, ne fût-ce que 10% d'un cépage classique, tel que le Sauvignon, peut s'exprimer à travers un mélange d'autres raisins inconnus du dégustateur. D'autres fois, le parfum de quelque chose qui est associé à un type de raisin particulier (disons le Pinot noir) se manifeste immédiatement au dégustateur, même s'il s'agit d'un vin que son palais ne connaît pas.

Coupe d'un raisin

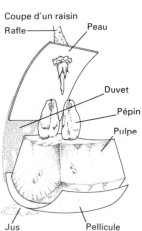

Rafle
Peau
Duvet
Pépin
Pulpe
Jus
Pellicule

Le raisin est essentiellement constitué d'eau : 78 à 80% dans la rafle, la peau et la pulpe, 36 à 40% dans les pépins. Chaque partie apporte sa contribution au vin. La rafle et la peau donnent les tanins, comme les pépins s'ils sont écrasés. La peau donne la couleur et parfois le bouquet. Le duvet capture et retient les levures. La pulpe renferme du sucre, nécessaire à la fermentation ; les acides citrique, tartrique et malique, nécessaires à la fraîcheur et la conservation ; des éléments azotés, des sels minéraux et des pectines, qui donnent leur belle rondeur aux vins dont on a laissé sécher les raisins.

Aligoté
Raisin blanc, largement utilisé en Bourgogne pour les vins bon marché, présent en de nombreuses régions, dont la Californie.

Cabernet franc
Ce raisin noir est un des plus grands du Bordelais, et il donne les meilleurs rouges de la Loire, le Rosé du Cabernet et de nombreux autres vins dans le monde qui sont simplement appelés «Cabernet».

Cabernet-Sauvignon
Le meilleur raisin noir du Médoc et des Graves qui donne également de la classe à la plupart des Bordeaux rouges. Il peut être assez affirmé et donne souvent des vins qui ont un peu trop de force, défaut qu'ils perdent par un vieillissement en bouteille — comme les grands millésimes de Mouton-Rothschild. Dans les autres vignobles, il peut être rude, astringent parfois, avant que le temps ne l'améliore, mais il garde toujours son caractère.

Canaiolo
Ce raisin noir italien donne son nom à un vin doux du lac Bolsena, et son caractère à des Chiantis que l'on doit boire jeunes — et auxquels il donne douceur et fragrance.

Carignan
Raisin noir à l'odeur particulièrement forte, il est très répandu dans le sud de la France. On le trouve dans d'autres vignobles chauds comme en Algérie, et en Californie où on l'orthographie Carignane.

Chardonnay
Parfois appelé Pinot Chardonnay parce que l'on croyait que c'était une variété blanche du Pinot noir. Ce sont en fait deux cépages différents. Le Chardonnay est le raisin des Bourgognes blancs et du Champagne. On le trouve dans le monde entier où il donne de bons vins blancs souvent corsés, très secs ou demi-secs. Il réussit bien en Californie.

Chasselas
Raisin blanc que l'on trouve en Suisse, en Alsace (où il donne les vins les plus ordinaires), et dans d'autres vignobles du monde entier.

Chenin blanc
Raisin blanc qui donne les bons vins blancs de l'Anjou et la Touraine, vins qui peuvent être très secs ou très doux comme ceux de Vouvray auxquels il apporte, à mon avis, un goût de miel. Cultivé dans le monde entier, il fait de

bons vins légers et fruités en Californie ; on l'appelle Steen en Afrique du Sud, où il donne des vins intéressants, issus de vendanges tardives. Les vins de ce raisin blanc sont toujours subtils et intenses.

Cinsaut
Raisin noir cultivé dans de nombreux vignobles du sud de la France, et également en Afrique du Sud, où on l'appelle Hermitage et où il donne des rouges pleins et robustes.

Furmint
Répandu dans le sud-est de l'Europe, ce raisin donne les vins secs et les grands vins doux de Tokay. Son nom vient de sa couleur de paille qui rappelle le froment. On le cultive aussi en Allemagne et en Italie, où il fait des vins remarquables pour leur fragrance et leur intensité nerveuse. On pense qu'il fut introduit en Hongrie par des viticulteurs wallons au XVe siècle.

Gamay
Le raisin noir du Beaujolais. Cultivé dans de nombreux vignobles du monde, il produit des vins nettement fruités avec une fragrance légère et séduisante et d'un rouge clair et brillant.

Gewurztraminer
Variété épicée du Traminer, il a pris ce nom en Alsace et est cultivé dans la plupart des pays de l'Europe orientale pour le vin blanc. On l'utilise parfois avec d'autres cépages, mais il possède une fragrance particulièrement pleine, qui rappelle celle de la paille ou du foin, et s'impose généralement. Il est idéal quand on veut un vin sec mais plein.

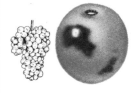

Grenache
Ce raisin noir est un de ceux que l'on cultive dans la vallée du Rhône et son caractère affirmé, parfois âpre, transparaît dans le vin. Ailleurs, il peut donner des vins d'une relative profondeur et très séduisants.

Malmsey
Un des cépages de l'Antiquité, lié maintenant aux Madères opulents, et qui sous le nom de Malvasia ou Malvoisie est cultivé dans de nombreux pays chauds et sert aux coupages.

Mascalese
C'est un des plus importants raisins noirs pour les vins siciliens ; cultivé aussi dans d'autres vignobles chauds.

Maurisco
Un des cépages du Porto, qui convient très bien aux vignobles chauds.

Mauzac
Raisin blanc célèbre surtout pour la Blanquette de Limoux, vin blanc mousseux du Languedoc.

Mavron
Ce nom signifie «noir» ; c'est un des cépages indigènes de Chypre. Sous le nom de Mavrud ou Mavroud il donne des vins rouges dans le sud-est de l'Europe.

Nebbiolo

Raisin noir très répandu en Italie ; au Piémont il donne certains des meilleurs rouges, dont le Barolo et le Gattinara. Les vins de Grumello, Inferno, Sassella et Velgella en Lombardie doivent comprendre 95 % de Nebbiolo.

Nerello

Raisin noir de Sicile très employé pour les vins rouges de l'île.

Merlot

Raisin noir cultivé en Gironde qui confère leur fragrance subtile aux vins de Lafite et de Saint-Emilion. Très répandu, il donne généralement un vin charnu et corsé. Les vendangeurs du Bordelais le mangent car c'est un des rares raisins à vin qui étanchent la soif.

Müller-Thurgau

Issu d'un croisement du Riesling et du Sylvaner à la fin du XIXe siècle, il mûrit tôt et est utile pour de nombreux vignobles allemands — mais il ne donne jamais la finesse du Riesling.

Muscadet

Raisin blanc appelé autrefois le Melon de Bourgogne, il prospère sur les bords de la Loire pour donner le Muscadet, un des rares vins de France (avec ceux d'Alsace) à porter le nom de son cépage.

Muscat

Ce raisin peut être noir mais est généralement blanc. On en connaît de nombreuses variétés ; le Muscat d'Alexandrie est célèbre, le Muskat Ottonel est très répandu en Europe orientale et les Muscats, Moscatos et Muscatels se trouvent dans le monde entier. Les vins ont généralement une fragrance et un arôme caractéristiques du fruit, et ne sont pas forcément doux.

Palomino

Le grand raisin blanc du Xérès, qui donne les meilleurs Finos, et que l'on retrouve ailleurs dans le monde sous divers noms, Listan notamment, et, dans certaines parties de la Californie, Chasselas doré.

Pedro Ximénez

Souvent abrégé en P. X., c'est un des cépages du Xérès. C'est aussi le cépage principal pour les vins de Montilla-Moriles et il est employé pour de nombreux vins espagnols, auxquels il donne style et profondeur, et pas seulement la douceur qui est sa caractéristique dans la région de Jerez.

Petite-Sirah

Certains pensent qu'il descend du Syrah répandu dans la vallée du Rhône. C'est un raisin noir de Californie qui donne des rouges de qualité moyenne.

Petit-Verdot

Un des cépages noirs du Bordelais, employé en petites quantités pour donner aux vins rouges une certaine acidité.

Pinot

Un des grands cépages. De nombreuses variétés de Pinot sont cultivées dans le monde entier et certaines portent des noms locaux.

Pinot blanc

Le grand cépage blanc de la Champagne qui, avec le Chardonnay, donne les meilleurs Bourgognes blancs.

Pinot noir

Un des plus grands cépages noirs du monde, utilisé seul pour les grands Bourgognes rouges, en mélange pour le Champagne et pour certains Champagnes tranquilles. On le trouve également dans de nombreux pays européens, en particulier en Autriche où on l'appelle le Blauburgunder, et en Hongrie sous le nom de Nagyburgundi. Il peut donner un vin rouge d'une profondeur et d'un bouquet merveilleux, qui vieillit très bien. Les vins de qualité moindre sont cependant agréables pour leur fruité et leur velouté, et une odeur inoubliable quand elle n'est pas évasive. On le trouve notamment en Californie et en Afrique du Sud.

Poulsard

Dans le Jura, on appelle ce raisin Plant d'Arbois, et il y donne les meilleurs rouges, assez pâles.

Rabigato

C'est un des raisins qui donnent le Porto blanc.

Rheinriesling

Voir Riesling.

Riesling

Un des plus grands cépages blancs du monde — certains disent même le plus grand. Il est cultivé dans le monde entier. Il existe plusieurs variétés de Riesling, la plus noble étant Rheinriesling qui donne les meilleurs vins du Rhin et de la Moselle. On l'appelle parfois White Riesling ou Johannisberg aux Etats-Unis. Le Wälschriesling

donne la plupart des vins appelés simplement « Riesling » dans les Balkans. Ses qualités principales sont une superbe odeur délicate et fruitée, et se facilité à faire des vins nobles, notamment de très doux.

Roussanne

Raisin blanc très cultivé dans la vallée du Rhône et qui concourt à donner le Châteauneuf-du-Pape.

Ruländer

Une variété de Pinot, parfois appelée le Pinot gris, que l'on cultive en Allemagne, en Autriche, en Hongrie où on l'appelle Grey Friar, et ailleurs.

Saint-Emilion

Voir Trebbiano.

Sangiovese

Raisin noir très répandu dans toute l'Italie, où il contribue à donner le Chianti, et ailleurs.

Sauvignon blanc

Un des plus grands raisins blancs du monde, utilisé pour les grands Bordeaux blancs, secs ou doux, et dans de nombreuses régions du monde. C'est le Blanc fumé de la vallée de la Loire et, employé seul, il donne des vins fermes, fruités mais fins,

qui me font toujours penser à de l'acier froid.

Savagnin

Cépage utilisé pour les vins jaunes du Jura, notamment ceux de Château-Chalon.

Scheurebe

Cépage récemment obtenu qui donne des vins de qualité, particulièrement dans le Palatinat.

Sémillon

Un des cépages utilisés pour le Bordeaux blanc, sec ou

doux, mais que l'on trouve partout dans le monde. Il donne généralement des vins assez ronds, avec beaucoup d'arôme, mais qui peuvent être secs.

Sercial

Le plus sec des quatre cépages principaux cultivés sur l'île de Madère et produisant les vins les plus clairs.

Steen

Voir Chenin blanc

Sylvaner (Silvaner)

Voici un autre grand raisin blanc, qui donne des vins fins en Franconie et souvent dans le Palatinat, des vins légers et nerveux en Alsace et des vins frais, parfois fruités, ailleurs.

Syrah

Un des raisins noirs très répandus dans la vallée du Rhône, où il donne de la finesse à de nombreux vins. On le cultive dans le monde entier où il donne des rouges robustes.

Trebbiano

Raisin blanc italien, bien adapté dans le Latium, où il donne des vins secs très parfumés, généralement couleur paille. Il est cultivé dans le sud-est de l'Europe et dans d'autres pays. C'est le même cépage que le Saint-Emilion cultivé à Cognac, et que l'Ugni blanc de la France méridionale.

Ugni blanc

Voir Trebbiano

Viognier

Raisin blanc qui donne certains vins de la Côte-Rôtie et, employé seul, le Château-Grillet et le Viognier blanc.

Wälschriesling

Voir Riesling.

Xynisteri

Originaire de Chypre, ce raisin blanc donne des vins secs et nerveux.

Zinfandel

C'est le raisin rouge dominant en Californie. Le Zinfandel est sans doute un cépage indigène bien que certains aient avancé qu'il s'agissait du Zierfandel hongrois. Il donne d'agréables vins rouges.

Le terrain et le climat

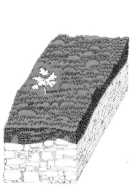

Calcaire
Le sol calcaire réfléchit le soleil et la vigne le pénètre facilement, comme en Champagne. Ce type de sol est bon pour les vins blancs élégants avec de la vivacité et de la nervosité. Le calcaire est poreux, ce qui a une influence sur le goût du vin. Quand vous goûtez, essayez de retrouver ce qui est dû au terrain.

Argile
Un sol argileux peut donner des vins corsés ordinaires. Dans certaines circonstances il produit des vins affirmés, comme certains à Saint-Emilion, ou des vins blancs riches dans les régions où l'on fait les vins les plus doux. Mais parce qu'il n'est pas perméable et que la vigne n'aime pas un excès d'eau, un sol trop argileux ou trop lourd est rarement idéal pour les vins les plus fins. Cela est également vrai pour le sous-sol.

Sol volcanique
Sol sombre et fin, volcanique, comme on peut en voir en Sicile et autour de Naples, où les vins, rouges ou blancs, ont une saveur et un arrière-goût étranges. Comme pour tous les sols, l'eau qui nourrit les racines a une grande importance ; ses sels minéraux influeront sur la formation des raisins.

Schiste
Sol schisteux d'un vignoble de la Sarre en terrasses — avec des marches pour faciliter les travaux. L'ardoise retient la chaleur et donne aux vins une grande finesseé

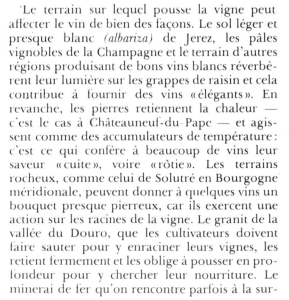

Calcaire
Vignes dans un sol calcaire de Champagne. Bien que ce soit une région septentrionale, les vendanges se font souvent tard en automne.

Argile
Ce viticulteur plante des ceps dans le sol argileux des Coteaux du Layon, où ils donneront des vins blancs doux ou très doux.

Sol volcanique
Vue d'un sol volcanique dans les vignobles de l'Etna, dans l'est de la Sicile, où les terrasses et les techniques modernes de culture ont grandement amélioré la qualité de la production.

Schiste
Pentes escarpées et sol schisteux d'un vignoble de la Moselle. Ici les vignes sont en rangées verticales pour une exposition maximale au soleil.

Profil d'un sol
Les divers niveaux du sol et du sous-sol d'où la vigne tire sa nourriture : taillée court — dans un vignoble assez chaud — ses racines rencontrent d'abord une épaisse couche de pierres, puis des galets et des graviers sur du calcaire, une couche compacte de graviers et un mélange de sable et d'argile. Les racines s'étendent dans les différentes couches du sol, mais la racine principale descend droit jusqu'à une couche d'argile. Chaque couche traversée par les racines contribue au vin final — parfois un vin issu d'un sol apparemment lourd doit son élégance à un sous-sol de graviers, comme pour certains vins du Médoc. Ne pensez pas qu'au sol quand vous goûtez un vin — essayez d'imaginer quel peut être le sous-sol.

Le terrain sur lequel pousse la vigne peut affecter le vin de bien des façons. Le sol léger et presque blanc *(albariza)* de Jerez, les pâles vignobles de la Champagne et le terrain d'autres régions produisant de bons vins blancs réverbèrent leur lumière sur les grappes de raisin et cela contribue à fournir des vins «élégants». En revanche, les pierres retiennent la chaleur — c'est le cas à Châteauneuf-du-Pape — et agissent comme des accumulateurs de température : c'est ce qui confère à beaucoup de vins leur saveur «cuite», voire «rôtie». Les terrains rocheux, comme celui de Solutré en Bourgogne méridionale, peuvent donner à quelques vins un bouquet presque pierreux, car ils exercent une action sur les racines de la vigne. Le granit de la vallée du Douro, que les cultivateurs doivent faire sauter pour y enraciner leurs vignes, les retient fermement et les oblige à pousser en profondeur pour y chercher leur nourriture. Le minerai de fer qu'on rencontre parfois à la sur-

Le drainage dans un vignoble
Les effets des différents sols. A gauche, l'eau descend dans un sol composé principalement de graviers. Au centre, l'eau rencontre une couche d'argile et son cours est dévié. A droite, l'eau descend rejoindre une rivière ou une poche d'eau, ou, dans un sol léger, elle remonte sous l'effet de la chaleur de l'air.

face du sol en Hesse rhénane confère également aux vignes — et au vin — de la fermeté. C'est la surface poudreuse de certains vignobles de la Sarre et de la Moselle qui apporte au Riesling son incomparable finesse ; dans la vallée supérieure du Rhône, la Côte brune et la Côte blonde donnent au vin une saveur qui s'accorde à leurs couleurs. Les sols volcaniques peuvent produire des vins dotés d'un arrière-goût curieusement minéral ; et, en général, les vins de vignobles au sol friable, contenant un peu de cailloux, sont de très bonne qualité.

Le sous-sol peut être aussi important que la surface, car c'est de lui que la vigne tire sa nourriture ; elle n'aime pas avoir les pieds mouillés, de sorte qu'un sol trop lourd ou trop argileux produit rarement du bon vin. Le drainage du vignoble est un facteur essentiel : les vignobles situés sur une pente, même si celle-ci est légère, sont généralement supérieurs à ceux qui sont situés dans la plaine, et ce sont les sites placés à mi-hauteur ou aux deux tiers de la pente qui

sont le plus avantageux. Au sommet, ils sont trop exposés et l'eau s'écoule trop rapidement ; au bas de la pente, le vignoble est imbibé d'eau.

Il est évident que le climat a une influence déterminante sur la vigne ; quand il varie beaucoup, il affecte aussi les différents millésimes d'un même cru. Le soleil ne suffit pas à lui seul à faire un bon vin : l'exposition d'un vignoble et le type de soleil qu'il reçoit comptent beaucoup. En général, quand il y a des pentes variées, le vignoble qui regarde vers le sud (dans l'hémisphère nord) et reçoit un peu du soleil de l'aprèsmidi donne des vins plus «souriants» que celui qui est exposé au nord ou à l'est.

Climat
Contraste entre deux types de climat et de sol. Ci-dessus, la régularité d'un vignoble champenois ; à gauche, culture paysanne dans les monts Troödos à Chypre, avec des parcelles isolées et caillouteuses. Les vignobles froids doivent bénéficier d'un ensoleillement maximal, alors que les vignobles chauds ont parfois besoin de la protection des pentes ou des arbres.

Terrasses
Culture en terrasses dans deux vignobles complètement différents. A gauche, Quinta do Noval, Portugal, sans doute le plus célèbre domaine privé du Douro. Ci-dessus, les pentes du vignoble Doktor au-dessus de Bernkastel sur la Moselle. Les terrasses permettent de maintenir le sol en place et facilitent l'écoulement des eaux.

La vigne au cours de l'année

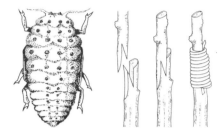

Ci-dessus à gauche, *phylloxera vastatrix*. Pratiquement impossible à extraire du sol lorsqu'il s'y est installé, cet insecte aurait détruit les vignes au XIXᵉ siècle si l'on n'avait pas découvert qu'on pouvait les protéger en les greffant (ci-dessus à droite et ci-dessous) sur des ceps américains.

La vigne est taillée selon ses besoins et les règlementations locales. Suivant le climat, le vignoble et le type de paysage, elle peut être en treille (ci-dessus à gauche), en buisson, ou avoir un seul rameau, pour donner la production de raisins correspondant à la qualité désirée.

La grappe de raisin — premier bourgeon, suivi de la floraison de la vigne, puis de la formation de la grappe, et enfin des fruits, comme ici, à Saint-Emilion. La plupart des raisins classiques ont des fleurs hermaphrodites — organes mâles et femelles sur la même fleur — et la pollinisation directe est la règle générale, bien que la pollinisation indirecte soit possible.

On dit à juste titre qu'il faut deux années pour faire un millésime : autrement dit, la qualité et le caractère de la production d'une année sont au moins partiellement établis au cours de l'année précédente. C'est ainsi que les racines de la vigne accumulent de l'amidon dans leurs tissus à la fin de l'été et en automne pour s'en nourrir l'année suivante et même encore l'année d'après.

Les jeunes vignes ne fournissent pas de raisin en quantité et en qualité suffisantes pour faire du vin et, en général, elles ne sont capables de donner du raisin propre à fabriquer des vins moyens ou bons que lorsqu'elles sont tout à fait mûres : l'âge de la vigne peut varier, mais pour la plupart des très bons vins, il faut que la vigne ait au moins cinq à sept ans. Elle fournit ensuite des raisins en quantité et en qualité adéquates jusqu'à l'âge de 20-25 ans ; après quoi la quantité diminue mais la qualité peut rester bonne pendant beaucoup plus longtemps — la durée d'une existence humaine ; mais dès lors, la production cesse d'être rentable.

La vigne bourgeonne puis fleurit ; c'est la base de chaque grappe qui fleurit en premier lieu. Le parfum du vignoble est étrange, difficile à définir, insaisissable, légèrement âcre. Dans l'idéal, la floraison doit se terminer rapidement après avoir été ininterrompue pendant huit à dix jours. Pendant et après la floraison, le temps doit être sec et assez ensoleillé ; mais une température trop élevée peut retarder l'éclosion des fleurs.

Puis les fruits se mettent en place et les grains se développent très rapidement, passant de l'immaturité à la maturité. La teneur en sucre augmente, l'acidité décroît. Par la grande chaleur, les raisins mûrissent très vite ; avec une température plus progressive, la maturation est plus lente. Dans l'idéal, la floraison doit être rapide et le mûrissement des fruits assez lent. Dans tous les cas, les vendanges ont lieu presque toujours une centaine de jours après la floraison.

Au cours de toute l'année, les vignes ont besoin d'une certaine humidité ; comme les feuilles cessent de s'alimenter en août, il est souhaitable à ce moment-là qu'une petite pluie vienne accroître la montée de substances nutritives en provenance des racines. Juste avant les vendanges, la pluie est également utile pour faire grossir les grains de raisin. Il faut, bien entendu, soigner constamment le vignoble, le labourer au moins quatre fois l'an, pour le débarrasser des mauvaises herbes, aérer le sol et faciliter le drainage.

Comme le gel peut tuer les embryons de raisin, la période dite des « saints de glace », (11, 12 et 13 mai) est extrêmement critique ; le froid peut même détruire complètement la vigne, ce qui est arrivé à plusieurs vignobles en 1956. La grêle est un autre ennemi, qui est capable d'endommager la vigne pendant toute une année ou de blesser gravement les grains de raisin. La grêle et les averses violentes sont souvent très localisées : il arrive qu'elles frappent un vignoble et laissent intact un vignoble voisin. Une pluviosité excessive ou une chaleur accablante constituent des risques non négligeables pour la vigne, mais ce qui est peut-être pis encore, c'est une humidité constante qui produit des brouillards et, parfois, une pourriture fatale.

Le début des vendanges est souvent accompagné de cérémonies pittoresques : lâcher de colombes devant la cathédrale de Jerez au moment où l'on presse les premières grappes de raisin, proclamation du Ban des vendanges dans diverses régions de la Gironde (c'est une réminiscence de l'époque où il était délictueux de commencer à vendanger avant le moment considéré comme le meilleur pour la qualité du vin). Et il est habituel qu'après la fin des travaux, les vendangeurs, les viticulteurs et tous leurs confrères organisent de joyeuses réunions.

Mais la récolte du raisin est surtout un travail agricole extrêmement dur. Dans quelques vignobles, on recourt à présent à des procédés mécaniques mais, en règle générale, les grappes sont cueillies à la main, souvent (et ce sont du reste les conditions idéales) sous un soleil écrasant. Si la vigne pousse bas, cela représente un véritable éreintement, au sens propre ; si elle pousse trop haut, l'effort est considérable. Sur les pentes escarpées, le fait même de se tenir debout est presque impossible ; dans les vignobles plats, le vendangeur bute sur des pierres ou s'enfonce parfois jusqu'aux chevilles dans une terre trop meuble. Il faut cueillir à des moments différents les divers types de raisin, au fur et à mesure qu'ils mûrissent ; pour les vignes produisant du raisin destiné aux vins doux, les vendangeurs doivent y revenir à plusieurs reprises et récolter les grappes par petites quantités, voire littéralement grappe par grappe. Le vigneron attend en général le plus tard possible pour que son raisin soit bien mûr : mais s'il surseoit d'un jour ou deux à la vendange, il risque de voir arriver brusquement les pluies de l'automne ou, dans les régions septentrionales, un gel précoce ; pourtant, il sait bien que cette attente supplémentaire peut aussi, surtout dans les vignobles produisant du vin supérieur, représenter une amélioration de la qualité.

Après les vendanges, la vigne change spectaculairement de couleur ; celle surtout qui ne comporte qu'un seul cépage devient d'une grande beauté, rouge et or, jusqu'à la chute des feuilles. Mais en hiver, la vigne présente une triste apparence ; elle est sombre et tordue, et beaucoup de profanes, quand ils voient les ceps à ce stade-là, s'imaginent que la vigne est morte.

Ci-dessus, ce vigneron inspecte les raisins au Château d'Yquem pour vérifier la maturité et l'action de la pourriture noble, *botrytis cinera*.

A droite, scène de vendanges traditionnelles dans un vignoble grec.

Ci-dessous, les vendangeurs qui ramassent les raisins atteints de pourriture noble doivent savoir quand l'effet du champignon est optimal ; il faut des ciseaux spéciaux pour détacher les fruits un à un ou par petites grappes, et cette opération exige beaucoup d'habileté.

Les vins de table (1)

Une fois récoltées, à maturité, les grappes de raisin sont écrasées ou pressées pour en extraire le jus. De nos jours, le pressurage implique rarement le foulage comme il avait lieu autrefois: pourtant, l'action du pied humain était précieuse, en ce qu'elle évitait que les tiges et les pépins ne se fendent et ne soient incorporés au petit bonheur dans le moût (jus de raisin non fermenté), ce qui risquait de l'enrichir excessivement en éléments propres à rendre le vin astringent et désagréable au palais. Mais les pressoirs modernes sont susceptibles d'une adaptation très précise au type de raisin qu'ils traitent et au genre de vin qu'on désire obtenir.

Les levures du vin agissent sur le sucre du jus de raisin et le convertissent en alcool. La plus grande partie du jus de raisin fraîchement pressé, qu'il provienne de raisin noir ou de raisin blanc, est d'une teinte jaune citron; la période durant laquelle il se transforme en vin est une période critique. Si la température s'élève ou s'abaisse trop, les levures cessent d'agir. Aussi, dans les entreprises de vinification modernes, beaucoup de cuves sont dotées de thermostats; autrefois, tout ce qu'on pouvait faire, c'était d'allumer du feu dans le pressoir pour réchauffer les cuves ou de mettre des blocs de glace dans le moût pour le refroidir. Lorsqu'il a beaucoup plu au moment des vendanges, cela rend également l'action des levures plus difficiles; en cas de pluie et de froid, il peut être nécessaire d'aider la fermentation en additionnant le moût de sucre supplémentaire: cette pratique est autorisée (mais sous contrôle très strict) pour beaucoup de vignobles situés dans les régions septentrionales ou susceptibles de subir de brusques changements de temps. Ce procédé, dit «chaptalisation», diffère du sucrage abusif opéré sur un vin déjà fermenté pour l'adapter à la demande commerciale. Adroitement effectuée, la chaptalisation ne devrait causer aucun tort.

Quelques rares cépages donnent un jus rosâtre; mais en règle générale, le vin blanc est fait à partir de raisin blanc, et le vin rouge à partir de raisin noir, quoique dans certaines régions — notamment en Champagne et dans la vallée du Rhône — les vins aussi bien blancs que rouges soient faits d'un mélange de raisins noirs et blancs. La couleur du vin rouge dérive des pigments qui se trouvent dans la peau des raisins noirs: aussi les laisse-t-on pendant un certain temps au contact du moût pendant la fermentation, afin qu'ils donnent leur teinte au vin. Pour les vins rosés, on s'arrange à ne laisser les peaux en contact avec le moût que peu de temps, juste assez pour qu'elles confèrent sa teinte spéciale au rosé. Cette période de coloration abrégée est en général de 24 heures, et comme on a l'habitude de considérer qu'il faut pour cela une nuit entière, on donne parfois le nom de *vin d'une nuit* au rosé provenant de certains vignobles du Midi de la France. Il existe une autre méthode pour fabriquer du vin rosé: mélanger du rouge et du blanc, ce qui donne une boisson agréable si les composants sont bons et harmonieusement combinés. Pour les vins blancs, on ne laisse pas du tout les peaux séjourner dans le moût durant la fermentation, alors que pour les vins rouges, elles sont même parfois accompagnées de leurs tiges (bien que celles-ci, du moins dans le traitement du raisin à la main, soient le plus souvent éliminées au cours de l'égrappage); c'est ce qui explique l'incorporation au vin rouge non seulement de sa couleur mais aussi de tanin supplémentaire, cet élément qui permet à certains vins de vivre aussi longtemps qu'un être humain. Autrefois, on laissait ce «chapeau» flotter sur la cuve pendant plusieurs semaines; de nos jours, où l'on a besoin du vin pour une consommation immédiate, on ne le laisse que quelques jours ou même seulement quelques heures. De la cuve de pressurage, on peut transvaser le vin dans d'autres cuves pour l'y laisser mûrir ou directement dans des fûts ou des tonneaux, mais ce dernier traitement est réservé aux vins les plus fins. Après quoi, il doit être débarrassé de ses lies (ou dépôts): pour cela, avant d'être prêt à être mis en bouteille, il faut le soutirer plusieurs fois, c'est-à-dire le transvaser d'un fût dans un autre, la lie restant au fond du premier fût. On procède en outre au collage, opération qui consiste à ajouter au vin une substance destinée à précipiter les particules qui s'y trouvent en suspension. Le blanc d'œuf est sans doute la substance de collage la plus connue, mais la colle de poisson, le sang de bœuf, l'eau peuvent servir au même usage.

La plupart des bons vins subissent trois stades de fermentation: la première fermentation qui, chez les vins ordinaires, est souvent la seule est assez vigoureuse en général, mais elle s'arrête avec les premiers froids qui succèdent aux vendanges. Il existe un processus parallèle, la fermentation malolactique, au cours de laquelle l'acide malique du vin se transforme en acide lactique: cela ne dure en général que très peu de temps et, pour beaucoup de vins, cela coïncide avec la première fermentation. Mais la majorité des bons vins européens classiques subissent une fermentation secondaire au printemps qui suit la vendange: à ce moment, les ferments se réveillent et entrent à nouveau en action. A moins de prendre des précautions particulières et si l'on ne désire pas conserver dans le vin l'acide carbonique dégagé durant la fermentation (comme c'est le cas pour le Champagne), il ne saurait être question de mettre le vin en bouteille avant que cette seconde fermentation soit terminée; mais la durée de son séjour en cuve ou en fût dépend de la nature de chaque vin.

Egrappage à la main — en frottant les grappes sur une grille en bois, ce qui évite tout contact métallique. Se pratique encore dans certains châteaux bordelais.

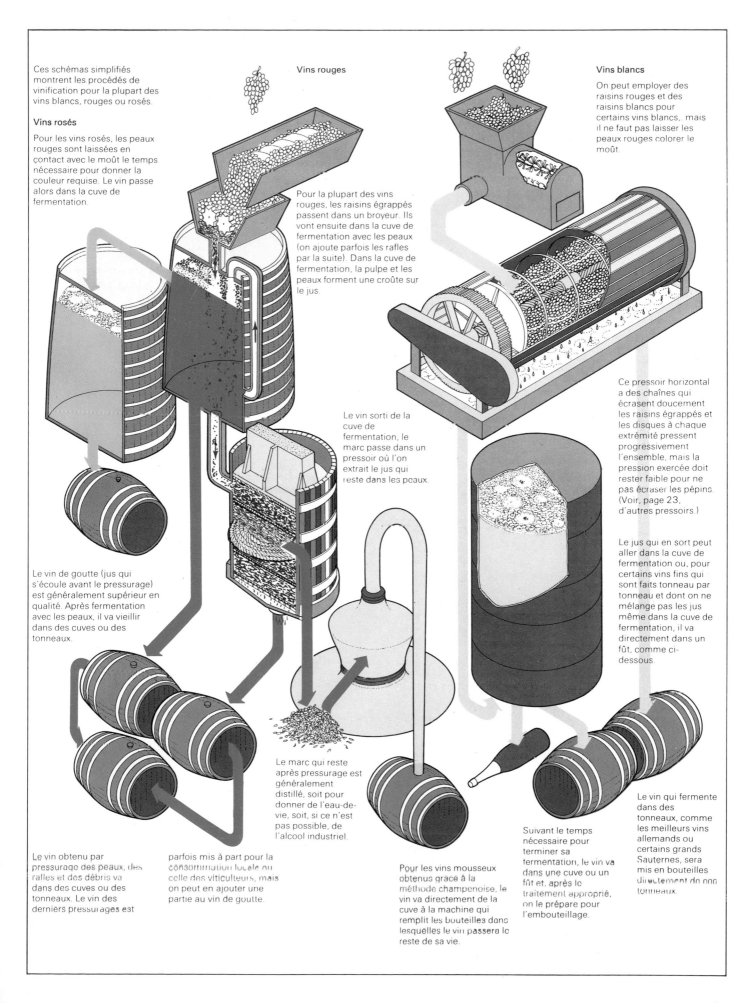

Ces schémas simplifiés montrent les procédés de vinification pour la plupart des vins blancs, rouges ou rosés.

Vins rosés

Pour les vins rosés, les peaux rouges sont laissées en contact avec le moût le temps nécessaire pour donner la couleur requise. Le vin passe alors dans la cuve de fermentation.

Vins rouges

Pour la plupart des vins rouges, les raisins égrappés passent dans un broyeur. Ils vont ensuite dans la cuve de fermentation avec les peaux (on ajoute parfois les rafles par la suite). Dans la cuve de fermentation, la pulpe et les peaux forment une croûte sur le jus.

Vins blancs

On peut employer des raisins rouges et des raisins blancs pour certains vins blancs,. mais il ne faut pas laisser les peaux rouges colorer le moût.

Le vin sorti de la cuve de fermentation, le marc passe dans un pressoir où l'on extrait le jus qui reste dans les peaux.

Ce pressoir horizontal a des chaînes qui écrasent doucement les raisins égrappés et les disques à chaque extrémité pressent progressivement l'ensemble, mais la pression exercée doit rester faible pour ne pas écraser les pépins. (Voir, page 23, d'autres pressoirs.)

Le jus qui en sort peut aller dans la cuve de fermentation ou, pour certains vins fins qui sont faits tonneau par tonneau et dont on ne mélange pas les jus même dans la cuve de fermentation, il va directement dans un fût, comme ci-dessous.

Le vin de goutte (jus qui s'écoule avant le pressurage) est généralement supérieur en qualité. Après fermentation avec les peaux, il va vieillir dans des cuves ou des tonneaux.

Le vin obtenu par pressurage des peaux, des rafles et des débris va dans des cuves ou des tonneaux. Le vin des derniers pressurages est parfois mis à part pour la consommation locale ou celle des viticulteurs, mais on peut en ajouter une partie au vin de goutte.

Le marc qui reste après pressurage est généralement distillé, soit pour donner de l'eau-de-vie, soit, si ce n'est pas possible, de l'alcool industriel.

Pour les vins mousseux obtenus grâce à la méthode champenoise, le vin va directement de la cuve à la machine qui remplit les bouteilles dans lesquelles le vin passera le reste de sa vie.

Suivant le temps nécessaire pour terminer sa fermentation, le vin va dans une cuve ou un fût et, après le traitement approprié, on le prépare pour l'embouteillage.

Le vin qui fermente dans des tonneaux, comme les meilleurs vins allemands ou certains grands Sauternes, sera mis en bouteilles directement de ces tonneaux.

21

Les vins de table (2)

Ci-dessus, pressoir ancien et, à gauche, chargement d'un panier de pressoir. Ces paniers ont un inconvénient : il faut beaucoup de temps pour les remplir et les vider.

A droite, série de pressoirs horizontaux comme on peut en voir dans de nombreuses entreprises vinicoles. Ces pressoirs peuvent écraser les raisins de plusieurs façons, suivant le vin que l'on veut obtenir. Une pression trop forte écrase les pépins, et une pression trop faible est un gaspillage.

Ci-dessus, cuve à fermentation en bois comme on en utilise encore pour certains bons vins ; elle est plus délicate à utiliser qu'une cuve moderne, mais le bois est bénéfique pour le vin.

A droite, série de cuves modernes ; certaines sont doublées de verre, d'émail ou, comme ici, sont entièrement en acier inoxydable, facile à nettoyer ; l'évolution du vin est contrôlée par thermostat.

Le jus de raisin devient du vin par l'action des levures ; celles-ci sont des substances jaunâtres produites par la propagation d'un champignon, *Saccharomyces cerevisiae,* qui flotte dans l'air de diverses régions. Mais dans les zones où l'on crée de nouveaux vignobles, il peut être nécessaire d'apporter des levures, et il doit alors s'agir de levures vinifères d'un certain type. Des levures sauvages, dont *Saccharomyces apiculatus* est la plus commune, peuvent déclencher le processus de la fermentation, mais elles ne sont pas assez puissantes pour donner des vins satisfaisants ; en revanche la levure vinifère *Saccharomy-*

ces ellipsoides en est capable ; elle fermente jusqu'à une température de 12-14° C et même parfois un peu plus élevée, et elle cesse d'agir au-dessus de 16° C, alors que les levures sauvages n'ont plus aucun pouvoir au-dessus de 4° C.

Les levures sont retenues par la pruine, sorte de poussière qui recouvre la peau des raisins et à laquelle elles adhèrent pour excréter des enzymes qui jouent le rôle de catalyseurs. Pour cette raison, si la pluie survient durant les vendanges, ce peut être catastrophique, car elle risque de faire disparaître la pruine et, de ce fait, de rendre impossible l'action des levures : en pareil cas, il faudra déclencher la fermentation par des procédés extérieurs. C'est parce que les levures ont besoin de sucre pour leur action que la chaptalisation est nécessaire dans beaucoup de vignobles septentrionaux.

Ci-dessus, ce raisin Muscat a un duvet abondant. Ci-dessous, les levures *(saccharomyces cerevisiae)* qui se fixeront dans ce duvet et sécréteront des enzymes qui entraîneront la fermentation.

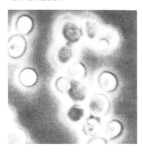

Ci-dessous, examen d'un verre de moût pendant la fermentation du vin. Il faut vérifier soigneusement la composition du moût, car s'il est trop pauvre en sucre, les levures ne pourront agir. Un vin trop pauvre en alcool peut être incapable de résister à

une infection — mais si sa teneur en alcool est trop forte l'action des levures — et donc la fermentation — peut s'interrompre. Du sucre résiduel peut rester dans le vin sans que ce dernier devienne trop doux, mais il faut surveiller le vin pendant toute la fermentation pour prévenir tout incident malencontreux.

Les levures vinifères varient considérablement d'un cépage à un autre ; par exemple, celles qui produisent la fermentation du Xérès sont particulièrement vigoureuses et la fermentation est tumultueuse. Mais en tout cas, les enzymes ne peuvent agir si la température monte ou tombe brusquement et leur action est également stoppée lorsque la teneur en alcool du vin dépasse un certain point.

Le dégustateur peut parfois percevoir l'odeur de la levure dans un vin : ce défaut fait partie de l'évolution d'un vin jeune et devrait passer. Lors de la vinification, les levures mortes peuvent susciter l'action de la bactérie du vinaigre : c'est pourquoi il faut débarrasser le vin en fermentation (et spécialement le très bon vin) de tous les débris de pépins et de peaux dans lesquels les levures mortes peuvent subsister.

Ci-dessus, vin rouge dans une cuve, pendant sa première fermentation. Des bulles de gaz carbonique agitent sa surface ; si l'on se penche sur une cuve en fermentation, il ne faut pas inhaler ce gaz toxique. Les ouvriers qui nettoient les cuves vides se méfient des gaz résiduels.

Louis Pasteur (1822-1895) au travail dans son laboratoire. Pasteur contribua autant à la vinification moderne qu'à la médecine moderne par ses travaux sur les bactéries. Napoléon III lui demanda de découvrir pourquoi tant de vin était endommagé avant d'atteindre le consommateur. Pasteur était né dans le Jura, seule région de France où certains vins ont un voile à la surface, similaire à la «fleur» du Xérès ; c'est pourquoi il put faire un rapprochement avec certaines méthodes traditionnelles de vinification — et comprendre son origine. Entre autres choses, il réussit à identifier les micro-organismes qui font fermenter le jus du raisin, et il établit le rôle de l'oxygène dans la maturation du vin, et la façon dont elle affecte sa couleur. En 1874 Pasteur acheta une petite propriété près d'Arbois, et c'est là qu'il écrivit sa grande Etude sur le vin en 1878.

Les vins de table (3)

Les récipients dans lesquels le vin mûrit et ceux dans lesquels on le transporte varient considérablement d'un cas à un autre; or la qualité du récipient joue un rôle énorme dans la qualité du vin, car tant qu'elles agissent, les enzymes du vin réagissent aux conditions atmosphériques, et la porosité du bois permet à l'air d'exercer son action sur le vin.

Pour tous les vins non mousseux, il est exclu de sceller le récipient avant que la fermentation ne soit terminée: le vin doit disposer d'espace pour se débarrasser de tout gaz (parfois la violence de la fermentation fait suinter le vin des côtés du fût). C'est pourquoi les bons vins, qu'on met en tonneau avant que la fermentation soit complètement terminée, doivent être en mesure d'occuper davantage de place: la bonde est située très haut dans le fût et le bondon assez lâchement enfoncé. Lorsque la fermentation est terminée, les fûts sont complètement remplis, après soutirage total, les bondons hermétiquement enfoncés et on fait pivoter les fûts de façon que la bonde se trouve sur le côté. Pour le soutirage, ou bien l'on recourt à un tonneau spécial, ou bien l'on place une cannelle dans le devant du fût avant la mise en bouteille.

Pour n'importe quel vin, l'état du fût est d'importance capitale. Une douve faussée, un tonneau sale, une cuve malpropre peuvent affecter gravement le vin, qui peut prendre un goût et ne plus jamais s'en débarrasser. Que le vin soit mis pour maturation dans des futailles neuves ou déjà utilisées, le bois doit toujours être bien sec, aoûté avant l'usage, et, dans l'idéal, il doit s'agir d'un bois dur à grain serré, de préférence du chêne; les meilleures douves sont taillées dans le sens du grain du bois. Si le fût utilisé pour le transport ou pour une maturation à court terme confère au vin quelque chose du caractère de son bois (cela arrive avec le bois de châtaignier), c'est sans grande importance, car avec le temps et un traitement adéquat, cela s'effacera; mais pour une maturation à long terme et pour les vins extrêmement sensibles, on ne devrait pas courir le risque de leur conférer le moindre parfum étranger, quoiqu'il soit normal que le vin prenne très légèrement le goût d'un fût neuf quand il s'agit d'un vin jeune mis récemment en tonneau. Pour les vins qu'on conserve dans des récipients d'acier ou dans des cuves doublés de verre, le problème ne se pose pas; ces containers-là sont satisfaisants pour beaucoup de vins délicats et pour la plupart des vins de qualité courante qu'affecte facilement le contact de l'atmosphère. Quant aux cuves, il faut évidemment les tenir scrupuleusement propres, mais il faut noter que les vieilles cuves de bois, ainsi que les fûts de certains vins, apportent quelque chose d'indéfinissable à la qualité du vin. (A ce propos, il faut rappeler que les fabricants de whiskys écossais et irlandais recherchent les vieux fûts à vin et qu'ils peuvent reconnaître, lorsqu'ils procèdent à leurs mélanges, le type de fût dans lequel le whisky a mûri.)

Il va de soi que la mise en bouteille doit, elle aussi, se faire dans des conditions telles que le vin ne risque en rien d'être affecté par la saleté. Quelques vins fins allemands sont, de nos jours, embouteillés en milieu stérile et la salle d'embouteillage évoque alors un peu une salle d'opération. Mais quoi qu'il en soit, presque partout, à présent, les bouteilles sont stérilisées avant usage. Idéalement, et quelle que soit la méthode d'embouteillage, on devrait les remplir exactement jusqu'au niveau du bas du bouchon, pour éviter le contact de l'air; mais ce n'est pas strictement possible et, avec le temps, si le bouchon est très vieux, le niveau du vin baissera légèrement. Bien qu'une bouteille présentant un «creux» entre le bouchon et le niveau supérieur du vin puisse contenir un vin tout à fait buvable, la présence d'une quantité d'air trop importante dans la bouteille risque d'oxyder le vin, à son plus grand détriment.

Il n'existe aucune raison valable pour refuser de mettre des vins bon marché dans des récipients en métal ou des bouteilles en plastique à condition que ceux-ci ne lui confèrent aucun goût particulier. De même, les bouchons en plastique sont tout à fait satisfaisants pour quantité de vins, y compris les vins mousseux ou alcoolisés qui doivent être bus aussitôt après leur mise sur le marché. Le liège devient de plus en plus cher et, pour des vins peu coûteux, on peut encore recourir à des capsules métalliques doublées de liège; certains mousseux sont maintenant vendus avec ce type de fermeture.

Le vin mûrit plus vite dans des bouteilles de petit format; mais bien qu'on trouve assez couramment d'assez grandes bouteilles (jusqu'à deux litres) pour les vins bon marché, il est évident qu'il est risqué d'acquérir dans ce format-là des vins de bonne qualité ou des vins très fins, car la perte serait considérable si la bouteille se cassait. On considère néanmoins que le magnum constitue une dimension idéale pour les très bons vins, mais on ne peut ouvrir un magnum que pour un certain nombre de buveurs, raison pour laquelle le vin continue à se vendre le plus généralement en bouteilles de 75 centilitres (format normalisé).

Le bouchon est toujours recouvert d'une capsule souple («coiffe») qui le protège; mais comme il importe que le vin puisse «respirer», elle est souvent perforée de quelques trous de ventilation. Au temps jadis, les bouteilles étaient scellées à la cire, laquelle était plus poreuse que le plastique dont on fait aujourd'hui, le plus souvent, les «coiffes», lesquelles, soit dit en passant, sont souvent difficiles à retirer.

Récolte et stérilisation du liège
Ci-dessous, on arrache l'écorce du chêne-liège — de bonne qualité dans la péninsule Ibérique.

Ci-dessus, les plaques de liège doivent sécher et être stérilisées avant qu'on les calibre et les coupe selon les exigences des clients.

Fabrication d'un tonneau

Le tonnelier «flambe» un tonneau dont les douves sont maintenues par des cercles métalliques. La chaleur fait se contracter les douves.

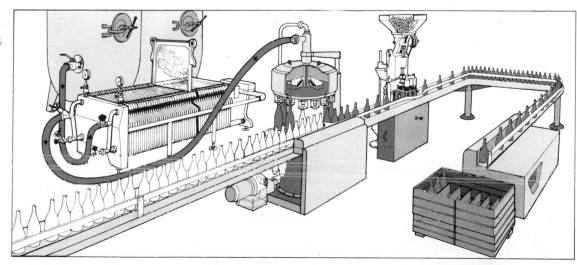

Charançon du liège
Ci-dessus, les effets du charançon du liège. Une capsule offre une certaine protection, mais les trous que creuse cet insecte peuvent laisser passer l'air.

Bouchons de Champagne
Bouchons de vins mousseux, ci-dessous. L'agrafe métallique ; le bouchon d'un Roederer Cristal 1964, à côté d'un bouchon neuf ; bouchon Krug, modèle définitif et modèle initial ; muselet métallique Moët et Chandon ; grande capsule métallique Laurent Perrier, percée pour permettre au bouchon de respirer.

Bouchons standard
Ci-dessus, quelques bouchons standard. De gauche à droite : modèle long pour les Portos Vintages et les meilleurs rouges ; modèle pour les Bordeaux ou les Bourgognes ; modèle pour les vins qui se boivent jeunes ; modèle court pour les vins bon marché. On fait également des bouchons en plastique.

Bouche-bouteilles ancien
Ci-dessus, appareil avec une aiguille sur le côté de la partie qui enfonce le bouchon ; elle permet à l'air de s'échapper quand le bouchon est introduit dans le goulot. Dans les vieux appareils, la capsule est assujettie autour du goulot par un anneau.

Machine à embouteiller
A droite, ancien modèle de machine à embouteiller, parfois encore en service actuellement. Une série de bouteilles sont remplies avant de passer dans des machines qui fixent les diverses étiquettes.

Embouteillage
A droite, chaîne d'embouteillage simplifiée. qui occupe généralement un espace important. De gauche à droite, l'énorme cuve déverse son contenu sur un filtre — qui contient des feuilles d'amiante. Un tuyau conduit le vin à une machine qui le met automatiquement en bouteilles. Les bouteilles, stérilisées, sont remplies régulièrement avant de recevoir leur bouchon, leur étiquette et leur capsule. Elles reçoivent parfois d'autres étiquettes, au col ou au dos ; elles sont enfin rangées dans des caisses. A chaque étape, les bouteilles sont examinées : on vérifie leur limpidité, la quantité de vin et l'étiquetage.

La méthode champenoise

En Champagne, la vendange demande un soin particulier car un raisin abîmé commence à fermenter immédiatement, et le cépage Chardonnay a une peau très fragile. Chaque vendangeur est armé d'un type de ciseaux spéciaux — épinette; ils travaillent en équipe, un de chaque côté d'une rangée de ceps, avec un aide qui emporte les paniers pleins. Pour éliminer les grappes défectueuses, un premier tri est fait sur place — cette opération a une grande importance pour la qualité du vin, mais elle en majore le prix. Ces femmes portent des bagnolets pour se protéger du soleil.

Le pressurage doit être rapide, et ces pressoirs ont une maie en chêne. Le Chardonnay donne légèrement plus de jus que le Pinot, et le jus des différents pressurages n'est pas mélangé, celui du premier donnant les meilleurs vins. Le chargement, les pressurages et le déchargement prennent au moins six heures, et ces travaux sont extrêmement pénibles.

Bouteilles de Champagne
De gauche à droite, quart, demi-bouteille, bouteille, magnum, jéroboam, réhoboam, mathusalem.

Les règlements qui régissent l'utilisation des termes «Champagne» et «méthode champenoise» n'exercent leur juridiction qu'à l'intérieur de la Communauté économique européenne; mais il est préférable, pour notre propos, de considérer que ces règles sont applicables dans le monde entier. Tout le monde pourra se rendre compte de la différence qui existe entre certains vins qui portent légalement le nom de «Champagne» dans certains pays et ceux qui répondent à la définition admise dans la C.E.E.: la constatation de cette différence ne constitue pas, au demeurant, un jugement porté sur la qualité des vins mousseux en question.

Le Champagne est fait à partir de cépages poussant dans les divers vignobles de la région champenoise, soit Pinot noir, soit Chardonnay, soit (ce qui est le cas pour la majorité des Champagnes) combinaison des deux. La première fermentation cesse aux premiers froids qui succèdent aux vendanges; au printemps suivant, avant que le vin ne recommence à fermenter, on mélange les différentes cuvées selon le type de Champagne que désirent faire les diverses maisons. Il faut bien rappeler ici que chaque établissement produisant du Champagne a son style et, par suite, procède à certaines variations par rapport à la méthode fondamentale. Puis on met le vin en bouteille et celle-ci reçoit un premier bouchon, maintenu au moyen d'une agrafe. Le Champagne passera le reste de sa vie dans cette bouteille-là, où a lieu la fermentation secondaire, laquelle est légèrement activée par l'addition de *liqueur de tirage* (il s'agit d'une petite quantité de Champagne non mousseux dans lequel on a dissous un peu de sucre). L'acide carbonique produit par cette deuxième fermentation ne pourra pas sortir de la bouteille; il demeure donc dans le vin qui en assimile le pétillement.

Après cela, il doit mûrir pendant au moins deux ou trois ans s'il s'agit de Champagne non millésimé et trois à cinq ans s'il s'agit de Champagne millésimé. Pendant ce temps, il est soumis à un procédé dit «remuage»: les bouteilles, placées obliquement dans des «pupitres», subissent une rotation effectuée à la main, tant pour bien mélanger et agiter le vin que pour détacher tout dépôt qui pourrait se faire sur les côtés de la bouteille; chaque jour, la personne préposée à ce travail donne aux bouteilles un tour et une légère inclinaison supplémentaire vers le bas, de sorte qu'au bout de trois mois ou davantage, elles se trouvent la tête en bas, et toute la lie se dépose sur le bouchon. Après cela, on peut déplacer les bouteilles et les sortir de leur «pupitre», mais en les laissant toujours la tête en bas, le goulot de chacune d'elles reposant sur le cul de la bouteille du dessous. La durée de cette curieuse disposition dépend du type de vin

Au printemps, avant que la fermentation ne reprenne, les différentes cuvées sont coupées en vue d'obtenir le type de Champagne que la maison désire. Chaque maison a son propre style et s'écarte légèrement de la méthode de base. Le vin est ensuite mis en bouteilles, on place le premier bouchon, retenu par une agrafe métallique. Le vin passera le reste de sa vie dans cette bouteille.

Les dépôts et les lies doivent être amenés sur le premier bouchon en faisant tourner et en remuant les bouteilles. Un professionnel peut faire tourner 100 000 bouteilles par jour, et en remuer 40 000.

Il faut des années pour apprendre le remuage. Les remueurs travaillent dans des kilomètres de galeries souterraines — où on organise parfois des rallyes automobiles. Une maison champenoise a des galeries de plus de 26 km, une autre de 20 km. Les bouteilles sont sur des cadres ; on les remue et on leur donne une inclinaison de plus en plus grande. On fit sans doute le premier pupitre avec la table de cuisine de madame Clicquot.

et de la qualité de la maison. Mais en tout cas, lorsqu'on désire la mettre en vente, on doit « dégorger » la bouteille : on retire l'agrafe et le premier bouchon, qui emporte avec lui un petit morceau de glace contenant la lie. On procède alors, avant de mettre le bouchon définitif, au « dosage » : c'est-à-dire qu'on incorpore au vin un adoucissant (liqueur d'expédition) selon qu'on veut obtenir un Champagne brut, sec, demi-sec ou doux. Une fois le bouchon inséré, on l'assujettit au moyen d'un muselet de fil-de-fer, en faisant bien attention qu'il n'entame pas le liège (comme l'agrafe du premier bouchon), raison pour laquelle le bouchon est d'abord surmonté d'un petit disque de métal. L'ensemble est recouvert d'une capsule : dans le cas du Champagne, l'adjonction de cette « coiffe » est un vestige de l'époque où le bouchon était assujetti par des ficelles imbibées de vin, que les rats risquaient de ronger. Puis la bouteille est « habillée » : c'est-à-dire qu'elle reçoit sa ou ses étiquettes et qu'on l'enveloppe d'étoffe en vue de l'expédition. Dans l'idéal, il devrait s'écouler un peu de temps entre le dégorgement et l'habillage.

Il faut bien se rappeler que l'âge du Champagne dépend de la date d'insertion du second bouchon : tant qu'il reste en cave avec son premier bouchon, le Champagne peut avoir une existence très prolongée, mais après le dégorgement, il vieillit très vite et se met à décliner. Certes, le vieux Champagne — qui a tendance à devenir moins mousseux et à foncer — peut être très bon s'il s'agit d'un vin exceptionnel, mais si l'on préfère un vin clair, jeune et pétillant, il ne répond pas à ces exigences.

La méthode champenoise est longue et exige une grande dextérité, aussi le Champagne ne saurait-il être bon marché. Le coût des bouchons spéciaux, des bouteilles qui doivent résister à une forte pression et de la manutention particulière à ce type de vins est inévitablement élevé, sans parler du prix des cuvées, qui sont obligatoirement de haute qualité. Mais il ne servirait à rien de soumettre à cette méthode des vins de qualité inférieure, car un mousseux de basse catégorie est bien pire que le même vin servi simplement sous sa forme tranquille.

Après le remuage (voir ci-dessus) le vin, reposant sur son premier bouchon, est conservé dans des bouteilles en position renversée. Dans les caves crayeuses, il peut rester ainsi pendant des années — suivant le type de vin que l'on veut obtenir et les habitudes de la maison productrice.

Quand le vin est prêt à être mis en vente, on lui fait subir un dégorgement, qui se faisait autrefois à la main ; on enlève l'agrafe et le bouchon qui entraîne les dépôts ; on remplit la bouteille avec la liqueur d'expédition. Le second bouchon est enfoncé, coiffé d'un disque métallique pour que le muselet en fil de fer n'entame pas le liège ; la bouteille est ensuite « habillée » avec sa capsule et ses étiquettes et, après un vieillissement supplémentaire, elle est prête à la vente. Actuellement, la plupart des maisons gèlent le goulot ; lorsqu'on enlève le bouchon, un petit bloc de glace, contenant les dépôts, est entraîné, et le dégorgement peut se faire à la machine

Les vins mutés

Les vins mutés, dit aussi alcoolisés, sont ceux dont on a «fortifié» le degré d'alcool; les plus fameux sont le Xérès, le Porto, le Madère et le Marsala, mais il en existe, en France même, quantité d'autres espèces (Muscats). Les vins mutés diffèrent essentiellement des vins de table par la méthode de vinification, mais ce sont tout de même, à l'origine, des vins comme les autres.

Le Xérès

Pour préparer le Xérès, on fait parfois sécher le raisin sur des nattes d'alfa, en plein air; puis, après pressurage, le jus de raisin est placé dans de nouveaux fûts et mis en cave *(bodega)*. Les levures de ce vin étant très fortes, la fermentation commence presque aussitôt, avec un bruit considérable. Une fois que le Xérès est entièrement fermenté, tout son sucre naturel est converti en alcool. Par essence, il s'agit d'un vin extrêmement sec, et si l'on y trouve le moindre goût sucré, c'est qu'on y a ajouté un édulcorant pour satisfaire à la demande d'une certaine clientèle; le Xérès doux est pratiquement inconnu en Espagne. La vinification du Xérès consiste à faire mûrir et à mélanger des crus divers dans des proportions telles qu'on obtienne un type constant; c'est ce qu'on appelle la méthode *solera,* du mot espagnol qui signifie «solive» mais désigne aussi les chais dans lesquels on procède à cette vinification.

Après sa première fermentation, le jeune Xérès est d'abord légèrement muté par addition d'alcool, puis on le «classe». Il existe en effet deux types de Xérès, le fin *(Fino)* et l'odorant *(Oloroso)* et on ne peut décider d'avance à quelle catégorie un fût de ce vin appartiendra. Au cours du classement, les fûts de *Finos* virtuels sont marqués à la craie d'un signe en forme de palme; ceux qui contiennent un futur *Oloroso* reçoivent un simple trait, d'où leur nom de *rayas* (raies), ce trait étant redoublé, voire triplé selon la force et la délicatesse potentielles du Xérès.

Après avoir été classé, le vin passe dans la *solera* où il suit un parcours de barrique en barrique, celles-ci étant disposées en rangées. Le vin ne passe pas simplement d'une barrique à l'autre: il remplit chaque barrique au fur et à mesu-

re qu'on en a tiré un vin plus ancien, et ainsi de suite, jusqu'à la sélection finale,

Si le vin se comportait de façon parfaitement égale, on pourrait le faire passer d'une barrique à l'autre selon un processus régulier, mais l'un des mystères du Xérès, c'est qu'il varie constamment, de sorte que la façon dont les barriques se vident ou se remplissent varie également. On peut comparer le système de la *solera* à une vaste école dans laquelle les vins représenteraient les élèves: au début de l'année, chaque élève est installé à un banc et dans un groupe, certains d'entre eux étant placés tout au fond, d'autres plus en avant. Au fur et à mesure de leurs progrès, les élèves avancent dans la classe, les uns plus rapidement,

Le Porto

On emploie un grand nombre de cépages différents, tant blancs que rouges, pour faire le Porto, qui est toujours le résultat du mélange de divers moûts. Le raisin est pressé sur place, dans la vallée du Douro, et c'est aussi là-bas qu'il subit la fermentation. Mais dans le cas du Porto, contrairement à ce qui se passe pour le Xérès, le sucre n'est pas entièrement converti en alcool, car la fermentation est suspendue à un certain point par l'addition d'une eau-de-vie de raisin particulière, fournie expressément par les autorités portugaises. Ce mutage arrête la fermentation et c'est pourquoi le Porto demeure plus ou moins doux.

Au printemps de l'année qui suit les vendanges, le jeune vin est envoyé à Vila Nova de Gaia, en face de la ville de Porto. Là il est placé dans des chais et classé en différents «lots» selon son «style». Les vins sont dégustés, mélangés et mûris dans ces chais, et à l'exception du Porto millésimé, qui passe la plus grande partie de son existence en bouteille, le Porto, tout comme le Xérès, reste presque toujours en barrique jusqu'au moment où on le met en vente.

Le Madère et le Marsala

Le Madère subit un léger mutage à l'alcool à la fin de sa fermentation, le degré du mutage variant selon le type de vin voulu. Puis on le place dans une chambre chaude, *l'estufa,* où il subit un réchauffement progressif avant de subir un refroidissement également graduel pendant une période de trois mois. Après quoi il mûrit en fût avant d'être mis en bouteille; le Madère, au cours de sa maturation, change de fût selon un processus proche de la *solera* du Xérès.

Pour le Marsala, on y ajoute après la fermentation et le coupage un concentré extrêmement doux ainsi qu'un concentré de vin cuit chauffé, le *sifone.* Après cela, on mélange à nouveau les cuvées et on les fait mûrir en fût avec des migrations du type *solera.*

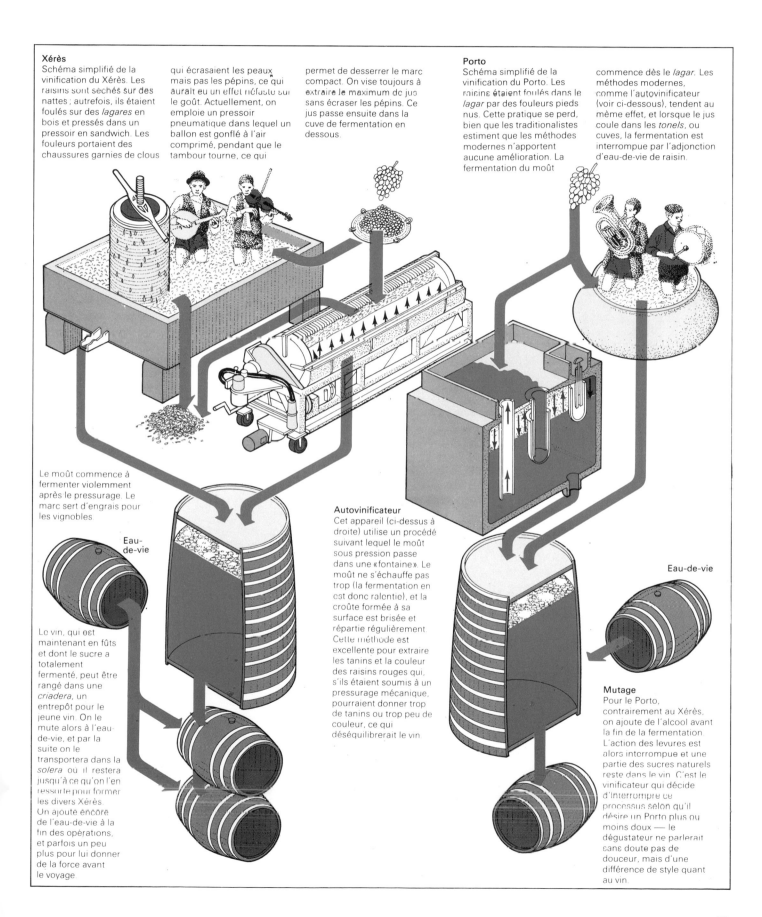

Xérès
Schéma simplifié de la vinification du Xérès. Les raisins sont séchés sur des nattes ; autrefois, ils étaient foulés sur des *lagares* en bois et pressés dans un pressoir en sandwich. Les fouleurs portaient des chaussures garnies de clous qui écrasaient les peaux mais pas les pépins, ce qui auralt eu un effet néfaste sur le goût. Actuellement, on emploie un pressoir pneumatique dans lequel un ballon est gonflé à l'air comprimé, pendant que le tambour tourne, ce qui permet de desserrer le marc compact. On vise toujours à extraire le maximum de jus sans écraser les pépins. Ce jus passe ensuite dans la cuve de fermentation en dessous.

Porto
Schéma simplifié de la vinification du Porto. Les raisins étaient foulés dans le *lagar* par des fouleurs pieds nus. Cette pratique se perd, bien que les traditionalistes estiment que les méthodes modernes n'apportent aucune amélioration. La fermentation du moût commence dès le *lagar*. Les méthodes modernes, comme l'autovinificateur (voir ci-dessous), tendent au même effet, et lorsque le jus coule dans les *tonels*, ou cuves, la fermentation est interrompue par l'adjonction d'eau-de-vie de raisin.

Le moût commence à fermenter violemment après le pressurage. Le marc sert d'engrais pour les vignobles.

Eau-de-vie

Le vin, qui est maintenant en fûts et dont le sucre a totalement fermenté, peut être rangé dans une *criadera*, un entrepôt pour le jeune vin. On le mute alors à l'eau-de-vie, et par la suite on le transportera dans la *solera* où il restera jusqu'à ce qu'on l'en ressorte pour former les divers Xérès. On ajoute encore de l'eau-de-vie à la fin des opérations, et parfois un peu plus pour lui donner de la force avant le voyage.

Autovinificateur
Cet appareil (ci-dessus à droite) utilise un procédé suivant lequel le moût sous pression passe dans une «fontaine». Le moût ne s'échauffe pas trop (la fermentation en est donc ralentie), et la croûte formée à sa surface est brisée et répartie régulièrement. Cette méthode est excellente pour extraire les tanins et la couleur des raisins rouges qui, s'ils étaient soumis à un pressurage mécanique, pourraient donner trop de tanins ou trop peu de couleur, ce qui déséquilibrerait le vin.

Eau-de-vie

Mutage
Pour le Porto, contrairement au Xérès, on ajoute de l'alcool avant la fin de la fermentation. L'action des levures est alors interrompue et une partie des sucres naturels reste dans le vin. C'est le vinificateur qui décide d'interrompre ce processus selon qu'il désire un Porto plus ou moins doux — le dégustateur ne parlerait sans doute pas de douceur, mais d'une différence de style quant au vin.

29

Les vins mutés

A droite, les raisins sèchent sur des nattes rondes avant de donner le Xérès. On utilise la même méthode de séchage pour divers autres vins, puisque l'évaporation de l'eau concentre le jus du fruit. L'air sec et chaud du sud de l'Espagne permet d'accomplir cette opération sans effets néfastes pour le raisin.

A gauche, une des bodegas de Zoilo Ruis Mateos, à Jerez de la Frontera, montrant pourquoi on les compare à des cathédrales. L'air peut circuler librement, et en été, par grande chaleur, les bodegas sont fermées et les fenêtres obscurcies par des volets. L'ensemble des fûts forme la solera, à partir de laquelle on fera les grands coupages suivant le style des établissements.

Ci-dessus, la «fleur» à la surface du Fino. Elle peut s'épaissir ou disparaître presque, suivant l'époque de l'année, mais le mouvement continu des bactéries est un spectacle impressionnant — qui permet de voir que le vin vit vraiment sous cette couverture laineuse.

Ci-dessus, remplissage d'un tonneau de Xérès dans une bodega appartenant à Sandeman à Jerez. La chaleur sèche de cette région fait évaporer de grandes quantités de vin, aussi doit-on remplir continuellement les tonneaux avec un vin plus jeune, mais de même style.

Ci-dessus, vendange des raisins dans les terrasses du Douro. A gauche, la première étape de la vinification du Porto. A peu d'exceptions près, le foulage traditionnel a été remplacé par l'autovinificateur, qui permet d'écraser les raisins et d'obtenir le jus sans toucher aux pépins.

Madère

Avant que des routes ne facilitent le transport du vin nouveau des vignobles montagneux de Madère jusqu'aux chais des négociants à Funchal, c'était à dos d'homme que le vin, dans des outres en peau de chèvre, descendait jusqu'à la mer par des sentiers escarpés, et cela jusqu'à une époque relativement récente. Maintenant, la plupart des vignobles sont accessibles par la route. La peau de chèvre servit dès l'Antiquité au transport du vin. Le porrón espagnol, cruche en verre munie d'un bec, rappelle le temps où le vin se transportait dans une peau, que l'on attachait facilement à l'arçon de la selle, et qui permettait de boire à la régalade.

Ci-dessus, dans la vallée du Douro, ces paniers de raisins descendent le fleuve entre Pinhão et Regua. Le Douro est traître, avec ses gorges et ses écueils dangereux. A gauche, un chai de Porto à Vila Nova de Gaia, sur l'autre rive du Douro, face à la ville de Porto, centre du commerce du vin. Ces chais sont souvent très beaux, car les tonneliers portugais sont de merveilleux artisans dont les travaux les plus utilitaires sont toujours d'une grande beauté. Le vin y séjourne jusqu'à ce qu'il soit prêt à l'embouteillage ou à l'expédition vers l'étranger. Il y a des brocs en cuivre sur les pipes de Porto.

La vente du vin

Une fois fait, le vin doit être vendu. Tout « romantisme du vin » mis à part, celui-ci est une marchandise comme une autre qui doit plaire au client et apporter un bénéfice au producteur. Il ne sert à rien au propriétaire d'un grand domaine vinicole de garder en stocks des quantités de bouteilles millésimées : après l'embouteillage, le vin doit en principe quitter sa terre d'origine et mûrir dans les caves de son acheteur, qu'il s'agisse d'un commerçant ou d'un particulier. S'il n'a pas été mis en bouteille au domaine, il le sera à ce moment-là.

Il arrive que le viticulteur, le négociant-éleveur et le marchand de vins ne soient qu'une seule et même personne ; mais le plus souvent on distingue le viticulteur du négociant-éleveur (bien que celui-ci produise parfois du vin sur ses propres terres), lequel sélectionne les vins, les achète chez les vignerons, puis les met en bouteille dans son établissement. Quant au marchand, il lui arrive de s'assurer l'exclusivité de tel ou tel cru ; et il en est souvent aussi l'exportateur.

Dans les pays où les vins et alcools constituent un monopole d'Etat (comme le Canada et certains pays scandinaves), le gouvernement procède à une sélection parmi les crus qu'on lui soumet. Ailleurs, ce sont des sociétés privées qui, le plus souvent, sont clientes des producteurs, soit qu'elles envoient des dégustateurs leur rendre visite, soit que les viticulteurs leur soumettent des échantillons. Bien entendu, cette sélection dépend du type de vente qu'on veut faire : une vaste chaîne de magasins de détail aura besoin de vins très différents (et beaucoup plus abondants) qu'un négociant indépendant et plus spécialisé. On a beaucoup médit des grandes sociétés de commerce des vins, mais en fait, c'est souvent grâce à elles que le public a pu goûter à un large éventail de vins bon marché et de qualité, du simple fait que les grandes quantités acquises par ces sociétés leur permettent de faire baisser les prix. Et cela leur permet aussi d'exiger un niveau qualitatif constant : les entreprises italiennes de vermouth ont ressuscité des vignobles en voie de disparition, et la maison Nicolas, le plus grand négociant en vins du monde entier, a eu une influence énorme sur l'évolution de nombre de vignobles classiques, en particulier ceux du Chablis. En même temps, un négociant moins important peut découvrir une catégorie particulière de vin qui sera à la fois intéressante et avantageuse pour ses clients ; il pourra acquérir au domaine des vins moins connus dont la quantité est inévitablement limitée. Les grosses firmes et les petits commerçants ont les uns et les autres leur rôle à jouer.

Il est naturellement intéressant de savoir où le vin a été embouteillé. La tendance est, de plus en plus, à mettre le vin en bouteille dans le pays où il a été fait, sinon au vignoble même. Pour les vins bon marché ou de prix moyen, la question est de peu d'importance, et il est évident qu'un grossiste disposant de grosses ressources est mieux équipé pour l'embouteillage qu'une toute petite coopérative ou un producteur isolé peu familier des techniques modernes. Certes, les grands vins seront toujours mis en bouteille là où la vinification a eu lieu ; mais les vins courants ont tout avantage a être expédiés en fûts et mis en bouteille là où ils seront bus. Quant à l'exportation, on a souvent critiqué les wagons-citernes et les bateaux-citernes, mais il faut pourtant admettre qu'un vin résistera probablement bien mieux aux risques du voyage dans la cale d'un navire spécialement construite à cet effet que dans un récipient plus petit et moins solide. Il va de soi que ce qui vient d'être dit ne saurait s'appliquer aux vins délicats ; en revanche, le vin courant n'en subit aucun dommage.

Il ne faut pas assimiler le vin mis en bouteille là où il a été fait à celui qui est mis en bouteille dans son pays d'origine, et, par conséquent, on les jugera différemment. Les vins mis en bouteille au domaine n'ont jamais quitté la proximité de leur vignoble, alors qu'un vin mis en bouteille dans son pays d'origine peut avoir parcouru des milliers de kilomètres. En toute hypothèse, si vous comparez un vin mis en bouteille au domaine avec un vin mis en bouteille ailleurs, ne vous attendez pas à ce que le premier soit forcément supérieur au second : il s'agit seulement de deux versions différentes du même vin, le second devant théoriquement être légèrement plus avancé dans son évolution que le premier.

Pour les vins très fins, le négociant qui les acquiert commence en général par les estimer à l'endroit où ils ont été faits, bien qu'il demande souvent à les juger à nouveau dans l'austérité de son propre cabinet de dégustation. En effet, les échantillons de vins encore en cuve ou en fût sont, de toute évidence, dans un état de transition, et il faut beaucoup d'habileté et d'expérience pour deviner les progrès potentiels d'un jeune vin qui aura peut-être besoin d'une longue maturation après sa mise en bouteille. Sur ce point, c'est probablement le négociant-éleveur qui doit posséder le goût le plus fin ; les simples marchands, fût-ce les meilleurs, trouvent souvent difficile de se livrer à ce genre de pronostics, alors qu'ils sont en général capables de choisir avec une grande précision, en conformité avec le goût de leur clientèle, des vins qui ne mûriront plus avant d'être vendus.

La dégustation

La dégustation

La dégustation n'est pas un mystère sacré. C'est une méthode d'approche du vin qui s'apprend ; mais seules l'expérience et une pratique intelligente vous conféreront, en la matière, l'autorité nécessaire.

Le premier objectif de la dégustation, c'est de découvrir si un vin apporte du plaisir, qu'il s'agisse d'acheter du vin pour l'usage domestique, d'apprendre à commander avec confiance quand on dîne au restaurant ou d'essayer de nouveaux crus qui ne décevront pas vos invités. Par la suite, vous pouvez espérer devenir assez docte pour acheter des vins jeunes que vous laisserez mûrir et s'améliorer et pour acquérir des idées intelligentes sur les vins auxquels convient un séjour en cave prolongé.

La dégustation est un raffinement de l'acte de boire. Une fois qu'ils ont appris la manière fondamentale d'aborder un vin, peu de gens éprouveront de la difficulté à enregistrer au moins quelques-unes des sensations qu'ils auront expérimentées. Pour comprendre l'importance et la signification de ces expériences, il faut les interpréter et les associer à des facteurs connus relatifs au vin en question. Le dégustateur doit à la fois apprendre et créer le langage qui décrit les expériences dégustatrices ; car le langage du vin, comme celui des beaux-arts par exemple, est un langage spécialisé.

Il ne devrait toutefois jamais dégénérer en jargon ou en termes techniques dépourvus de signification, et le débutant ne devrait pas, de son côté, feindre de comprendre des termes incompréhensibles. On trouvera à la p. 164 du présent ouvrage un vocabulaire à la fois simple et suffisant pour comprendre les aspects techniques et les appréciations personnelles de la dégustation.

Pour déguster, un bon odorat est un don aussi utile qu'une bonne mémoire ou l'aptitude à prendre des notes. Le goût se compose pour 75 % au moins d'odorat et il serait évidemment très difficile, pour quelqu'un qui en serait totalement dépourvu, de déguster convenablement un vin. Mais il est possible de cultiver l'odorat — quelle qu'en soit la finesse — dont vous êtes doté et, même si ce sens-là s'est dégradé, vous vous apercevrez souvent que d'autres sens, tels que la vue et la sensation du vin dans la bouche, se développeront en contrepartie.

Il est aussi important de disposer d'une bonne mémoire que d'un bon odorat ; si vous êtes

Ci-dessus, utilisation d'une *copita* pour goûter un Xérès dans une *bodega* de Xérès.

Ci-dessous, scène de dégustation en Allemagne, en 1839. Les personnages sont les mêmes qu'actuellement : négociant, producteur, soi-disant expert, buveur insatiable — et véritable amateur et connaisseur.

En bas, plus sérieusement, ce technicien compare différents Portos dans les chais Taylor à Vila Nova de Gaia.

capable d'associer les expériences dégustatives que vous avez déjà faites à celles que vous êtes en train d'acquérir, cela vous aidera considérablement. De nombreux dégustateurs, parmi les plus remarquables, m'ont dit qu'en vieillissant ils avaient constaté que leur mémoire se détériorait et que s'ils étaient toujours capables de comparer les vins qu'ils dégustaient à ceux qu'ils avaient goûtés dix ou vingt ans auparavant, ils se rappelaient beaucoup moins bien ceux qu'ils avaient vus au cours des mois récents. A noter que, en termes de dégustation, on peut dire qu'on «voit» ou qu'on «regarde» un vin.

Mais la mémoire peut être cultivée en prenant des notes ; il faut le faire au moment même où l'on déguste, car elles ne sont jamais aussi utiles quand on les prend ne fût-ce qu'une heure plus tard. Et lorsque vous lisez quelque chose qui se rapporte au vin, arrêtez-vous dans votre lecture pour comparer votre expérience personnelle à celle de l'auteur. Tout repère, toute association directe sont de précieux auxiliaires de la mémoire du dégustateur ; et telle ou telle légende, tel ou tel fait historique peuvent dessiner la personnalité de ce qui, sans cela, ne serait qu'un simple nom de vin. Par exemple, la tradition, créée par le colonel Bisson à la fin du XVIIIe siècle, selon laquelle les régiments de l'armée française devaient saluer et présenter les armes en passant devant le Clos Vougeot constitue un souvenir caractéristique à associer à ce grand cru de Bourgogne.

On peut aussi consolider la mémoire en évoquant le lieu où se fait tel ou tel vin. «Climat, ceps, ferments », disait Allan Sichel en recommandant à ses étudiants de brancher leurs «antennes sensorielles» pour capter «ce que le vin avait à dire». Quiconque a foulé le sol d'un grand vignoble, quiconque en a pris la terre dans ses mains, quiconque a senti la chaleur que ce terroir réverbère, quiconque a pénétré dans un pressoir embrumé par la poussière vivante de la pruine et des levures, quiconque a humé l'atmosphère d'une cave où mûrissent de grands vins n'aura plus jamais l'impression que le vin est une boisson comme les autres.

Mais le don le plus important du dégustateur, c'est sans doute une juste attitude de l'esprit. L'honnêteté surtout est essentielle, car un dégustateur non sincère se laissera peut-être piéger par une étiquette de fantaisie, par une

grande réputation, par un prix élevé ou par l'hypothèse qu'on lui présente un bon ou un grand vin. Et il restera sans doute également incertain quant à la qualité s'il ne fait pas la différence entre ce qui lui plaît et ce qu'il croit bon. La véritable humilité est aussi essentielle : le dégustateur sérieux doit être prêt à tirer les leçons de ses erreurs. Beaucoup de gens affirmeront qu'ils peuvent toujours distinguer un Bordeaux rouge d'un Bourgogne rouge ; moi, j'ai posé la question à deux des dégustateurs les plus admirés de leur époque, je leur ai demandé combien de fois ils avaient confondu Bourgogne et Bordeaux et ils m'ont dit : « Des douzaines de fois ».

Ci-dessus, un tastevin en Bourgogne.

A gauche, la pipette qui sert à prélever un échantillon de vin par la bonde. Vallée de l'Hunter, Nouvelle-Galles du Sud.

La dégustation

Il existe deux genres distincts de dégustation sérieuse : celle à laquelle on procède chez un marchand qui vous offre une série de vins prêts ou presque prêts à être consommés ; et celle à laquelle on procède auprès d'un négociant-éleveur ou d'un viticulteur et qui porte sur de jeunes vins dont la plupart ne sont pas encore assez mûrs pour être bus. Certains amateurs jugent difficile de goûter un bon vin avant maturité : si, après en avoir fait l'expérience, vous partagez cette opinion, tenez-vous-en au premier type de dégustation. Et si même ce genre-là de dégustation vous empêche de jouir vraiment du vin, contentez-vous de le goûter à table, en même temps que vous mangez, même si cette façon de consommer le vin ne permet pas de le juger aussi sérieusement que lors d'une dégustation professionnelle.

Quand on invite le public à déguster des vins, il s'agit souvent d'une cérémonie pittoresque, dans une cave, avec des bougies, des petits morceaux de fromage à consommer et, souvent, un commentaire de chaque cru par une personne autorisée. En de telles circonstances, on peut s'asseoir ; et ce type de dégustation peut constituer une bonne manière d'apprendre à goûter le vin si, au bout de quelque temps, l'élève dégustateur peut se faire une opinion personnelle et s'y tenir, sans accepter purement et simplement les jugements de quelqu'un d'autre, si respectable que soit cette personne. Il faut à tout prix éviter de se laisser impressionner par quelqu'un qui vous dit qu'un vin est bon si votre instinct et votre jugement vous affirment le contraire. A cet égard, il peut être fort instructif d'entendre quelqu'un commenter un vin *après* qu'on l'a goûté soi-même, ou de prendre part à une discussion qui a lieu au cours d'une dégustation ; les dégustateurs professionnels prennent toujours un grand intérêt aux questions posées par les débutants et à leurs divergences d'opinions.

Mais la véritable dégustation, plus sérieuse et plus professionnelle, ne se déroule pas dans une ambiance aussi colorée, car elle exige une concentration absolue des sens et de l'intelligence, et le bruit, l'odeur des fleurs et des amuse-gueule, les bavardages, les lumières tamisées ou colorées s'interposent fâcheusement entre le dégustateur et le vin. Pour diverses raisons, il arrive parfois qu'un acheteur doive goûter le vin dans la cave du viticulteur ; mais le plus souvent, il le déguste dans un milieu qui tient à la fois de la salle d'opérations et du laboratoire de chimie. La pièce est fortement éclairée, soit par la lumière du jour ou par des sources artificielles, les surfaces sont blanches avec des zones de couleur très strictement déterminées, les bouteilles et les verres sont disposés rationnellement sur de vastes espaces de façon que les dégustateurs ne se bousculent pas. Il y a toujours un évier ou

Récipients de dégustation. En haut, la tasse de vin bordelaise, abandonnée actuellement ; en forme de soucoupe, elle avait un renflement central pour observer la couleur. En dessous, le tastevin bourguignon, toujours utilisé. Sa forme, en réfléchissant la lumière des caves obscures, permet d'apprécier la couleur du vin. Le contact avec la bouche est différent, et certains estiment qu'il renforce les impressions de dégustation. En bas, deux vues de la nouvelle coupe de dégustation du Chianti, qui a une forme de coq, l'emblème du Chianti.

un crachoir d'accès facile, probablement les dégustateurs pourront recevoir un peu de pain ou des biscuits secs pour se rafraîchir le palais, mais rien d'autre ; personne ne parle beaucoup et quand on parle, c'est sur un ton modéré.

Il existe un troisième type de dégustation : sorte de « partie fine » d'un nouveau type qui peut être à la fois instructive et agréable. Cela peut commencer par une conférence, une séance d'étude sérieuse, pour se poursuivre autour d'un buffet, les vins étant dégustés aussi bien durant la première moitié de la soirée que durant la seconde. On peut aussi, au cours de ce genre de réunion, grouper une série de vins sur un thème : par exemple un pays où l'on se rend en vacances, ou une région donnée, une sélection opérée dans une seule entreprise de vinification, une série de millésimes différents du même vin, ou encore des vins divers de producteurs portant tous le même nom. Lors de telles circonstances, on peut choisir des vins qu'on désire acquérir, mais il peut s'agir aussi d'un simple prétexte à divertissement, ou encore d'une occasion de collecter des fonds pour une œuvre. Une soirée de ce type comportait l'exécution d'œuvres de Schubert alternant avec la dégustation d'excellents vins allemands de la Moselle (région de Ruwer) produits par un M. von Schubert, le seul rapport entre la musique et le vin étant ici l'homonymie des deux « créateurs ». Ce type de séances de dégustation est un agrément de la vie civilisée et peut fort bien initier à l'amour du vin des profanes qui n'en connaissaient rien.

Mais lors de dégustations professionnelles, on se restreint le plus souvent à quelques régions ou à une seule, à un millésime ou deux. A l'occasion, le producteur ajoutera quelques millésimes supplémentaires, non pour vendre les plus anciens dont il ne possède plus que quelques bouteilles, mais pour permettre au dégustateur d'observer l'évolution du vin avec l'âge. On déguste les vins de table jeunes ou non millésimés avant les plus anciens et les meilleurs et, en cas de contemporanéité, les vins les moins chers en premier lieu.

Si l'on goûte des vins de table rouges et blancs en même temps, la préséance est affaire de choix personnel. Si la série de crus blancs doit s'achever par un vin un peu doux (vin allemand ou Sauternes) ou aromatique et corsé (comme certains vins d'Alsace), il est préférable de commencer par les rouges, car il est difficile de déguster un rouge sec après un blanc doux. Mais si la série des blancs ne comprend aucun vin doux, beaucoup de gens préfèrent commencer par eux. Quant à moi, je trouve certains vins plus difficiles, plus « fatigants » que d'autres et j'ai tendance à commencer par ceux-là : par exemple je dégusterai un Bourgogne blanc

Salles de dégustation, ancienne et moderne. A gauche, les caves voûtées de Hatch, Mansfield, sous le Pall Mall de Londres ; elles servent pour le vin depuis 1802 au moins, et sans doute plus. Ci-dessus, la salle de dégustation de Sichel, Londres, entreprise familiale célèbre pour ses vins français et allemands. Dans une telle austérité, les détails de la couleur, du bouquet et de la saveur sont examinés avec rigueur, et les vins sont choisis pour les marchés mondiaux.

avant un Côtes-du-Rhône blanc, un vin de la Loire rouge avant un Bordeaux rouge.

Beaucoup de domaines fameux disposent de leurs propres cabinets de réception et de dégustation où les visiteurs peuvent boire, déguster ou recracher des échantillons des vins de la région. Lors de dégustation en cave ou dans des locaux spécifiques comme les chais de Bordeaux ou les *bodegas* de Jerez, les échantillons sont généralement prélevés directement au tonneau. Il arrive qu'un visiteur mal informé s'étonne qu'on n'entame pas une bouteille ancienne pour la lui faire goûter ; mais lors de la mise en bouteille, le vin est généralement déjà vendu, et les bouteilles qui restent appartiennent au propriétaire, qui ne les ouvre qu'en des occasions exceptionnelles. Lorsqu'on prélève un échantillon au tonneau, on recourt à une sorte de pipette de grandes dimensions qu'on plonge dans la bonde ; quand on appuie avec le pouce sur l'extrémité de cet instrument, le vin y monte, et il redescend dans le verre quand on relâche la pression du pouce. A Jerez, la *venencia* est différente : c'est une coupe de métal allongée, au long manche de baleine, qu'on plonge dans le vin à travers la *flor* qui recouvre la surface du vin. A Sanlucar de Barrameda, où l'on fait la Manzanilla, le manche n'est pas en baleine mais en bambou. Parfois, on met une cannelle sur le devant du tonneau, en exerçant une pesée sur une des douves pour forcer le liquide à passer par le robinet.

Si vous dégustez en région vinicole, rappelez-vous que le vin n'a pas encore passé par tout le processus qui le rendra brillant comme il le sera à l'ouverture de la bouteille. Néanmoins, il aura sans doute été déjà soutiré (c'est-à-dire pompé d'un fût à un autre pour être débarrassé de ses lies) ou collé (pour en précipiter toutes les particules en suspension). Mais les vins qui sont en train de subir ces traitements ne sont pas au meilleur de leur forme, et pendant la fermentation, ils sont imbuvables.

Quel que soit le type de dégustation auquel vous êtes convié, il est inutile de vouloir s'acharner à goûter le vin si vous êtes distrait. Tout malaise, toute irritation, toute émotion, toute préoccupation vous empêcheront de le faire convenablement. Le bruit, un mauvais éclairage, des interruptions rendent la dégustation difficile sinon impossible. Mais la distraction la plus évidente, c'est celle qui atteint l'odorat. Chaque objet, chaque personne a son odeur particulière ; et au fur et à mesure que vous acquerrez de l'expérience en matière de dégustation, vous vous apercevrez aussi que votre odorat devient plus alerte, plus sensible à toutes les odeurs.

Aucun dégustateur digne de ce nom ne fumera lors d'une séance de dégustation, ni avant, pas davantage qu'il ne consommera un plat au curry ou ne boira de jus de fruits : l'acidité de ces derniers risque d'affadir le goût du vin, tout mets trop doux fera paraître le vin amer, et l'absorption de chocolat rend toute dégustation pratiquement impossible pendant des heures.

Les techniques de dégustation

On ne peut enseigner un art à un élève en lui dictant des recettes infaillibles : cela est également vrai de la dégustation, pour laquelle il n'existe pas de méthode «meilleure que les autres». Certes, des maîtres réputés ont adopté certains procédés définis, mais il n'est pas toujours facile, pour les amateurs qui ne sont pas «du bâtiment», de s'y conformer.

Certains instructeurs croient utile de se montrer scientifiques et de commenter chaque aspect du vin en termes techniques spécifiant sa composition chimique, etc. Mais comme on boit pour le plaisir, cette façon d'aborder le vin peut s'avérer fort oiseuse et conduire à des analyses cliniques plus proches du prêchi-prêcha que de l'art.

D'autres professeurs insistent pour qu'on s'en tienne à une routine rigide : pas de dégustation avant qu'on n'ait traité du bouquet du vin, pas d'épreuve olfactive avant qu'on ait discuté à fond de la robe ; il en est même qui fixent un horaire précis de chaque étape. Ces exigences peuvent être fort irritantes et décourager certains élèves. Et si l'on est formé de cette manière à tirer des conclusions définies, dans un ordre fixé, sur la robe, le bouquet et le goût, on risque de voir un beau jour toutes ces belles théories bousculées, du simple fait que les vins sont des individus. Il peut arriver qu'alors qu'une robe et/ou un bouquet peuvent vous faire prévoir tel ou tel type de vin, le goût ou même l'arrière-goût se trouvera en contradiction avec la conviction que vous avez acquise d'avance ; et de même qu'il est déraisonnable de vouloir abuser de son sens gustatif, ce qui aboutirait à réduire ou même à annihiler toutes vos connaissances sur le vin, de même il est nocif de se faire trop vite une opinion et d'en changer trop fréquemment.

Nombre de dégustateurs portés à l'académisme prendront beaucoup de temps à apprécier la robe, le bouquet et le goût avant d'en venir à une conclusion générale sur un vin. D'autres — et c'est le cas de l'auteur de ces lignes — vont du général au particulier ; mais vous pourrez fort bien vous apercevoir, plus tard, qu'on peut adopter l'une des méthodes pour certains vins et l'autre pour d'autres.

Quand j'ai commencé à apprendre à déguster, on m'a dit tout simplement de «laisser le vin me parler». Que vous goûtiez un vin pour l'acheter ou pour le recommander à d'autres, commencez par vous poser la question : «Ce vin est-il bon ou mauvais ?» avant de vous demander : «Est-ce que j'aime ce vin ?» Et, dans les deux cas, essayez de répondre à la question suivante : «Si oui, pourquoi ? Sinon, pourquoi pas ?» Et ne feignez jamais de trouver dans un vin quelque chose que vous n'y voyez pas.

En dégustant des vins jeunes, il faut tâcher de

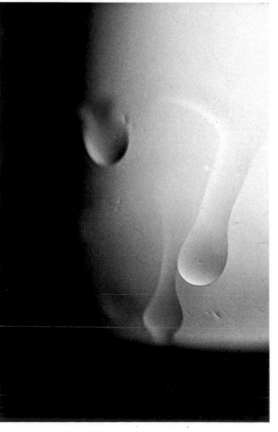

Ci-dessus, la couleur d'un vin — Château Gazin 1960 — vue du dessus. Le cercle bleu à l'extérieur est le bord du verre, tout comme l'arc blanc bleuté est sa réflexion dans le vin. Remarquez les nuances du vin de l'extérieur jusqu'à «l'œil» du centre. Dans ce fin Pomerol, d'une année légère, l'auréole à l'extérieur prend un reflet fauve, bien que le rouge du centre soit très franc et que dans l'œil la couleur commence à s'éclaircir. Si l'on inclinait le verre, la partie fauve serait plus apparente, mais cette photographie montre le nombre des nuances d'un vin fin — plus elles sont nombreuses, plus le vin est fin.

A gauche, les «pleurs» du vin — traces de glycérine — coulent sur les bords d'un verre contenant du Porto Vintage, Taylor 1967. La présence de ces traînées indique qu'il s'agit d'un vin — rouge ou blanc — de qualité.

Ci-dessus, des bulles montrent que le vin «travaille» ou fermente toujours dans la bouteille.

A droite, un Sauternes brillant, Château Rieussec 1966, à côté d'un vin blanc madérisé et trouble — remarquez la teinte orangée caractéristique de la madérisation.

Ci-dessous, les effets de l'âge sur la couleur de vins rouges et blancs, qui sont examinés inclinés. Le Gewurztraminer alsacien de 1973 (à gauche) est très pâle, presque incolore sur le bord. Le même vin, mais de 1961, a une couleur plus foncée, se rapprochant de celle du beurre au centre. Lorsque de tels vins vieillissent au-delà de leur apogée, ils peuvent se madériser et prendre une nuance orange, ce qui ne les rend pas forcément imbuvables. Des deux vins rouges, le Château Yon-Figeac, Saint-Emilion de 1970 (à droite), est toujours nettement rouge, avec une touche de pourpre au centre. Le bord commence juste à s'éclaircir. Le millésime était bon. Le Château Grand La Lagune, 1940, à gauche, est le grand cru de Ludon dans le Médoc, mais ce millésime fut léger quoique souvent charmant. Remarquez l'auréole d'un orange pâle qui s'assombrit jusqu'au fauve. et les nuances de rouge clair entourant un cœur plus foncé.

Ci-dessus, cristaux de tartrate de potassium dans un vin fin de Moselle. Ces cristaux, sans effets sur le goût, peuvent parfois se remarquer sur le bouchon ; ils sont la marque d'un vin de qualité car aucun vin bon marché, rouge ou blanc, n'en renferme généralement.

Age et Couleur

prévoir ce qu'ils deviendront : c'est pourquoi il est utile de pouvoir étudier aussi des versions plus mûres du même cru, car certains traits d'un même vin indiquent certaines de ses potentialités.

Lorsqu'on déguste des vins mûrs, on doit envisager non seulement le plaisir qu'on y prend soi-même, mais aussi celui qu'y prendront vraisemblablement les personnes avec lesquelles on le partagera. On se moque fréquemment des vins dits «commerciaux» ; mais on s'est bien souvent aperçu que les marques qui font beaucoup de publicité et qui cherchent à adapter leurs vins à tel ou tel marché fournissent très exactement ce que leur clientèle désire. Songez à cela lorsque vous goûtez un vin que vous jugez trop «commercial»...

La saveur du vin peut être considérablement altérée par l'atmosphère ; personnellement, je juge difficile de déguster un vin par temps lourd, froid ou humide. Si vous êtes déçu par un vin, prenez conscience du moment de l'année où vous le goûtez : au moment de la floraison de la vigne et au moment des vendanges, le vin a tendance à être moins bon qu'à d'autres périodes, même s'il se trouve en bouteilles depuis plusieurs années.

Pour la dégustation, on recourt à divers types de verres : le gobelet de Paris, le verre en tulipe, le grand verre de dégustation (dock-glass) qui est comme une version magnifiée de la copita de Jerez. Il ne faut pas poser les verres la tête en bas, car ils risquent de prendre une odeur de renfermé, du fait de l'air qui s'y trouve ainsi emprisonné ; ils peuvent aussi être contaminés par l'odeur de la matière sur laquelle ils reposent (plastique, papier ou bois). Dans beaucoup de cabinets de dégustation, on suspend les verres par le pied pour éviter qu'ils ne s'empoussièrent tout en laissant l'air y circuler. Lorsqu'un verre vide sent le renfermé et qu'il n'est pas possible de le laver sur-le-champ, faites-le balancer dans l'air pour le rafraîchir.

Lorsqu'on veut procéder à une dégustation sérieuse, on ne verse dans le verre qu'une petite quantité de vin (à peu près l'équivalent de deux petites gorgées). Quand il s'agit d'un vin jeune, il est nécessaire de l'aérer en faisant pivoter vigoureusement le verre, et si ce dernier était rempli ne fût-ce qu'au tiers, la quantité de liquide serait trop importante pour cela. Quant aux vins plus âgés, ils n'ont pas besoin de ce traitement, mais ce serait un gaspillage d'en verser trop. S'il faut chauffer plus ou moins le vin, l'organisateur de la dégustation y aura pourvu, ou alors il donnera l'exemple en mettant ses mains autour du calice du verre. Mais la température à laquelle la plupart des vins sont examinés dans un cabinet de dégustation professionnelle est celle à laquelle ils sont arrivés de la cave.

Le bouquet

On compte quatre étapes principales dans la dégustation ; elles peuvent être accomplies dans n'importe quel ordre (sauf la dernière) et à n'importe quel rythme : l'examen de la robe ; l'appréciation du bouquet ; celle du goût et de la sensation dans la bouche ; enfin le «fini» et l'arrière-goût du vin. Il n'y a pas forcément autant de choses à dire d'un vin à chacun de ces stades, car certains vins passent par des périodes au cours desquelles ils sont virtuellement muets et ont très peu, apparemment, à révéler.

Le bouquet

Faites tournoyer le vin dans votre verre de manière qu'il dégage bien son odeur et que celle-ci parvienne à vos narines lorsque vous humez par-dessus le bord du verre. Cette opération s'exécute le plus aisément en tenant le verre par le pied ou par la base ; cette dernière méthode paraît difficile, mais c'est en fait la plus confortable une fois qu'on y est habitué. Posez votre pouce sur la base du verre et deux ou trois doigts dessous : vous pourrez ainsi contrôler exactement le mouvement que vous désirez donner au verre. N'essayez pas de garder le nez au-dessus du verre pendant que vous l'agitez ; mais dès que vous avez cessé de le faire, humez quelques petites bouffées du parfum et tâchez de vous rendre compte à quoi le bouquet ressemble.

L'analyse et l'interprétation des odeurs est astreignante et souvent exaspérante. Le vin doit avoir un parfum plaisant ; il peut avoir une odeur étrange, mais on ne devrait jamais y rien trouver de désagréable. Si surprenant que cela paraisse, peu de vins ont l'odeur de raisin, bien que ceux qui sont faits avec toutes les variétés de Muscat soient, en général, faciles à identifier en raison de leur senteur «raisinée». Lorsque vous aurez commencé à enregistrer les bouquets de différents vins, essayez de faire l'expérience de humer un ou deux exemples remarquables que vous pourrez considérer comme des bouquets typiques : un grand Riesling, un Bordeaux rouge, un Bourgogne rouge, jeunes ou mûrs, afin d'être en mesure de reconnaître ensuite à nouveau l'odeur fondamentale des cépages qui constituent la base des grands classiques du vin.

Ce vin vous rappelle-t-il par son bouquet n'importe quel autre vin dont vous puissiez le rapprocher ? Avez-vous l'impression qu'il est le produit d'un vignoble très chaud ou très froid ? Les vins les plus fins proviennent de régions où la vigne doit lutter pour survivre, et que le vin soit sec ou tende vers la douceur, son bouquet dégage une atmosphère qui peut souvent indiquer le climat. Parfois, vous sentirez que le vin vient certainement d'un vignoble froid ; d'autres fois, vous aurez une impression de fraîcheur «superposée» à la chaleur générale du vin, et il se

pourrait bien que cela dénote un vignoble généralement froid mais ayant produit cette année-là une vendange chaude. L'impression de froideur et même d'humidité peut aussi se rapporter à un millésime où la récolte a été peu abondante, voire mauvaise. A l'inverse, il se peut qu'une ambiance de soleil et de terre brûlée vous saisisse à l'instant même où vous rapprochez votre nez du verre. Voilà pourquoi la sensibilité et la promptitude sont des aspects si importants de la dégustation. Il n'est pas besoin d'être exagérément imaginatif ; mais si votre seule réaction en humant l'odeur d'un vin, c'est de penser qu'il «sent comme tous les vins rouges», il est superflu que vous vous engagiez dans la dégustation.

Dans certains cas, l'odeur est vigoureuse ; dans d'autres cas, il faudra secouer énergiquement votre verre pour obtenir la moindre bouffée de parfum. En ce cas-là, il se peut qu'il s'agisse d'un très jeune vin, «en train de se faire». Le parfum vous induit-il à penser que le vin sera sec ou doux ? Vous donne-t-il une impression de légèreté ou de poids et de profondeur ? Le bouquet se développe-t-il progressivement mais avec magnificence et parvient-il au bout d'un moment à son apogée comme une fleur qui s'ouvre ou est-il au contraire évident, agréable, mais sans avoir rien de plus à dire à vos narines ? Plus il s'agit d'un vin important, plus le bouquet en est complexe, et il arrive même qu'il existe un certain nombre d'odeurs différentes qui ne paraissent pas tout de suite s'unir harmonieusement ; cela se produit en particulier lorsqu'on déguste certains grands vins quand ils sont encore très jeunes.

S'il est très difficile de percevoir le bouquet d'un vin, faites-le tournoyer aussi vite que possible et humez-le à nouveau ; cette «aération» supplémentaire devrait dégager le peu de parfum qu'il a. Vous aurez sans doute envie de humer à nouveau le vin après en avoir mis une gorgée dans votre bouche, mais il n'est pas nécessaire que vous en décidiez ainsi aussitôt après avoir senti le bouquet. On peut généralement se fonder sur une première impression dégustative si elle est très vive ; mais dans le doute, il faut appeler les autres sens à la rescousse.

Quant aux notes qu'on prend à propos du bouquet, c'est une affaire très personnelle. S'il vous est utile d'associer un certain parfum à un certain vin ou à un certain type de vin, ne cherchez pas à tourner une phrase bien faite pour le noter ; votre impression pourra très bien s'exprimer de façon sommaire. Par exemple, si vous estimez que le cépage du Traminer évoque du linge fraîchement repassé, notez ces trois mots-là, cela constituera une description charmante et vivante de ce vin. Ce n'est du reste pas mon avis personnel : pour moi, le Traminer évoque une meule de foin mais j'ai entendu dire par d'au-

On examine d'abord la couleur du vin — en le tenant incliné devant quelque chose de blanc. On évalue l'odeur, après avoir fait tourner le vin dans le verre pour qu'il libère le bouquet. On en prend un peu dans la bouche, avec de l'air pour que l'impression soit plus fine. Le dégustateur fait circuler le vin dans sa bouche pendant qu'il essaie de formuler ce qu'il pense du vin. La coupe montre comment l'odeur, le goût et l'arrière-goût se manifestent dans la bouche et le nez.

tres, et cela m'a paru leur plaire, qu'il leur rappelait un tas de fumier ! Et n'essayez pas forcément de trouver plusieurs odeurs différentes dans un vin.

Les vins très âgés, surtout le Bordeaux rouge, ont parfois une odeur de «champignon», c'est-à-dire qu'ils dégagent une impression olfactive d'humidité telle celle qu'on peut ressentir dans une cave. Certaines personnes jugent ce bouquet particulièrement charmant quand il se combine avec la délicatesse et la complexité d'un vin aristocratique ; d'autres estiment qu'il s'agit d'un relent dénotant le déclin d'un vin et préfèrent les vins plus jeunes. Il existe également une odeur dense que, quant à moi, je décrirais comme celle d'un «rideau de velours épais» et qui est généralement associée à un grand rouge, le plus souvent un Bordeaux, qui n'est pas encore arrivé à son apogée. Les Bourgognes peuvent également avoir l'odeur (et le goût) de velours, mais j'y trouve habituellement plus de douceur et de développement que dans le Bordeaux, sans doute en raison de la manière dont le vin est fait. Il arrive encore que des vins rouges aient un bouquet un peu «vert» quand une partie des vignes dont ils sont faits est encore très jeune ; parfois des vins chaptalisés de façon défectueuse sentent le sucre de betterave qu'on y a ajouté en trop grande quantité. De même on sent quelquefois une odeur chimique ; quelques vins bon marché dégagent une odeur sulfureuse. En effet, on utilise le soufre — et cela de façon quasi universelle dans le commerce du vin — comme désinfectant pour maintenir le vin en bon état de conservation.

Le parfum de pommes pourries peut signifier que le vin continue à fermenter ; il est exclu de le humer et de le goûter convenablement en ce cas. L'odeur lourde qui évoque pour certains des vêtements mouillés (et me reporte quant à moi à l'époque où, dans mon enfance, je suçais mes gants de laine !) indique souvent que la bouteille est sale.

On a si souvent parlé du vin bouchonné que je ne m'y étendrai pas. Pour certains, en pareil cas, il sent le liège : moi, je dois dire que je n'ai jamais perçu dans un vin bouchonné la plus légère odeur de liège ; mais lorsqu'un vin est totalement dépourvu du bouquet que j'en attends et que je perçois à la place une vague odeur chimique rappelant celle d'une piscine ou d'une eau chlorurée, j'en conclus qu'il est incontestablement bouchonné.

La robe

Un vin doit être brillant, mais il n'est pas essentiel qu'il soit d'une pureté éblouissante. Chaque fois qu'on le filtre pour répondre aux exigences d'un public qui réclame une brillance absolue, le vin perd un peu de son caractère en même temps qu'il abandonne quelque chose de son dépôt. Pour beaucoup de grands vins, blancs comme rouges, la présence de certaines particules peut être signe de qualité, et on peut fort bien les trouver dans l'échantillon destiné à la dégustation si la bouteille a été secouée.

Le vin a-t-il l'aspect vivant ou paraît-il plat comme un liquide qui a reposé pendant longtemps ? On peut apprécier la différence de robe entre ces deux types de vin en comparant par l'imagination (ou même en réalité) un verre d'eau de source avec un verre d'eau du robinet laissé en carafe pendant plusieurs jours.

Si vous remuez le vin dans votre verre, il doit faire montre d'une certaine densité. Un vin muté aura évidemment une substance plus épaisse qu'un vin de table ; un vin doux présentera une certaine viscosité, il adhérera davantage à la paroi du verre qu'un vin extra-sec. Certains vins laissent des traînées de liquide transparent sur le verre, qui retombent ensuite dans le vin ; on dit alors que le vin «pleure», et ces traînées proviennent de la glycérine contenue dans le vin et dénotent en général un vin de qualité.

La couleur

La manière la plus simple d'examiner la couleur d'un vin consiste à pencher le verre de façon que le calice forme un angle d'à peu près 45°, le vin ayant alors la forme d'un ovale. Tenez votre verre au-dessus d'une surface blanche terne (papier ou nappe), de préférence sous un éclairage blanc ordinaire, ou à la lumière du jour si celle-ci est bonne, et regardez le vin par en dessus plutôt que par en dessous. Dans une cave, il peut être nécessaire de hausser le verre à la hauteur d'une bougie ; mais pour des yeux habitués à la lumière du jour ou à l'éclairage électrique, la lumière d'une bougie peut être aussi trompeuse et flatteuse qu'elle l'est pour une femme. Il m'est arrivé de voir un bon dégustateur amateur s'agenouiller en face d'un échantillon de vin pour en retirer la même impression que s'il le voyait au niveau de son verre, mais c'est là une démarche un peu affectée.

Lorsque vous examinez le vin par en dessus, notez les tonalités diverses de sa couleur, en partant du point de contact avec la paroi du verre et en allant vers le centre, qu'on nomme parfois «l'œil» du vin. Ce que vous observez alors évoque les nuances diverses d'un «œil» sur la queue d'un paon. Dans un vin peu coûteux, vous noterez sans doute deux ou trois tonalités distinctes, mais il y en aura bien davantage dans

un vin de haute qualité, qu'il soit jeune ou vieux. C'est là une indication très utile pour ceux qui n'ont pas le sens gustatif très développé et auxquels il arrive qu'on demande de deviner lequel de deux vins est le plus cher.

En général, les vins rouges s'éclaircissent avec l'âge et les vins blancs foncent ; mais ils présentent toujours un assombrissement des nuances en allant du bord du verre au centre, ce dernier étant toujours le point le plus sombre. Parfois, tant chez les blancs que chez les rouges, la marge du vin est presque transparente.

Les vins blancs

Les vins blancs jeunes peuvent être très pâles et ils sont souvent encore plus pâles lorsqu'ils proviennent de vignobles septentrionaux. D'autre part, plus ils sont secs, plus ils sont pâles. Le sens de la couleur est une affaire aussi personnelle que le goût, mais à mon avis, les vins blancs secs et jeunes provenant de vignobles froids, comme ceux de la Moselle, ont souvent la teinte pâle et luisante d'un morceau de citron ; celle des vins secs de la Loire est légèrement dorée, et les Bourgognes blancs sont, eux, d'un or très pâle. Seule exception à cette dernière règle, le Chablis a une curieuse lueur verdâtre : on dirait presque qu'il comporte deux couleurs, le vert perçant à travers le jaune pâle. Quant aux vins en provenance de vignobles méridionaux, ils peuvent être nettement dorés ; quelques-uns d'entre eux, comme certains Côtes du Rhône blancs, ont une teinte paille pâle. Mais il serait déraisonnable de se montrer trop catégorique à propos de la couleur, car celle-ci peut varier en fonction des cépages qui composent le vin, le jus de certains raisins blancs étant d'une nuance fort différente de celui d'autres variétés. Lorsque les vins sont faits d'un mélange de cépages blancs et rouges (c'est le cas de certains vins d'Espagne et de la région rhodanienne), le résultat diffère évidemment beaucoup de ce qui se produit lorsqu'un cru ne comporte que des raisins blancs. Il faut aussi se rappeler que les techniciens du vin peuvent réaliser des miracles en laboratoire et que, la mode étant souvent aux vins très pâles ou très foncés sur certains marchés, on peut fort bien modifier la couleur d'un vin pour plaire à la clientèle.

La plupart des vins doux commencent par être d'un jaune or pâle ou léger ; à propos de ces vins, j'ai souvent noté «bouton d'or» dans mon calepin de dégustation, car leur teinte me rappelait un jeu de mon enfance : nous tenions juste au-dessous de notre menton une renoncule ouverte dont le reflet conférait à notre peau une couleur dorée très comparable à celle de beaucoup de vins doux.

La différence entre un vin mousseux et un vin pétillant. En haut, un Champagne, Saint-Marceaux Brut, au moment où la mousse est en train de disparaître, mais dont les minuscules bulles, nombreuses, s'élèvent encore rapidement. Seul un verre sale, qu'il soit graisseux ou qu'il ait été mal rincé, peut contrarier ce spectacle enchanteur. En dessous, un Vouvray 1964, Clos Naudin, demi-sec, pétillant, d'A. Foreau. Les bulles sont minuscules et s'élèvent vite, mais elles sont peu nombreuses.

Les différents «blancs» des vins blancs. A gauche, le Chablis de Louis Michel 1973 a une nuance de vert très pâle. Puis le Crozes-Hermitage, 1973, Mule Blanche de Paul Jaboulet, a une couleur légèrement plus chaude bien que toujours très pâle. Le

Wachenheimer Schlossberg Riesling 1969 du Dʳ Bürklin-Wolf, un vin du Palatinat de très grande qualité, commence avec l'âge à prendre une nuance dorée. Enfin, le Château Rieussec 1966, Fargues, a la couleur souci d'un Sauternes qui

approche de son apogée. Les deux 1973 doivent encore vieillir et leur couleur foncera, le Côtes du Rhône devenant paille clair et le Chablis prenant une couleur jaune tilleul plus franche mais toujours délicate.

La madérisation

En vieillissant, les vins blancs foncent et peuvent même devenir brunâtres s'ils sont soumis à l'action de l'air; il suffit pour cela d'une quantité minime d'oxygène entre le bouchon et le vin ou d'un soupçon d'air qui a pénétré dans le bouchon malgré la capsule protectrice. Quand un vin prend cette nuance, on le dit «madérisé», ce qui semble sous-entendre qu'il se met à ressembler à du Madère (bien qu'en fait la ressemblance reste fort limitée). Un vin madérisé peut être tout à fait buvable et il n'a perdu en vieillissant que sa belle couleur. Ainsi un grand Sauternes peut, à ce stade, avoir la robe d'un Amontillado tout en conservant son goût racé. Quelques vins moyennement secs ou doux (et même certains vins secs) prennent une nuance orange, curieuse mais non déplaisante; le Tokay est sans doute le plus bel exemple.

Les vins rouges

Si vous n'êtes pas extrêmement sensible aux nuances les plus fines de la couleur, vous trouverez sans doute plus facile de juger la robe des vins rouges que celle des blancs. Il existe un vaste éventail de teintes de rouge, car les pigments des divers cépages donnent des tons très variés allant du rouge brillant, vigoureux et affirmé, du Beaujolais à la couleur plus profonde du Bourgogne et à la nuance plus subtile du Bordeaux. A nouveau, les vins provenant de vignobles septentrionaux tendent à être plus clairs que ceux du Sud, mais cette règle ne doit être généralisée qu'avec prudence. Par exemple, certains Bourgognes de la Côte d'Or des cuvées 1967 et 1970 ont commencé par avoir une robe si claire lors de leur mise en bouteille et de leur première dégustation qu'on s'est demandé s'il ne fallait pas les classer parmi les rosés! Puis, au bout d'un certain temps passé en bouteille, ils ont pris leur couleur définitive. Il en va de même pour beaucoup de Bordeaux rouges, qui s'épaississent et foncent durant leur développement en bouteille; à leur apogée, la marge du vin peut prendre une belle couleur fauve, qui s'étend progressivement à tout le reste du liquide. Un très vieux Bordeaux peut avoir des nuances très délicates, comme celles du velours fin dont la couleur joue en fonction de l'ombre et de la lumière. Le Bourgogne rouge, en revanche, qui vieillit généralement plus vite que le Bordeaux, s'éclaircit légèrement avec l'âge; mais un vieux Bourgogne mûr tend à être un peu plus rouge qu'un Bordeaux de même catégorie. Et les vins très anciens des deux régions peuvent pâlir jusqu'à prendre une sorte de couleur abricot.

Beaucoup de vins rouges jeunes ont dans leur robe une sorte de pourpre qui macule temporairement la bouche du buveur.

Ces deux rosés présentent une différence caractéristique entre des vins originaires de vignobles chauds et froids. L'Anjou Rosé du Cabernet (à gauche) a une couleur plus prononcée qu'un Anjou Rosé ordinaire, mais il y a une ombre de bleu dans le rose pâle — ce qui pour moi indique le froid. Le Château de Fonsalette Rosé, 1969, 1ᵉʳ Grand Cru Côtes du Rhône (à droite) est plus foncé et son rouge rosé a plus de flamme et, comme on le voit ici, plus de nuances, ce qui indique un vin de plus grande qualité.

Couleurs caractéristiques de trois rouges classiques. A gauche, le Beaujolais-Villages de Jacques Dépagneux est d'un rose-rouge brillant, très attirant, mais il n'y a guère qu'un seul ton. Au centre, un Bourgogne, le Corton-Bressandes 1970 de Tollot-Beaut, et à droite, un Bordeaux, Château Palmer 1970. Le Bourgogne commence déjà à s'éclaircir quelque peu; le Bordeaux est encore foncé. Les vins de Corton tendent à s'éclaircir, et les Bourgognes paraissent généralement plus rouges que pourpres quand ils sont à côté d'un Bordeaux. Le Bourgogne peut se boire maintenant; le Bordeaux n'est pas encore prêt.

Le goût et l'arrière-goût

La dégustation proprement dite a lieu de la façon suivante : on prend, plutôt lentement, une petite quantité de vin dans la bouche, on l'éprouve tandis qu'il s'écoule sur le dessus et les côtés de la langue, puis on l'«écrase» entre la langue et la partie supérieure du palais, sous la langue, autour des gencives et à l'intérieur des joues dans la partie inférieure du maxillaire. Le mot «palais» ne se rapporte pas ici spécifiquement à une région de la bouche mais à tout l'appareil dégustatif ; mais il serait assez difficile de faire la démarcation entre ce qui est goût proprement dit et ce qui est odeur. La sensation du vin sur les lèvres et les dents est également importante, de même que l'angle avec lequel le vin arrive à la bouche ; c'est pourquoi certains dégustateurs trouvent plus utiles que d'autres des verres d'une certaine forme, et il y en a qui préfèrent se servir du classique tastevin bourguignon même lorsqu'ils goûtent d'autres types de vins, car avec ce récipient, le vin atteint la bouche de façon différente. La plupart des dégustateurs estiment que la sensation apportée par le vin s'aiguise si l'on absorbe un peu d'air en même temps que lui. Cela ne nécessite pas, inutile de le dire, un bruit sonore de succion ; mais il faut faire remarquer que lors d'une dégustation sérieuse, personne n'y prête la moindre attention, non plus qu'à la nécessité de cracher.

Laissez le vin s'écouler dans la bouche, essayez d'enregistrer sa forme et sa constitution générales, sa texture et tout ce qui paraît important dans son goût. Puis recrachez-le et, immédiatement après, expirez par le nez et notez ce qu'on pourrait appeler l'«écho» de l'odeur et du goût du vin dans votre nez et dans votre bouche : c'est ce qu'on appelle l'arrière-goût. Après cela, il est admis de reprendre un peu du même vin dans la bouche et de répéter tout le processus, en prenant un peu plus de temps la seconde fois si c'est nécessaire.

Avec un vin complexe et fin, même s'il est encore jeune, le goût aura un début, un milieu et une fin (qui est comme l'ombre du goût) ; et il en sera de même de l'arrière-goût. De ce fait, il est possible de tracer un graphique du goût d'un vin : parfois il y aura un sommet au début, puis un palier plat ou même un creux au milieu, et la terminaison peut consister soit en une chute, soit en une ascension vers une apogée magnifique. Il arrive que le premier goût d'un vin donne une impression sensationnelle ; d'autres vins, au contraire, prennent un certain temps pour révéler leur splendeur. Il se peut que le goût final et l'arrière-goût soient les moments les plus fascinants et pourtant les plus délicats de toute la dégustation ; il se peut aussi qu'un vin «finisse» brusquement et s'affaisse comme un soufflé.

Courbes de vins

Grand vin à son apogée

Agréable et plaisant

Terne

Promet mais ne tient pas

Voici les courbes, les profils des vins que je juge parfois utile de dessiner lorsque je dois déguster à la suite un grand nombre de vins du même type et du même millésime — comme 30 ou 60 Bordeaux ou vins allemands de la même année. En haut, il s'agit d'un grand vin à son apogée, avec un commencement, un milieu et une fin. Puis un vin restreint et agréable, qui fait une impression plaisante, parfois en saccades. Le troisième est un vin terne — il y en a peu à dire. Enfin un vin qui commence par promettre beaucoup et est ensuite très décevant. Ces courbes peuvent aider à mémoriser les vins, particulièrement s'il est difficile de prendre des notes détaillées lors de la dégustation.

Lorsqu'il a recraché son échantillon, le dégustateur sérieux et honnête se trouve confronté à de nombreuses questions. Le vin donne-t-il en bouche une impression propre et agréable ? Donne-t-il une impression inégale ou visqueuse ? Semble-t-il épais, voire «à mâcher» » ? Ou est-il au contraire trop mince et léger, maigre et anguleux quand vous vous attendiez à un vin arrondi et communicatif ? S'il s'agit d'un vin mûr, aimeriez-vous le boire, en boire davantage ? S'il est jeune, prévoyez-vous qu'il deviendra séduisant, estimez-vous qu'il vous réserve quelque chose que vous aimeriez découvrir, ou bien s'est-il révélé immédiatement ?

L'acidité

Il existe deux éléments qui peuvent parfois décourager le dégustateur pour la première fois aux prises avec un vin qui n'est pas mûr : l'acidité et le tanin. Un jeune vin destiné à devenir une boisson agréable ne devrait pas avoir un goût «acide», bien sûr, mais pour devenir un vin rafraîchissant, il doit avoir une sorte d'acidité de bonne sorte. Certes l'acidité si évidente, par exemple, chez les jeunes vins blancs secs est un des éléments qui en rend la dégustation si éprouvante, et si vous devez en goûter plusieurs centaines, ils peuvent vous retourner l'estomac, car il est inévitable qu'en cours de dégustation quelques gouttes soient avalées. Mais l'acidité doit être présente, car elle fait partie de la constitution du vin. Personnellement, je trouve inutile de se «concentrer» sur l'acidité ; mais pour le dégustateur débutant, il est nécessaire de reconnaître qu'il existe deux sortes d'acidité, une bonne et une mauvaise, et avec un peu d'expérience, on apprend à apprécier la proportion d'acidité qui doit être présente dans un vin. En général, on constate son âpreté sur les parties de la bouche que le vin touche en premier lieu, à savoir le bout de la langue et l'intérieur des lèvres.

Le tanin

En revanche, c'est surtout sur les côtés de la langue et dans les joues que l'on constate la présence du tanin, qui produit un effet astringent comme celui de la rhubarbe. Les grands vins rouges, en particulier, ont besoin de tanin pour être assurés d'une longue existence ; malheureusement, les exigences de la clientèle, qui souhaite disposer de vins de marque buvables alors qu'ils sont encore jeunes, ont induit les négociants-éleveurs à produire maintenant des vins plus doux à l'origine que ne le souhaiterait le véritable amateur. On remarquera probablement davantage la présence de tanin dans un jeune Bordeaux que dans un jeune Bourgogne : en effet, les Bourgognes, étant plus chaptalisés,

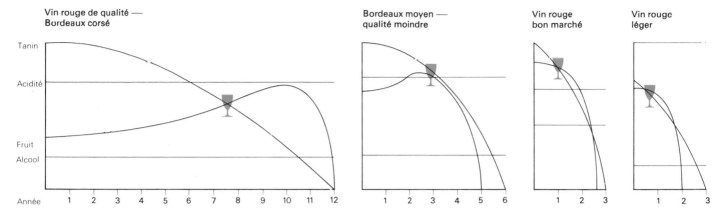

Vin rouge de qualité — Bordeaux corsé

Tanin · Acidité · Fruit · Alcool — Année : 1 2 3 4 5 6 7 8 9 10 11 12

Bordeaux moyen — qualité moindre

1 2 3 4 5 6

Vin rouge bon marché

1 2 3

Vin rouge léger

1 2 3

sont un peu plus doux, même dans leur jeunesse.

Certaines subtilités du vin demandent, une fois enregistrées, des explications supplémentaires. Par exemple, si la dégustation d'un vin évoque pour vous des cailloux, tâchez de savoir si le terroir d'où il provient a un sol graveleux. Et si vous avez une impression de cuisson, s'agit-il d'un vin provenant d'un vignoble très exposé ou alors d'une cuvée particulièrement ensoleillée ?

Les vins provenant de domaines très cotés possèdent généralement une forte individualité, mais il arrive que certaines années soient atypiques. Si vous voulez suivre les progrès de vins provenant d'un domaine particulier, tâchez de savoir si ce terroir a changé de mains, si l'on a replanté la vigne, si l'on a installé de nouvelles machines ou si l'on a modifié les méthodes de vinification. Lorsque vous goûtez les meilleurs vins allemands, rappelez-vous que le numéro du tonneau, qui figure sur l'étiquette, donne des indications sur la personnalité du vin et que le style d'un tonneau peut différer totalement de celui d'un autre. Certains propriétaires numérotent de même leurs bouteilles ; c'est par exemple le cas du Mouton-Rothschild, et une bouteille du même millésime portant un numéro élevé peut avoir été remplie des semaines ou même des mois plus tard qu'une bouteille portant un petit numéro. Tous ces détails comptent pour le dégustateur expérimenté, mais pour le débutant, il suffit d'apprendre à répondre aux questions simples avant de s'attaquer à celles qui sont plus ardues.

L'arrière-goût

Lorsque vous expirez par le nez immédiatement après avoir recraché le vin que vous dégustez, vous ressentez comme un écho du goût du vin. On peut aussi sentir l'arrière-goût du vin en expirant par la bouche ; cependant, je trouve personnellement qu'en expirant par le nez, on obtient une impression plus aiguë de l'arrière-goût, mais il peut parfois être utile de souffler

Graphiques établis par Clive Williams à l'intention des élèves d'une école œnologique. Ils montrent l'évolution des éléments essentiels d'un vin : tanin, acidité, fruit (sucre) et alcool. A gauche, ce grand Bordeaux corsé est à son apogée quand la perte en tanins révèle le fruit. Ensuite, le fruit augmente puis décline soudain ; le vin, sans le support des tanins, ne conserve qu'une forte acidité. Puis, un Bordeaux plus restreint ne présente qu'une faible augmentation du fruit lorsque les tanins commencent à décliner et tous deux chutent ensuite assez brutalement. Troisièmement, dans ce vin bon marché, seul le fruit est un élément positif — quand il chute, tout décline, et il disparaît avant le tanin. A droite, un rouge léger avec une acidité relativement forte ; le fruit décline assez vite, plus rapidement que le tanin. Un tel vin doit sembler âpre et rugueux si on le laisse vieillir.

par la bouche pour obtenir une impression finale d'un vin assez visqueux ou très fort. Certaines personnes aiment à avaler un très petit peu de vin avant de souffler, mais c'est là une pratique discutable : après avoir avalé trop de vins différents, on risque d'avoir le palais émoussé et des sensations confuses. Certes, quelques aspects d'un vin mûr ne se révèlent que lorsqu'il passe dans la gorge, mais j'ai en général une bonne idée de ce que sera le vin avant de l'avaler. Avaler une gorgée se justifie surtout s'il vous faut donner un avis à quelqu'un qui veut acheter du vin, car c'est évidemment la meilleure manière de se mettre à la place du client. Mais même en pareil cas, n'oubliez pas que beaucoup de vins sont difficiles à apprécier lorsqu'on les boit à jeun ; si vous désirez avaler une gorgée de vin, il est recommandable de manger d'abord un morceau d'un aliment neutre, tel qu'un biscuit ou du pain sans beurre.

Le langage du dégustateur

Lorsque vous prenez des notes relatives au vin, il vaut toujours mieux recourir à des termes qui vous sont propres. Si vous associez certains vins avec des fleurs ou des fruits, par exemple, ou s'ils évoquent pour vous un goût ou une odeur particulière, cette association caractérisera pour toujours le cru en question dans votre esprit. Mais dans la conversation ou si vous écrivez à quelqu'un, vous vous ferez évidemment mieux comprendre en utilisant le vocabulaire courant de l'œnologue, bien qu'un amateur ne soit guère censé s'exprimer par écrit sur le marché potentiel d'un vin ou d'un autre, évaluer la durée d'existence d'un cru ou entrer dans les détails techniques.

Beaucoup de gens notent les vins, sur leur fiche de dégustation, comme on note des copies d'élèves, en général sur 12 ou sur 20. S'il n'y a rien à dire sur un vin sauf qu'il est « horrible » ou « parfait », il n'est pas nécessaire d'inventer des phrases descriptives. De toute façon, comme je l'ai dit d'entrée de jeu, un « langage du vin » personnel peut être à la fois vivant et évocateur.

Les vins mutés

La dégustation des vins mutés ne diffère pas de celle des vins de table : on goûte le vin pour discerner ses qualités fondamentales et on porte à son sujet un jugement personnel en fonction de ce qu'on aime ou qu'on n'aime pas et du rôle que ce vin doit jouer dans la pratique. Chacune des entreprises qui fabriquent des vins mutés a un style personnel conforme à ce qu'elle juge bon ; chacune d'elles a probablement un éventail de vins qui diffèrent en fonction de leur prix. Pour décider quel Xérès ou quel Porto vous préférez, il faut comparer des vins comparables entre eux. Par exemple, mettez en balance un Amontillado fin avec d'autres Xérès analogues provenant de très bons établissements, mais ne comparez pas un Amontillado bon marché et mélangé avec un vin pur et daté, qui a acquis du style en mûrissant.

Le Xérès

Dans les pays anglo-saxons, on désigne ce vin sous le nom de *sherry,* et l'usage s'en est aussi répandu en France ; toutefois, ici, nous lui restituons son vieux nom de Xérès (orthographe française ancienne de la ville de Jerez en Andalousie). C'est sur son bouquet qu'on juge ce vin : la Manzanilla, le Fino et l'Amontillado doivent avoir un parfum très frais. Les Xérès à l'odeur plate ou dont la senteur évoque autre chose sont soit de qualité grossière et inférieure, soit éventrés parce qu'on les a laissés pendant plusieurs semaines en bouteille ouverte ou en carafe. Certains dégustateurs affirment trouver dans la Manzanilla une odeur salée ; il me semble plutôt y percevoir un relent d'iode ou d'ozone. En revanche, le bon Fino aurait un léger parfum de savon frais, qui s'atténue si le vin est très sucré mais n'est pas nécessairement déplaisant. Traditionnellement, on associe le bouquet de l'Amontillado à la senteur des noisettes ; je leur trouve en effet une odeur interne et un goût très marqués, mais néanmoins subtils, et il en va de même pour les Olorosos très fins et secs. A la dégustation, tous ces vins doivent laisser le palais très net et frais. Les Xérès plus doux devraient aussi gagner en profondeur ; l'âge leur confère de la complexité, et quand on déguste un Xérès très ancien, il peut se produire dans la bouche un merveilleux estompage de quelque chose qui est l'essence du Xérès, un arôme qui peut aussi demeurer attaché à un verre vide pendant plus d'une heure.

Le Porto

Grâce au sucre naturel qui demeure dans le vin, le Porto n'est pas âpre à la dégustation ; mais les grands vins, en raison de leurs subtilités et des nuances infinies de leur bouquet et de leur goût, sont toujours éprouvants à goûter. Plus ils sont fins, plus ils ont de choses à dire à

Manzanilla   Fino   Amontillado

Xérès
L'échelle des couleurs du Xérès va du jaune citron pâle au brun foncé. Les couleurs, qui varient avec chaque établissement, sont caractéristiques des différents types. De gauche à droite, on trouve un Manzanilla très pâle, suivi par un Fino légèrement plus brillant. En vieillissant, le Fino peut donner l'Amontillado, avec sa belle teinte cuivrée. La couleur n'est pas nécessairement synonyme de douceur : l'Oloroso, qui

Porto
La couleur du Porto est d'une grande importance. Dans les salles de dégustation, on se sert de godets en émail blanc pour comparer avec soin les Portos des différentes maisons.

Porto blanc, légèrement doré et d'un jaune plus franc que le Xérès. Il peut être plus pâle ou plus sombre selon le style de la maison productrice.

Tawny
Vieux Tawny, amélioré par un long vieillissement ; c'est l'étape ultime d'un fin Ruby (voir ci-dessous). Les tons du vin plus jeune se sont estompés progressivement pour donner la nuance exquise du Tawny, au cœur d'un brun-rouge auréolé d'or.

Ruby
Le Ruby, plus jeune, a des tons vigoureux et francs qui, après un long vieillissement, s'estomperont progressivement, comme un velours de soie, pour donner les nuances du Tawny (voir ci-dessus).

Vintage
Un Cockburn 1963. En 1975, il commençait à être charmant et buvable, mais il a un grand avenir. Les tons sont plus intenses que ceux du fin Tawny, l'auréole est plus étroite et jusqu'à maintenant le vin est toujours rouge foncé.

Oloroso   Vieil Oloroso   Xérès Cream

vient ensuite, peut être très sec en Espagne, mais on l'adoucit généralement pour l'exportation. Celui-ci a une couleur châtaigne. Il est suivi

d'un vin plus brun que doré, couleur qui trahit un Oloroso qui a vieilli pendant des années en bouteille. Enfin vient le Xérès Cream, brun

foncé, avec une frange d'or sombre.

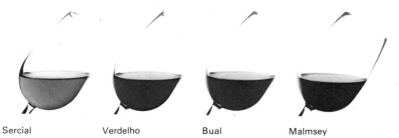

Sercial   Verdelho   Bual   Malmsey

Madère
Les tons du Madère sont nets, bien que chaque établissement ait son style. De gauche à droite sont présentés le Sercial, le plus

sec et le plus léger; le Verdelho, dont la couleur et la saveur rappellent la noisette; le Bual, velouté et voluptueux; et enfin le Malmsey, sombre

et riche. Il peut paraître presque noir; les meilleurs ont une touche d'or foncé sur le pourtour.

Marsala
Le Marsala sec, comme celui qui est présenté ici, est généralement plus clair que le Marsala doux. Ce dernier a une teinte brune ou brun rougeâtre plus marquée et c'est un vin très populaire.

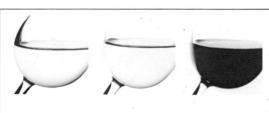

Vermouth
Le Chambéry, à gauche, est le plus pâle de tous les vermouths; certains biancos peuvent avoir une teinte similaire, mais la plupart sont jaune pâle. Le vermouth sec du centre pourrait être originaire de France, d'Italie ou de n'importe quel endroit où l'on fait du vermouth. La teinte rougeâtre du vin doux de droite est caractéristique des vermouths italiens. Chaque maison a sa propre gamme de couleurs, et les plus sombres signifient que le vermouth est doux ou corsé.

ceux qui savent les apprécier. Le Porto blanc devrait surtout être rafraîchissant; le Porto rouge *(Ruby)* doux, réconfortant et vivifiant; le *Tawny* vieux mérite d'être discuté, tant en se fondant sur sa couleur que sur son arrière-goût; les Portos millésimés combinent les qualités de l'établissement qui les produit avec la personnalité de leur année. Il faut garder ces deux dernières catégories de Porto, vieux *Tawnies* et Portos millésimés, pour des occasions spéciales, car c'est un délice rare après un bon repas. Mais en tout cas, le Porto ne devrait jamais être ni trop doux ni visqueux; il faut qu'on perçoive la structure interne du vin, ferme et souple, qu'on note la distinction de sa robe, qu'on détecte les composants divers de son bouquet, lequel, pour moi en tout cas, est directement associé à son goût et à son arrière-goût, davantage que pour n'importe quel autre vin. Si vous mettez en balance plusieurs Portos millésimés, n'oubliez pas que la nature péremptoire des vins plus jeunes peut écraser celle, plus sensible, des vins plus âgés : il faut donc déguster les Portos anciens avant les Portos jeunes. Et quand vous goûtez des *Tawnies* ne comparez que des vins de qualités égales.

Le Madère et le Marsala

Pour le Madère fait d'un seul cépage, on l'appréciera tout comme n'importe quel autre vin d'après sa robe, son bouquet, son goût et son arrière-goût; pour les mélanges, un peu de pratique permettra de détecter la proportion et l'âge des divers vins en cause. En général, le Madère a un arrière-goût «brûlé» assez manifeste; même s'il est très liquoreux, il devrait toujours avoir une saveur très pure et ne jamais écœurer. On retrouvera souvent dans le Marsala, surtout sec ou demi-sec, ce même goût brûlé, et ce peut être un vin assez intense, doté d'une viscosité modérée.

Le vermouth

Quand on déguste un vermouth destiné à servir d'apéritif, il faut que ses qualités de stimulant du palais et de digestif soient évidentes. A cet égard, le style du Chambéry, évoquant finement les herbes aromatiques qu'il contient (même lorsqu'il est additionné de fraises des Alpes), est caractéristique. D'autres vermouths varient considérablement d'une entreprise à l'autre; ceux qui sont faits à Marseille sont particulièrement aromatiques, les vermouths blancs sont très épicés. Ceux qui proviennent directement de régions vinicoles se distinguent évidemment entre eux selon les vins dont ils sont faits, ainsi que selon les autres ingrédients qu'ils contiennent; dans certains vermouths, la saveur des herbes, des épices et des aromates est très prononcée, dans d'autres le goût du vin est plus direct.

L'étude des vins

Tout amateur enthousiaste et tout acheteur astucieux cherchent à acquérir une expérience aussi vaste que possible de tous les vins. Mais il est préférable, au début, de se concentrer sur l'étude sérieuse d'un vin particulier. Si l'on désire développer et interpréter tout ce que la dégustation implique, cet effort comporte des aspects si divers qu'il est beaucoup plus profitable et plus aisé de n'en étudier qu'un seul à la fois. On peut alors s'informer sur la région particulière d'où provient ce vin, sur son histoire, on peut apprendre à en connaître divers crus, et en commençant cet apprentissage par le plaisir de déguster on se trouve encouragé à en savoir davantage. Au contraire, si l'on débute par un mélange confus de notions, on risque fort de décider qu'on ne parviendra jamais à savoir grand-chose du vin et de se demander s'il est vrai qu'on puisse y prendre tant de plaisir.

Personnellement, je recommanderais au débutant de commencer par l'étude d'un vin de table particulier. Les vins mutés sont fascinants ; mais mis à part le fait que leurs caractéristiques dépendent beaucoup de l'établissement qui les fabrique et de leurs traits régionaux, il est physiquement très difficile d'en déguster beaucoup à la fois. De plus, les critères d'appréciation en sont parfois fort différents de ceux des vins de table, comme on l'a vu aux pages précédentes, alors qu'une personne capable de déguster des vins de table est aussi en mesure d'en goûter d'autres. Quant aux vins mousseux, leurs spécialités dépendent également beaucoup de la maison qui les produit et leur pétillement risque de perturber et de compliquer les impressions du novice.

Si vous vivez dans une région vinicole, il sera facile pour vous d'étudier ses vins en détail ; mais pour ceux (et c'est la majorité) qui n'ont pas cette chance, l'étude de vins rares et spéciaux risque d'être coûteuse et difficile à mener. Aussi doit-on choisir comme premier objet d'étude un vin de table facile à se procurer en qualités diverses et de sources différentes. Même si votre marchand de vins dispose de vastes stocks de très bons crus, essayez d'en choisir d'autres auprès d'un nombre aussi grand que possible de fournisseurs, quitte à revenir ensuite à votre négociant et à la première marque dégustée. Affirmer présomptueusement comme le font certains : « Je ne bois que le vin de chez Untel », c'est à la fois une preuve de chauvinisme et celle d'un grand manque de réalisme, car vous ne pouvez savoir ce que vaut une marchandise avant de l'avoir comparée à d'autres.

Il n'est pas nécessaire de ne goûter qu'aux vins les plus chers et les plus réputés, mais il est sage de boire de temps en temps des vins un peu plus coûteux... que ceux que vos moyens vous permettent de vous offrir : car en fondant vos idées de la qualité d'un vin sur ce que d'autres considèrent comme de premier ordre, vous disposerez d'un excellent critère pour les autres vins. Mais il ne faut surtout pas se fixer comme règle de ne déguster que les vins les plus fins et les plus rares de la région dans laquelle vous avez décidé de vous spécialiser, et cela pour plusieurs raisons. Premièrement, ces vins-là ont des personnalités très définies auxquelles vous ne sauriez rester indifférent, et cela affectera votre goût. Deuxièmement, si vous voulez devenir un bon dégustateur, il vous faut être capable de tester objectivement des vins de second ordre, lesquels sont plus difficiles à sélectionner mais réservent souvent des découvertes plus excitantes. Enfin, en troisième lieu, il ne faut jamais trop se limiter si l'on veut être à même de faire la différence non seulement entre les vins qu'on aime et ceux qu'on pense être bons, mais aussi entre les vins qui sont francs, constants, typiques de leur cépage et de leur région, et ceux qui ont été produits commercialement pour répondre à la demande du public.

Les blancs et les rouges

Choisissez un blanc classique ou un rouge classique : affaire de goût. Mais dans les deux cas, n'oubliez pas qu'il est plus difficile pour le novice d'analyser les différences de millésime, de terroir et de cépage pour les vins d'une région dans laquelle l'influence du négociant ou du producteur peut jouer un rôle déterminant et où, par conséquent, les crus portant le nom d'une même commune ou d'un même vignoble peuvent être très différents les uns des autres. De toute façon, limitez votre choix : pour les blancs, spécialisez-vous dans les vins de la Moselle ou du Rhin, dans les Côte de Beaune blancs ou dans les vins de la Loire moyenne et supérieure. Pour les rouges, choisissez entre les Bourgognes en général, les Beaujolais, éventuellement les vins rouges de la Loire, les Barolos ou les Riojas ; mais dans tous les cas, essayez des vins d'au moins sept ou huit négociants différents.

Mais si je dois exprimer mon avis, je pense que le Bordeaux rouge est à la fois le classique le plus facile et le plus pratique sur lequel exercer ses papilles gustatives. Il en existe des milliers de crus qu'on peut se procurer partout dans le monde, la majorité sont de qualité, les diverses régions du Bordelais n'en démontrent pas moins des personnalités bien marquées, et chaque domaine, à l'intérieur d'une région, offre également une individualité encore plus marquée. Chaque millésime diffère des autres, et même si les vins de chaque négociant et de chaque propriétaire possèdent leur caractère propre, il n'en reste pas moins que ces caractéristiques entrent dans une définition commune, typique de cette zone-là.

Classification des vins selon leur goût

Au cours des pages qui suivent, on a classé tout d'abord les vins selon les catégories fondamentales : blanc, rouge, rosé ; mousseux, pétillant ; vins mutés et autres vins (en particulier le vermouth et les vins qui ne rentrent naturellement dans aucune de ces catégories). A l'intérieur de chacune de ces catégories, on a réparti les vins en fonction de leur style général, c'est-à-dire du facteur qui influe principalement sur le choix. Dans cette perspective, la répartition des vins blancs est inévitablement différente de celle des vins rouges, car les facteurs qui déterminent le choix d'un vin de table blanc non mousseux ne sont pas les mêmes que ceux qui déterminent le choix d'un vin de table rouge. Les subdivisions qui figurent à l'intérieur de chaque style se rapportent aux divers types de goût, parfois nombreux, parfois peu nombreux ; dans bien des cas, la ligne de démarcation entre deux types de goût est assez floue et les termes descriptifs eux-mêmes se chevauchent parfois. En regard de chacune de ces subdivisions figurent des listes d'exemples propres à guider toute personne qui dispose d'une liste de vins vendus au détail ou d'un point de vente proche de chez elle. Mon choix d'exemples a été dicté par un certain nombre de facteurs : j'ai délibérément omis les noms de vins de marque qui risquent d'être vendus sous des noms différents dans des pays différents, ainsi que les noms de la plupart des établissements de vinification (dont plusieurs présentent une gamme complète de vins de styles divers). La plupart des vins et des millésimes provenant de domaines trop spécifiques ont également été passés sous silence, car il est rare qu'on puisse se les procurer en grandes quantités ; de plus, comme ils figurent en général parmi les vins les plus coûteux qui soient, toute personne qui désirerait en prendre connaissance aurait intérêt à le faire par l'intermédiaire d'une source bien informée et en prenant d'abord l'avis personnel d'un ami.

Pour la majorité des exemples, on a recouru à des vins faits à partir d'un cépage particulier (naturel ou cultivé), fabriqués par une méthode particulière ou provenant d'une région définie, petite ou grande. On peut, bien entendu, placer certains vins dans plusieurs subdivisions différentes : le Vouvray, par exemple, peut aller du très sec au très doux, du mousseux au pétillant et au tranquille (non mousseux). On pourrait également subdiviser encore en catégories plus fines les vins de certains grands vignobles classiques de Bourgogne ou du Bordelais. Dans toutes mes classifications, je me suis surtout conformée au critère de la plus grande utilité : si tel ou tel style me paraissait être le mieux illustré par un cru qui n'était qu'une subdivision d'un vignoble particulier, je l'ai tout de même cité. Certes, parmi mes exemples, les vins d'Europe les plus connus prédominent, en partie parce qu'ils sont disponibles presque partout au monde, en partie parce qu'après en avoir acquis l'expérience on ne risque guère d'éprouver aucune difficulté à déguster d'autres vins moins connus.

Les termes descriptifs

On trouvera aux pages 180 à 184 un lexique complet des termes que j'ai utilisés ; certains sont d'usage universel, certains sont plus techniques, d'autres encore, plus personnels. Ce lexique inclut une double terminologie : termes qui décrivent le bouquet et le goût du vin, auxquels j'ai adjoint un commentaire personnel destiné à aider éventuellement mes lecteurs à traduire leurs propres expériences en mots ; termes d'usage général pour décrire la puissance, la distinction et la fermeté du vin. Il va de soi que l'utilisation des termes de la première catégorie comporte des risques, car un vin considéré comme « sec » par une personne peut être « demi-sec » pour une autre, non seulement en raison de son degré mesurable de douceur mais aussi en fonction des préférences et du métabolisme du dégustateur. Ces appréciations peuvent être conditionnées par l'expérience, l'état d'esprit, la santé, le lieu, le climat, par ce que le dégustateur a consommé auparavant et par l'idée qu'il se fait de ce qu'il croit boire.

Il importe que toute personne étrangère au commerce des vins soit consciente du fait qu'un acheteur ou un vendeur de boissons alcooliques peut être influencé par des considérations économiques. Il serait absurde, pour un marchand de vins, de ne choisir que les vins qu'il aime personnellement ; ses clients doivent également les aimer et il doit disposer d'une gamme de vins propre à intéresser une large clientèle et d'une gamme de prix qui permette à celle-ci de les acquérir.

Il faut, ainsi, une certaine expérience pour apprécier sincèrement un vin *réellement* sec, dont les qualités peuvent échapper au débutant. Il n'y a rien de déshonorant à l'admettre et il est, en général, plus facile de commencer par apprécier un vin légèrement doux. Cette douceur peut être naturelle, ou le vin peut avoir été adouci pour plaire à un plus vaste public : tel est le cas de l'Anjou rosé qui, fait à partir du cépage Cabernet franc, devrait être un rosé vraiment sec ; or l'Anjou rosé du Cabernet est devenu si populaire que la plupart des exemples qu'on en rencontre ne sont que demi-secs. Le Muscadet, qui comme tous les Chablis devrait être très sec, n'est probablement pas le type de vin que la plupart des gens pourraient honnêtement dire qu'ils ont apprécié au début de leurs expériences dégustatrices ; mais la vogue de ce vin l'a fait qualifier par les publicités de « gentil et rond » et de « corsé et moelleux », épithètes dont aucune ne s'applique au Muscadet dans sa forme originale. En conséquence de quoi, comme pour beaucoup d'autres vins, dont l'Anjou rosé, le style fondamental et le caractère du Muscadet ont été parfois adaptés aux exigences de la consommation de masse, et une grande quantité du Muscadet bon marché qu'on vend aujourd'hui ne ressemble guère à l'ancien Muscadet, nerveux, sec et presque amer.

On ne peut blâmer personne quand on constate de telles distorsions, mais au vu de ce qui se passe ainsi, il est d'autant plus important pour l'amateur de cultiver en lui un goût du vin qui ne soit en rien affecté par l'opinion qu'il « faudrait » boire tel ou tel cru et d'établir ses propres critères de qualité, fondés sur le plaisir qu'il prend à boire. C'est seulement ainsi que le futur dégustateur sera à même de choisir les vins qu'il désire et de les apprécier. Quant aux qualifications qu'il trouvera ci-après, j'espère seulement que le fait de les accepter provisoirement permettra au novice de communiquer ses souhaits au négociant en vins, jusqu'au moment où il aura acquis lui-même assez d'expérience pour parler son propre langage.

Pour bien mémoriser ce qui se rapporte à un vin ou à un type de vin, il sera nécessaire de recourir aux trois séries de termes utilisés ici : ceux qui vous disent ce qu'est le vin, ceux qui détaillent ses attributs et ceux qui vous expliquent à quoi ce vin ressemble en général. Il faut noter que les amateurs sérieux peuvent recourir à ces classifications même là où l'on ne dispose pas des vins dits « classiques » : en effet, ces derniers ont établi des normes applicables à tous les types de vins ; ce sont en quelque sorte les « ancêtres » de tous les vins du monde.

Pour recourir aux classifications ci-après :

Décidez ce que vous voulez boire ou faire boire en tant que vin de table, vin mousseux ou vin muté, que ce soit pour accompagner un repas ou pour servir lors d'une réunion, ou encore pour le déguster vous-même et savoir si cela correspond à ce que vous en attendez. En émettant ce choix, efforcez-vous d'être parfaitement honnête quant au style du vin : sec, légèrement doux, doté d'une personnalité modérée, etc.

Il existe tant de vins et tant de variations à l'intérieur de chaque catégorie qu'on peut certes trouver des exceptions à tout ce qui va être dit ; mais ces définitions sont parfaitement honnêtes et devront vous servir de guides lorsque vous serez en présence d'un vin qui ne vous est pas familier. Servez-vous donc d'abord des définitions générales ; vous pourrez toujours, ensuite, y incorporer les exceptions ou les modifications que vous aurez observées personnellement. Rappelez-vous toujours que les vins sont aussi individuels que les êtres humains ; ils subissent l'influence de la région où ils sont faits, de la façon dont ils sont faits, de la personne qui les a faits, et, bien sûr, du cépage dont ils sont composés et de l'époque où ils ont été vinifiés. Une différence de cépage, de méthode vinicole ou viticole, un changement de propriétaire, des conditions météorologiques inattendues peuvent provoquer dans la personnalité du vin des variations infinies.

D'autre part, admettez le fait que certaines grandes entreprises de vinification produisent une gamme complète de vins : des rouges, des blancs, des rosés, doux, demi-doux, secs, demi-secs, mousseux et pétillants, etc. De ce fait, il faut particulièrement tenir compte lorsque vous dégustez des vins du Nouveau Monde en les comparant aux vins européens ; et dans beaucoup de pays qui produisent de bons vins dotés d'une personnalité moyenne (en Europe orientale, par exemple), vous constaterez de même que la même région et le même établissement viticole fournissent un vaste éventail de vins de différents types. Ces entreprises-là sont tenues de satisfaire à une vaste demande de vins de prix moyen ou bon marché, et même s'il est théoriquement possible pour elles de produire des vins de qualité aussi fins que les grands classiques, elles ne le peuvent probablement pas pour des raisons économiques. Seuls les très grands propriétaires peuvent se permettre de négliger ces critères de rentabilité ; encore n'est-ce plus tout à fait le cas aujourd'hui. N'oublions pas que le Château-Lafite n'a rapporté aucun bénéfice aux Rothschild jusqu'à plus d'un siècle après le rachat de ce domaine en 1868 ; mais de nos jours, on veille à sa rentabilité.

Mais le buveur doit absolument éviter de former son jugement en se fondant uniquement sur des vins de qualité moyenne ; non seulement ceux-ci procurent moins de plaisir et ont moins d'intérêt, mais ils sont en général moins bien définis et font moins d'impression. Il est toujours important de boire ce qui est le meilleur, mais ce l'est encore davantage quand on commence à s'informer sur le vin : les grands vins feront au novice une impression qui leur permettra ensuite de juger judicieusement les autres vins.

Les vins blancs

Principales catégories

Vins très secs

Les vins de cette catégorie ne comportent pas la moindre trace de douceur et ils possèdent tous, du plus modeste au plus grand, un certain caractère direct, sans compromis, tout à fait distinct. Il se peut que vous ne les appréciez nullement quand vous commencerez à boire du vin, et il se peut aussi que vous continuiez à les trouver éprouvants même quand vous aurez acquis beaucoup d'expérience. Ils ont un style très tranchant et vous n'êtes pas obligé de les aimer. Mais même si vous n'avez pas de sympathie pour les vins extrêmement secs, essayez de comprendre pourquoi quelques amateurs les admirent tant et pourquoi ils ont acquis une telle réputation. Est-ce à cause de cet effet « assainissant » qu'ils exercent sur le palais ? Est-ce en raison de la gamme étendue de saveurs subtiles que certains d'entre eux possèdent ? Est-ce pour le bouquet et le goût si particuliers qui préparent le buveur à savourer un succulent repas ou à goûter d'autres vins plus doux ?

Un vin très sec peut procurer plusieurs espèces de plaisir : il peut rafraîchir et tonifier le palais avant un repas, stimuler la digestion, ouvrir gastronomiquement la voie à des vins au charme plus doux et peut-être plus prolongé. Avec la nourriture, les vins très secs peuvent contrebalancer la lourdeur de certains aliments, telle l'oie rôtie, ou servir de complément à la vigueur de certains autres, comme le poulet ou le poisson à l'estragon. Ils peuvent encore exalter la saveur cachée de certains plats délicats ou subtils, un peu comme le fait le jus de citron ; et l'âpreté même des vins très secs leur permet de réaliser une harmonie extrême avec certains mets assez fades par eux-mêmes comme le poisson au four et le poulet bouilli.

En raison de leur caractère sans compromission, ces vins-là sont en général meilleurs avec quelque chose à manger : si on les sert à l'apéritif, il faut y adjoindre des biscuits ou des olives, car certains crus très secs peuvent être considérés comme trop durs pour un estomac vide. Cependant, ceux qui comportent un peu de fruité peuvent aussi être bus tels quels. Mais les plus légers et les plus vifs sont peut-être meilleurs si on les boit avant le déjeuner qu'avant le dîner.

En dégustant un vin très sec, essayez d'en saisir la fraîcheur : même si ce vin provient d'un vignoble que, dans votre souvenir, vous associez à des vacances sous un soleil ardent, vous en percevrez soudain l'arrière-goût froid que confère une très légère acidité, laquelle rafraîchit et équilibre même les vins les plus fruités et les moins légers de cette catégorie.

Plantation d'un cep.

Vins secs et demi-secs

On range dans cette catégorie tous les vins fabriqués sans que leur vinification cherche à en accentuer la douceur et sans addition manifeste de sucre au moût ou au vin terminé. Beaucoup de vins secs ou demi-secs ont du charme et plaisent même aux buveurs inexpérimentés ; dans ceux qui font partie du meilleur de la gamme, on trouve un grand nombre d'attributs subtils ; de plus ce sont des boissons rafraîchissantes qui constituent un accompagnement agréable pour beaucoup de mets. Ces qualités mêmes peuvent en rendre le choix difficile, car, par exemple, certains Bourgognes blancs peuvent coûter cinq fois plus cher que d'autres qui portent un nom similaire et proviennent d'un vignoble voisin.

Il arrive souvent que certaines personnes se contentent de humer le bouquet d'un vin et portent un jugement sur son goût avant de l'avoir mis en bouche, ce qui, bien sûr, les convaincra que ce vin a bien le goût qu'ils ont décidé qu'il aurait. Cela aboutit parfois à la condamnation d'un excellent vin sec doté d'un bouquet fleuri, que le consommateur qualifie alors à tort de « doux » ou de « capiteux » ; réciproquement, on peut aussi, dans de telles conditions, louer un cru qui possède un beau parfum et a du corps, mais qui n'a pas été bien vinifié ou provient d'une vendange médiocre. Ainsi, certaines gens peuvent s'imaginer qu'un vin pointu, immature et presque aigre est louablement sec. Même s'ils n'y prennent pas grand plaisir au début, ils se forceront à le boire et, par la suite, ils en viendront à considérer ce type de vin indifférent ou même mauvais comme la norme.

Pour le novice, il est plus sage de commencer par déguster surtout des vins demi-secs, plus faciles à apprécier immédiatement, puis de se livrer à des expériences occasionnelles avec des vins vraiment secs, en choisissant alors toujours des crus réputés.

Beaucoup de personnes repoussent avec indignation l'idée qu'elles pourraient ne pas aimer les vins vraiment secs ; pourtant, rien ne les oblige à apprécier ce type de vins. Des buveurs beaucoup plus réguliers, soit par plaisir soit pour la dégustation, préfèrent sincèrement les vins demi-secs aux vins secs ou très secs. Les chiffres de vente, les statistiques et les avis des commerçants contredisent l'hypothèse selon laquelle pour aimer le vin il faut d'abord n'apprécier que les vins secs.

Les vins demi secs ou même doux sont en train, du reste, d'acquérir une certaine popularité ; ils ont toujours été préférés dans les pays froids et humides, Ecosse et Scandinavie, où l'on doit s'astreindre à un régime riche en glucides pour emmagasiner suffisamment d'énergie. Le public d'Amérique du Nord, peut-être en

Vendanges en Suisse.

raison de la vogue dans ces pays du cocktail «dry martini», a mis plus de temps à admettre que les vins demi-secs pouvaient être bons ; il est en effet difficile d'apprécier un vin délicat de ce type après avoir bu des cocktails très alcoolisés. L'ambiance que confère à beaucoup d'appartements le chauffage central est également néfaste à la dégustation des vins secs ; on doit alors les frapper. Mais il faut précisément faire remarquer que, si l'on sert un vin demi-sec très frappé ou même avec de la glace, il supporte beaucoup mieux ce traitement qu'un vin vraiment sec et il continue, dans ces conditions, à avoir quelque chose à offrir au buveur. En revanche, si l'on frappe excessivement un vin sec, on n'en supprime pas seulement tout le bouquet, mais en outre l'acidité du vin peut reparaître désagréablement dans l'arrière-goût si le buveur en consomme un peu trop. La réfrigération peut parfois masquer certains défauts d'un vin, mais elle risque aussi de détruire tout ce qu'on y trouve de très délicat et fin. C'est pourquoi les vins secs plus robustes et les vins demi-secs sont souvent plus plaisants à boire frappés.

On peut consommer ces vins n'importe quand, avant les repas et avec une grande variété de mets, à l'improviste aussi bien que lors de dîners très formalistes ; de plus, on les trouve dans le monde entier avec un éventail complet de prix. Comme apéritifs, les vins secs et demi-secs peuvent discrètement stimuler le palais ou ranimer l'appétit ; ils peuvent servir de complément à un riche repas aussi bien que rehausser une nourriture modeste. Beaucoup de ces vins sont nobles et de style très affirmé mais, surtout si l'on cherche dans la gamme des prix moyens ou modérés, on y trouve aussi fréquemment des vins agréables et parfois charmants.

Lorsque vous hésitez devant une liste de crus qui ne vous sont pas familiers et qui portent certaines qualifications soit sur la carte soit sur leur étiquette, rappelez-vous bien que ce qu'un établissement vinicole définit comme «sec» peut être qualifié par un autre de «demi-sec», et que cette dernière épithète peut aussi désigner un vin «légèrement doux». Mais la majorité des vins secs classiques, qu'on connaît dans le monde entier et qui font partie des vins chers, sont réellement secs, même s'ils sont également fruités et qu'ils ont beaucoup de corps. En revanche, un vin bon marché destiné à plaire à une vaste clientèle sera vraisemblablement légèrement doux même s'il est qualifié de «demi-sec», car le marchand cherchera ainsi à attirer un public qui préfère une pointe de douceur mais hésite à commander un vin annoncé comme tel, par snobisme, car les vins secs passent pour être «meilleurs».

Vins moelleux

Ce sont ceux qui proviennent d'un cépage naturellement doux, ou dont le raisin a été vendangé à l'apogée de sa teneur en sucre, ou encore qui combinent ces deux particularités : je les définirais, quant à moi, en disant que leur douceur est «implicite» — ce qui ne les empêche pas d'avoir souvent un bouquet frais et fleuri et d'être dotés d'un goût très vif, à la limite de celui des vins secs.

Beaucoup de ces vins-là ont acquis leur réputation dans le passé, à une époque où le sucre était rare et coûteux et où les personnes menant une vie plus active appréciaient la douceur naturelle et encourageaient les éleveurs de vins à l'accentuer. L'attrait que présentent ces vins pour ceux qui vivent sous un climat humide est évident. Et de nos jours, ces crus-là continuent à contribuer au plaisir du buveur, car on peut les consommer à presque n'importe quelle heure. Avant l'ère des apéritifs, on servait souvent les vins moelleux ou doux avec l'entrée. Il ne faut pas oublier que l'usage de l'apéritif est récent : avant 1920, on ne servait pas automatiquement de boisson avant le dîner et l'intervalle entre l'arrivée des invités et le repas était beaucoup plus court que de nos jours. Du reste, même de nos jours et même dans les régions vinicoles d'Europe, la routine de l'apéritif n'est pas immuable, sauf peut-être en France.

La mode des vins secs ou définis comme tels a conduit, dans certains cas, des régions renommées pour leurs vins doux ou même très doux à produire des vins plus secs ou même tout à fait secs. Il existe donc des versions «sèches» de plusieurs grands classiques doux, et dans la catégorie des vins moelleux figurent ceux que les producteurs visent à vendre comme doux mais dans lesquels la vivacité et l'acidité sont plus manifestes que la douceur. Cependant, celle-ci demeure derrière les premières impressions du nez et du palais. Il ne s'agit pas, notons-le bien, d'une distorsion du caractère du vin : dans de nombreux cas, on peut prendre grand plaisir à boire une version d'un vin qui bénéficie d'un plus grand succès commercial et on peut même parfois la considérer comme un progrès dans la science vinicole, voire comme la renaissance d'une tradition classique.

Lorsqu'on visite des régions fameuses pour leurs vins doux ou légèrement doux, il faut bien se rappeler qu'à côté de vins modernes ou mis au goût du jour, elles peuvent aussi produire des vins fabriqués selon d'anciennes méthodes. Certes, les palais contemporains, habitués à des vins bien tranchés, très brillants, vifs et de teinte légère, risquent de ne pas trouver à ces vins-là d'autre intérêt que celui d'une survivance. Mais il peut exister d'autres vins, manifestement non commerciaux et parfois très chers parce que fabriqués en petites quantités, qui sont des raretés et valent la peine d'être recherchées. Et en les buvant, il se peut qu'on comprenne mieux pourquoi certains vins doux méritent leur réputation : ils ne sont probablement pas destinés à servir de boisson quotidienne, mais à produire une impression durable sur l'amateur éclairé.

Un vin moelleux doit toujours comporter une unité essentielle ; sa douceur ne doit jamais impressionner lourdement le palais ni laisser au buveur une bouche pâteuse et une sensation générale d'écœurement. Comparez la douceur

Le transport du vin en Yougoslavie.

d'un vin à celle d'un fruit : votre bouche conserve une sensation tonifiante après l'avoir mangé ; tel est le genre de plaisir que doit vous procurer un vin très légèrement doux. Et à moins de savoir que ce vin est censé être légèrement doux, la plupart des buveurs supposeront souvent qu'il est sec... mais plus délicieux qu'ils ne l'avaient espéré !

Vins doux

En ce qui concerne leur diffusion commerciale, ces vins-là sont en général limités aux grands classiques européens : classiques, car l'histoire et les traditions qui y sont associées remontent à très loin. A l'époque où le sucre était rare et coûteux même pour les gens très fortunés, on prisait les grands vins doux autant pour leurs propriétés toniques et revitalisantes que pour leur goût. Les Muscats de Samos ont été chantés par les poètes de l'Antiquité ; Homère dans *L'Odyssée,* ainsi que l'écrivain carthaginois Magon, parlent de vins doux tirés de raisins légèrement séchés après la vendange. Le Commandaria de Chypre était la boisson des Croisés. Au XIXᵉ siècle, on buvait avec beaucoup de goût, et en opérant de fines discriminations entre les crus, les grands Sauternes, les Barsacs, le Tokay de Hongrie et les vins doux d'Allemagne. Et à ceux qui déclarent que ces vins-là n'ont plus leur place sur la scène contemporaine, je répliquerai en citant les menus des dîners servis à la Maison Blanche à Washington jusqu'à la fin des années cinquante : les grands Barsacs y accompagnaient les entrées, y compris le homard chaud, exactement comme un siècle auparavant ou plus anciennement encore. Par chance, au cours des dernières années, certains buveurs de tous les âges ont eu la sagesse d'abandonner l'adage snobinard : « Le vin blanc doit être sec pour être bon » ; ce qui leur a permis de goûter avec délectation, en diverses occasions, de grands vins doux.

Il faut tenter de bien distinguer les vins qui sont doux naturellement de ceux qui le sont par addition de raisin atteint de pourriture noble. Dans les premiers, il peut aussi y avoir quelques raisins qui en sont atteints ; mais les crus tirés principalement de cépages frappés de pourriture noble ont une profondeur particulière et un arrière-goût tout à fait distinct. Ils m'ont toujours paru plus persistants, plus subtils, avec un bouquet complexe et, dans le goût, une intensité plus délicate que ceux qui sont simplement doux.

Un vin blanc doux doit satisfaire le palais, mais il ne faut pas en boire à satiété ; il faut le déguster lentement par tous les sens. Comme certains grands vins doux ont une teneur en alcool élevée, il ne saurait être question d'en absorber de grandes quantités ; cette teneur est très variable et la plupart des gens sont incapables de l'apprécier avant qu'il ne soit trop tard. Le Tokay hongrois et le Trockenbeerenauslese allemand le plus fin ne titrent généralement pas plus de 8 degrés Gay-Lussac et les vins allemands

sont même souvent alcoolisés pour parvenir à cette force, qui est indispensable à leur survie. Mais les grands Sauternes atteignent tout à fait naturellement 14 à 15° et même 17°. Si vous buvez le contenu d'une bouteille de Sauternes après le dîner, vous risquez fort d'en ressentir les effets le lendemain matin !

Vins très doux

Il n'y a pas de limite bien tracée entre les vins doux et les vins très doux, mais ces derniers ont quelque chose de plus, qui est évident dans leur complexité, leur profondeur et leur grandeur, et non pas dans leur plus grande douceur, excepté dans le cas des grands Sauternes. En fait, certains de ces vins-là peuvent même donner l'impression d'être moins doux que quelques vins doux : tout se passe comme s'ils avaient atteint un maximum de douceur et qu'après cela ils avaient commencé à redevenir plus secs. On peut recourir, pour mieux comprendre le cas de ces vins-là, à une comparaison avec le miel : le miel est doux, même très doux, mais certains excellents miels possèdent une saveur interne très marquée qui semble s'intensifier dans la bouche et laisse au palais une fraîcheur stimulante.

J'ai souvent fait une expérience analogue avec les grands vins faits de raisins légèrement séchés qu'on avait d'abord laissés très longtemps sur la vigne avant de les cueillir et sur lesquels la pourriture noble avait agi. Ces vins-là requièrent de grands soins et il en est qui ne parviennent jamais au-delà d'une riche douceur. Si ces vins-là manquent d'équilibre, le connaisseur qui sait à quoi ils doivent ressembler ne pourra manquer d'en constater l'imperfection. C'est l'une des raisons pour lesquelles certaines personnes n'aiment pas les vins doux, fût-ce les plus grands, car si à ceux-là fait défaut leur intensité intégrale, il ne reste pas grand-chose à goûter sauf la douceur. Un grand vin, de n'importe quelle catégorie, s'il n'est pas très bon, souffrira davantage, en raison de son caractère distinct, de tous les défauts de vinification que n'en souffrira un vin moyen, bon mais légèrement imparfait. Il y a eu de très mauvais vins qui, à certains moments et dans certaines circonstances particulières, ont été fabriqués par ceux-là mêmes auquel revient le mérite d'avoir fait quelques-uns des plus grands vins qu'on ait jamais connus. Et le dégustateur honnête, qui ne se laisse pas impressionner par un grand nom, une réputation mondiale et un prix élevé, peut toujours juger un vin particulier moins admirable qu'il ne devrait l'être ; et il aura sans doute raison, toute question de préférence personnelle mise à part.

Il faut aussi bien garder présent à l'esprit le fait qu'il est difficile sinon impossible de goûter et apprécier des vins « intensément doux » en certaines situations. Comme ces vins sont souvent servis en fin de repas, il importe d'éviter d'étourdir ou même d'altérer légèrement le palais du dégustateur, ce qui obnubilerait son

Etablissement vinicole Groot Constantia au Cap de Bonne-Espérance, fondé en 1679 et toujours en production.

aptitude à goûter ces vins avec quelque discrimination. Après des alcools forts en apéritif, puis des plats très épicés, par exemple au curry, puis des crèmes ou des gâteaux contenant une grande quantité de chocolat, d'œufs et surtout de jaune d'œuf, le tout suivi de liqueurs, on ne peut plus prendre goût à aucun vin fin, et les grands vins doux peuvent alors paraître carrément désagréables. C'est encore plus vrai lorsqu'un vin d'une douceur intense succède à une salade un peu trop assaisonnée de vinaigre de malt ou de vinaigre de vin. Ces mêmes vins d'une intense douceur peuvent, certes, constituer l'apogée d'un bon repas, mais il faut pour cela qu'ils soient amenés progressivement par les mets et les vins qui les précèdent; et au moment où on les boit, il faut les siroter tranquillement, en quantités petites ou modérées.

Tous les vins doux doivent être servis très frais, et plus ils sont doux, plus ils doivent être frais, mais cela ne signifie pas qu'ils doivent être frappés ou gelés en partie. La réfrigération fera ressortir leur succulence en diminuant l'évidence de leur douceur, mais aucun vin ne doit être jamais réfrigéré au point de perdre son bouquet.

Un vin doux peut constituer une boisson agréable; un vin qui est noblement doux peut être une grande boisson. A mon avis, c'est un gâchis de servir un grand vin doux avec un dessert élaboré: un tel vin est excellent en soi et pour soi, avec un simple biscuit ou à la rigueur un morceau de cake. Les grands vins doux peuvent aussi être servis avec des fruits, à l'exception des oranges et des ananas qui sont trop acides.

Les vins doux de plus basse catégorie ne demandent pas autant d'attention et on peut les servir avec des desserts simples. Dans le Sauternais, il arrive qu'on serve les plus aromatiques des vins doux avec des viandes proches du gibier, comme par exemple le poulet béarnaise. Et selon un précepte qui veut que le vin complète le plat qu'on déguste ou, au contraire, s'y oppose, il arrive que les gens de la région servent un verre de Sauternes avec du foie gras. La première fois que j'ai fait cette expérience, j'en éprouvai quelque appréhension, mais je me suis aperçu que c'était une combinaison tout à fait possible, à condition de faire bien attention au choix des mets et des boissons qui suivent; dans un repas, un seul plat très riche suffit en général. Dans le même ordre d'idées, un marchand de vin anglais très connu préconisait d'associer les grands Sauternes aux fromages britanniques forts et mûrs (comme le cheddar); je reconnais que cette combinaison-là est également possible, mais je préfère consommer Sauternes et fromages anglais séparément!

Les principales régions productrices de vins blancs

Les vignobles du Rhin et de la Moselle, le nord de l'Italie, le Portugal septentrional, la moitié nord de la Hongrie, la Suisse, la Champagne, certaines pentes de la vallée de la Loire et de celle du Rhône, le Rioja dans le nord de l'Espagne et une bonne partie de la Napa Valley en Californie, tels sont quelques-uns des vignobles qui fournissent la matière première des vins **très secs.** Toutes ces régions, y compris celles qui connaissent des étés chauds et même extrêmement chauds, passent par des périodes de temps froid; certaines reçoivent même de fortes chutes de neige. Le gel est l'ennemi de la vigne comme de la plupart des végétaux; mais la neige et une certaine période de froid peuvent être saines pour un vignoble.

La fraîcheur du climat peut trouver son écho dans la vivacité du vin, à condition que les raisins aient reçu assez de soleil pour mûrir. L'établissement de vignobles au Canada et la renaissance de ceux d'Angleterre prouvent que la vigne peut parfaitement prospérer sur ces confins septentrionaux. Mais le fait que des vins très secs proviennent aussi de certains vignobles australiens, sud-africains et argentins démontre la souplesse de la vigne dans l'hémisphère Sud.

Beaucoup des meilleurs vins très secs proviennent de vignes poussant le long des fleuves, dans les vallées: celles-ci constituent des couloirs dans lesquels les vents rafraîchissent la vigne, que ce soit dans le val de Loire ou le val de Marne, ou sur les pentes qui surmontent les lacs de Suisse et d'Italie du Nord; il en va de même dans les encaissements sinueux de la Moselle, du Douro et du Rhône. L'eau des fleuves et des lacs n'est pas seulement importante en ce qu'elle rafraîchit l'atmosphère des vignobles; elle réverbère aussi la lumière solaire et joue de ce fait un rôle dans le mûrissement des raisins. La modification du niveau de la Moselle lorsqu'on a construit le canal Rhin-Moselle a causé beaucoup de soucis aux propriétaires de vignobles en bordure du fleuve, car le niveau de la Moselle s'est légèrement élevé; mais il ne semble pas que le changement de l'angle de réflexion de la surface de l'eau ait affecté fâcheusement ou rendu moins fine la qualité des vins provenant de vignobles renommés comme le Wehlener Sonnenuhr.

Les vignobles qui produisent des vins très secs peuvent aussi en produire bien davantage de **secs** et **demi-secs.** Dans ceux-ci, la dureté est atténuée, le vin devient un peu plus allant, parfois en raison de l'utilisation d'un cépage ou d'une combinaison de cépages différents, parfois parce que les vins secs, bien que provenant du même vignoble, proviennent d'un domaine spécial ou d'un site doté d'un caractère et d'une qualité particuliers. Mais certaines règles demeurent: on ne trouve pas de vin sec ou demi-sec au milieu d'un vignoble comme celui de Chablis, qui ne produit que des vins très secs; on n'en trouve pas non plus qui soient faits de cépages riches en très hautes proportions de sucre. En général, les vignobles qui produisent des vins secs et demi-secs bons et fins sont situés dans des régions froides, ou du moins dont l'atmosphère est fraîche pendant une partie de l'année et où le vignoble est soumis à un certain refroidissement notable.

Il existe encore des régions situées un peu au sud de celles qui produisent les vins très secs, ou en tout cas mieux protégées, qui fournissent des vins secs ou demi-secs : la Côte d'Or, la Bourgogne méridionale, certains sites de la Loire moyenne et supérieure, la Gironde, certaines zones du Lot et de la Dordogne, certaines parties de l'Italie centrale, le sud de l'Espagne et du Portugal, le sud de la Yougoslavie, la Roumanie, et enfin certaines régions de la Grèce et des îles grecques. La plupart des vignobles anglais produisent aussi des vins secs et demi-secs, et on en fabrique de grandes quantités hors d'Europe, tant en raison du goût que manifeste désormais le public pour ces crus que parce que les vignobles qui n'ont pas encore été exploités à fond se prêtent bien à ce genre de vinification.

Les vins blancs **doux** proviennent des vignobles qui sont spécialisés dans la production de cépages à haute teneur de sucre : Riesling, Sémillon, Muscat et Furmint. Ces vignobles-là sont situés dans des régions chaudes et ensoleillées, telles que le Midi de la France, l'Italie, l'Espagne, l'Europe centrale, l'Europe du Sud-Est, la Californie et l'Afrique du Sud.

Quelques-uns des vignobles qui produisent des vins très secs et des vins secs peuvent produire aussi des vins **moelleux** : on recourt pour cela aux raisins restés sur la vigne après les vendanges destinées à la vinification des vins secs, et on laisse ces raisins dépasser le stade de la maturité. Il existe ainsi nombre de vignobles, surtout en Allemagne, qui fabriquent des vins moelleux au moyen de cette seconde vendange ; c'est la renaissance du succès de ces vins-là qui a poussé certaines producteurs à en accroître la fabrication, mais elle ne se fait pas encore à grande échelle.

Quant aux vins **très doux,** ils proviennent de certains vignobles sis au nord et au sud des régions qui produisent des vins secs et très secs ; ces vignobles ont tous été exposés à l'action de la pourriture noble. Les exemples les plus fameux en sont les districts de Sauternes et de Barsac dans le Bordelais, les vallées du Rhin et de la Moselle en Allemagne, et la région de Tokay en Hongrie.

Caractéristiques des vignobles

Tous les vins très secs proviennent de vignobles au sol très caractérisé, friable ou caillouteux, contenant souvent du sable, du gravier, du granit ou de l'ardoise, ou encore de la craie ou de la chaux. Ce sol-là est souvent de teinte claire, ce qui dénote bien la vivacité du vin : en effet, comme on l'a déjà fait observer, la texture et la robe du vin sont souvent en rapport avec la composition et la couleur du sol dont il provient. Les pentes escarpées de la Moselle, les éperons rocheux de Saumur, les pâles ondulations de la Champagne sont de bons exemples de ce type de paysages. La légèreté du sol favorise la délicatesse et la grâce du vin et sa couleur pâle réverbère sur la vigne un soleil léger. Ces vignobles sont le plus souvent en pente, parfois aussi escarpée qu'un remblai ou une tranchée de chemin de fer, et où le vigneron a peine à se tenir debout : il en va ainsi dans la Sarre et au bord des lacs italiens. D'autres pentes sont plus douces : par exemple dans le Palatinat, dans la région du Muscadet non loin de l'estuaire de la Loire et dans les vignobles du Chablis au-dessus du Serein en Bourgogne.

La culture des vignes est conditionnée par l'emplacement du vignoble. En général, plus ce dernier est exposé au froid, plus la vigne est travaillée, surtout si elle doit produire des vins blancs très secs et vifs. Ce vin exige une vigne aérée mais éloignée de la froidure qui s'installe sur le sol, une vigne qui soit exposée à tout réchauffement ou rafraîchissement de l'atmosphère. Pour supporter la chaleur aussi bien que le froid, ces vignes doivent être taillées à la manière de buissons pare-soleil ou bien il faut les faire pousser sur des treilles basses, mais en tout cas loin du sol, car pour produire un bon vin très sec, le raisin doit éviter tout contact avec un froid et une humidité durables et, en cas de chaleur, l'air doit pouvoir y circuler librement.

La plupart des vignobles qui produisent des vins secs ou demi-secs ressemblent à ceux qui en produisent de très secs, mais la région où ils sont situés est en général plus souriante, moins impressionnante, mamelonnée plutôt qu'escarpée ; on y observe alors d'autres formes d'agriculture plus manifestes même que la viticulture.

A droite, la taille de la vigne dans un vignoble californien. A l'extrême droite, terrasses typiques des vignobles escarpés du Rhin.

Parfois le sol y est plus foncé ; mais dans les bonnes régions vinicoles, il ne sera pourtant jamais très noir et il sera presque toujours friable, doté d'une texture légère, souvent pierreux ou sablonneux (ou formé d'une combinaison de cailloux et de sable), parfois aussi pâle et crayeux. A moins que la pente ne soit abrupte et que la région ne pratique encore des méthodes viticoles très anciennes, les vignes sont travaillées de manière à pousser bas, et même quand les vignerons ont des procédés mécaniques à leur disposition, on fait pousser les vignes le long de treilles basses ou on les fait grimper le long de fils de fer ; elles sont cultivées soit latéralement selon le style bordelais, soit en buissons, la hauteur pouvant être variable mais dépassant rarement la taille d'une personne moyenne.

Partout où l'on fait des vins demi-secs, on peut aussi en faire de doux. Car les régions qui se prêtent à faire de bons vins blancs sont bonnes pour **tous** les types de vin blanc : ce qui compte, bien sûr, c'est le genre de cépages et la façon dont le vin est fait.

Les vins doux

Les grands vins doux et très doux sont toujours blancs et, la plupart du temps, uniquement à base de raisins blancs. Le tanin qui assure aux grands vins rouges une longue existence et leur confère leur profondeur n'est pas, pour les vins blancs, un constituant aussi important ; il y en a un peu, mais il est bien rare qu'on en remarque la présence, que le vin soit sec ou doux.

Les cépages varient en fonction de la teneur en sucre du raisin. Certains d'entre eux, le Muscat par exemple, ont une haute teneur en sucre naturel ; d'autres sont moins sucrés mais sont capables dans certaines circonstances de développer une douceur supplémentaire prononcée, naturelle également. Dans certains cas, le sucre naturel du raisin peut même suspendre l'action des levures, de sorte que la douceur innée du cépage demeure dans le vin.

Le Chenin blanc, qui pousse le long de la Loire et aussi dans de nombreux vignobles du monde entier, peut donner des vins d'une délicate douceur. Dans la région, on l'appelle souvent « Pineau de la Loire », mais il ne faut pas le confondre avec le Pinot blanc ou Chardonnay, et encore moins avec le Pinot noir.

On trouve également dans le monde entier le Sémillon, le cépage du Sauternes, qui permet de faire des vins légèrement doux et très doux. Dans les vignobles classiques, le Sémillon est rarement utilisé pour lui-même, mais plusieurs établissements viticoles modernes s'en servent pour faire des vins agréables et équilibrés portant son nom. En Amérique, on vend des vins faits exclusivement ou principalement de Sémillon sous l'étiquette de « Sauterne », sans s, pour les distinguer des Sauternes d'origine. De fait, je n'ai jamais trouvé à un « Sauterne » américain quoi que ce soit de commun avec un Sauternes, excepté sa douceur.

En Californie, on utilise le Sauvignon blanc pour faire des vins légèrement doux ou carrément doux. Mais dans la plupart des régions vinicoles d'Europe, le style très sec, quoique plein et noble, de ce cépage est reconnaissable dans des mélanges de diverses variétés de raisins qui composent des vins souvent produits dans des régions fort méridionales, telles que Chypre et la Sicile. J'ai aussi appris qu'on se servait du Sauvignon blanc pour faire certains vins doux de seconde vendange en Autriche.

Le Furmint, le célèbre cépage du Tokay, entre dans la composition de vins qui peuvent être légèrement doux. On pense que ce cépage est venu de France et a été introduit en Hongrie au XIIIᵉ siècle. Dans certaines régions de l'Italie, c'est avec le Trebbiano qu'on fait des vins doux ; il entre dans la composition de beaucoup de vins dont l'étiquette porte la mention *abboccato* ou *amabile* (mais d'autres cépages peuvent y être mêlés). Quant au Malvoisie, dont le nom est la déformation de celui de la petite ville grecque de Monemvasia, il était connu des Hellènes il y a plusieurs millénaires, mais de nos jours, il entre surtout dans la composition de vins de dessert comme le Madère et le Marsala ; toutefois, en combinaison avec d'autres cépages, il sert souvent à faire d'autres vins doux de la région méditerranéenne.

Le plus fameux et le plus universel des cépages utilisés pour faire des vins légèrement doux ou même très doux est peut-être le Muscat. On l'utilise en diverses variétés dans le monde entier ; en surveillant de très près sa fermentation, on peut en faire un vin très sec, mais il est

A droite, vignoble dans la vallée du Rhône à Aigle, en Suisse. A l'extrême droite, alignement rigoureux dans le vignoble de Château d'Yquem, vu du château.

le plus souvent associé à des vins très odorants et assez doux. Le Muscat est un des très rares cépages qui produisent un vin dans lequel on reconnaisse toujours le parfum du raisin.

D'autres cépages peuvent, dans certaines régions et sous certaines conditions (par exemple en seconde vendange), produire des vins moelleux : le Riesling, le Traminer et le Gewürztraminer, ainsi que certains cépages nouveaux devenus récemment populaires en Allemagne (Müller-Thurgau et Scheurebe). Tel est aussi le cas du Muscat de Morio, dont le bouquet très marqué, presque pénétrant, se remarque en général aisément. Mais n'oubliez jamais que le vin qualifié de « légèrement doux » par quelqu'un sera sec ou demi-sec, bien souvent, pour quelqu'un d'autre. On peut confondre un fruité très poussé avec une douceur définie, surtout lorsqu'il s'agit d'un vin au bouquet fleuri prononcé. Tous les cépages contiennent du sucre et certains en comportent davantage que d'autres ; mais ce sucre ne détermine pas forcément la production d'un vin doux.

La production de vin doux

On peut rendre un vin doux en le mélangeant avec un autre cru très doux et concentré ; cette méthode peut donner du bon vin sinon un grand vin. Quant au vin doux qu'on utilise ici pour « sucrer » le cru original, fût-ce en faible proportion, il aura, en général, été fait de l'une des façons suivantes :

On peut avoir fait sécher le raisin en plein air, habituellement sur des clayons de paille, peu après la vendange et avant le pressurage ; les grains de raisin se rident et le jus qui en sortira sera presque sirupeux (voir page 30).

Autre méthode, le moût (jus de raisin non fermenté) peut être légèrement concentré par réchauffement avant d'être rajouté à une autre quantité de moût ou de vin déjà fermenté. Si le jus qu'on réchauffe provient d'un cépage doux, la chaleur en intensifiera la douceur et celle-ci se répandra dans tout le vin auquel ce moût réchauffé sera ajouté. On peut aussi additionner le vin de jus de raisin très doux ou même de mistelle (ce dernier consiste en moût auquel on a ajouté l'alcool qui se serait formé si on l'avait laissé fermenter normalement).

Il semble probable que, par le passé, beaucoup des vins très doux étaient fabriqués par l'une de ces deux méthodes ou par la combinaison de l'une et de l'autre (séchage et réchauffement), surtout lorsque les vignobles étaient situés dans une région dotée d'un bon climat sec après les vendanges, de sorte que les raisins pouvaient sans dommage sécher en plein air. Si l'on ajoutait au vin normal du moût concentré ou du vin doux concentré, il fallait le faire à un stade précoce de l'existence du vin pour permettre à une « harmonie » subséquente de se constituer. Au moment où la science du vin — l'œnologie — en était à ses premiers balbutiements, on avait déjà connaissance des divers stades de la fermentation, mais on n'avait pas encore résolu les problèmes que celle-ci posait :

aussi fallait-il fabriquer le concentré de moût ou de vin doux en même temps que le vin et l'y ajouter immédiatement.

Il est donc probable que les vins doux des pays méditerranéens et ceux des régions méridionales de la France et de l'Espagne furent fabriqués autrefois par l'une de ces méthodes-là ou par toutes les deux à la fois. On recourait à tous les moyens connus pour conférer aux vins la douceur désirée ou même pour l'accentuer et la conserver.

Mais dans les régions où l'on peut craindre un temps froid ou des changements soudains de climat, il n'est pas possible de s'en remettre à ces méthodes d'adoucissement ou de mutage du vin : certes, de nos jours, des techniciens de laboratoire peuvent plus ou moins corriger les déficiences de la nature, mais ils ne produisent pas toujours, alors, un vin entièrement satisfaisant. Aussi le viticulteur peut-il, dans des conditions normales, différer la vendange d'une partie des raisins et les laisser sécher en vue d'une cueillette tardive. A moins qu'ils ne soient détruits par le froid, la pluie ou la grêle, les grains ainsi laissés sur cep se contractent, se rident même, mais conservent leur jus. Ce jus, qui est maintenu à l'intérieur du grain de raisin par la contraction de la pellicule, aura une saveur plus intense que celle du raisin mûr ordinaire. L'atmosphère qui entoure la vigne et le soleil automnal sécheront légèrement les raisins et en réduiront la teneur en jus de la même manière que le ferait un séchage de grappes cueillies et mises à sécher sur des clayons.

Le passerillage

Pour la vinification normale, on cueille en général le raisin à pleine maturité ; mais si le mauvais temps menace, on peut le récolter plus tôt et cette vendange précoce se remarque souvent par la suite lorsqu'on consomme le vin, à moins que celui-ci n'ait été très habilement traité. Si les vendanges n'ont été avancées que d'un jour ou deux, cela ne comporte généralement pas de répercussions fâcheuses sur le vin, mais cela peut lui conférer une saveur différente : il arrive même parfois qu'on vendange le raisin un peu avant sa maturité pour obtenir un vin d'acidité élevée. Dans tous les autres cas, le moment de la récolte sera fixé conformément au jugement du viticulteur en fonction des cépages et de l'emplacement du vignoble. Si on laisse des grappes de raisin sur cep après le moment des vendanges normales, elles peuvent pourrir et, au bout d'un certain temps, tomber à terre. Trop mûrs, les raisins feront éclater leur pellicule. Il n'y a donc aucune raison, en général, de laisser les raisins sur cep après leur pleine maturité, mais les viticulteurs préfèrent attendre l'extrême limite pour vendanger, car le raisin tout à fait mûr produit non seulement un vin meilleur mais aussi un vin plus abondant.

Certains cépages, tel le Riesling, peuvent, dans les vignobles qui jouissent d'un automne long, beau et sec, rester sur cep bien après les vendanges principales et être récoltés plus tard ;

c'est ce qu'on appelle le passerillage, et cette vengeance tardive implique le risque de perdre toute la récolte par suite de pluie violente ou de gel ; mais le vin qu'on obtient soit en mélangeant ces raisins récoltés tardivement avec d'autres, soit en les distillant seuls, est d'une qualité telle qu'il vaut la peine de courir ce risque.

En Allemagne, en particulier, on choisit des grappes de raisin sélectionnées *(Auslese)* pour le passerillage. On commence par en mettre de côté certaines *(Beerenauslese)*, puis l'on cueille encore plus tard les plus mûres d'entre elles *(Trockenbeerenauslese)*.

Le vin qui en découle possède ce que j'appellerai un «sourire distinct» : ce sont les caractéristiques du raisin et du vignoble en question, mais légèrement intensifiées, donc produisant quelque chose de réellement différent d'un vin simplement doux. La douceur naturelle qui serait présente en tout état de cause acquiert alors une profondeur particulière, le bouquet possède des nuances subtiles qui ne se remarqueraient nullement dans un vin sec, et l'arrière-goût s'attarde souvent avec une fraîcheur de fleur surprenante pour ceux qui croient que la douceur du vin s'associe forcément à la viscosité ou à la saveur sirupeuse.

Mais attention ! Le vin qui provient simplement d'une vendange tardive diffère de celui qu'on fait avec des raisins soumis à la pourriture noble : celui-ci aura un bouquet et une saveur supplémentaires et, à coup sûr, un arrière-goût presque toujours décelable. Certains viticulteurs, toutefois, ne séparent pas les grappes atteintes de pourriture noble de celles qu'on a simplement laissées sur cep pour passerillage. Il faut dire que le tri destiné à séparer les grappes pourries, parfois grain par grain, du raisin qui n'est pas atteint de pourriture noble représente un travail considérable et demande beaucoup de temps. Lorsqu'un viticulteur a distillé ensemble les raisins simplement sélectionnés pour une vendange tardive et ceux qui sont atteints de pourriture noble, le bouquet et le goût que confère celle-ci peuvent se trouver présents dans une cuvée de ce que les Allemands appellent *Auslese* ou même *Spätlese*.

La pourriture noble

Dans nombre de régions vinicoles, le climat peut changer brusquement. La chaleur de l'été se prolonge jusqu'aux vendanges, puis, soudain, viennent le froid, la pluie et même, parfois, la neige et le gel. Ce qui veut dire que si l'on laisse le raisin sur cep après la date de la vendange (en général cent jours après la floraison de la vigne), ce qu'on ne peut faire que dans les vignobles bien exposés, c'est au prix de grands risques et il est bien rare que la production de jus de qualité soit plus grande. Mais aux limites des régions où l'on produit les meilleurs vins blancs secs et doux, soit au nord et au sud des grandes régions viticoles, certaines zones bénéficient d'un curieux climat, à demi protégé, phénomène qui est souvent en rapport avec leur proximité du fleuve. La configuration des

Vignobles à Würzburg, sur le Main, en Franconie.

régions avoisinantes les protège de changements de temps brutaux et immédiats après la vendange ; l'eau du fleuve réverbère la lumière du soleil et, surtout, au moment où la tiédeur de l'automne est remplacée par le froid des nuits automnales ou hivernales, cette eau dégage de la brume, voire du brouillard.

C'est alors que s'exerce l'action du champignon *Botrytis cinerea* qui produit la «pourriture noble» *(Edelfäule* en allemand et *muffa nobile* en italien) et effectue des miracles dans les vignobles qui portent encore du raisin. La pourriture ordinaire fait tomber les grappes du cep et celles-ci ne sauraient produire de bon vin. Mais la pourriture noble revêt les raisins d'une sorte de fourrure ou de duvet qui confèrent à la pellicule l'aspect de cuir de Suède grossier ; celle-ci flétrit et se rétrécit, le jus se concentre et prend alors une saveur exceptionnelle, qui restera dans le vin et lui conférera une qualité distincte de sa douceur proprement dite. Le bouquet de ces vins-là est profond et leur arrière-goût a — tel est du moins l'avis de l'auteur — une saveur de sucre d'orge : le glucose se manifeste davantage que le fructose (l'un et l'autre faisant partie du sucre naturel du raisin) dans les vins dont le cépage a subi la pourriture noble.

Il ne s'ensuit pas automatiquement que le *Botrytis cinerea* se développe toujours dans les régions qui, telle ou telle année, ont produit d'excellents vins doux. On devrait plutôt dire que tout se passe comme si la nature décernait un prix de consolation à certains vignobles situés dans des régions très menacées par le climat et produisait la pourriture noble alors que l'année a été quelconque ou même mauvaise. Mais le résultat est alors tel que les vins tirés de raisins à pourriture noble ont acquis une réputation durable. Ces vins ne sont jamais bon marché, même si l'on peut vendanger quantité de petites grappes pourries toutes ensemble au lieu de les récolter une à une, car dans tous les cas le vendangeur doit parcourir plusieurs fois le vignoble dans tous les sens. Il lui faut aussi connaître le degré exact de mûrissement en excès, de façon à ne récolter que les raisins qui l'ont atteint. Dans la région de Sauternes, on recourt à des ciseaux spéciaux à longue lame pour détacher les grains de la grappe et, en général, seuls des vignerons adroits et spécialisés sont chargés de ce type de vendange. Dans de nombreux cas, le vin qu'on en tire demeure plus longtemps en fût que le vin doux ordinaire provenant du même vignoble : de ce fait, l'immobilisation du capital est plus longue.

Les effets de la pourriture noble

Les raisins sur lesquels agit la pourriture noble tendent à avoir des pellicules minces, ce qui est nécessaire pour que la pourriture y pénètre facilement ; mais la peau doit aussi être assez épaisse pour ne pas se fendre lorsque le raisin arrive à maturité. Il faut, bien sûr, que le raisin soit complètement mûr, sinon la pourriture ne pourrait agir bénéfiquement, et au moment où celle-ci s'installe, il ne faut pas seulement que les raisins soient mûrs, mais encore que les divers acides qu'ils comportent soient en train de diminuer. Ces acides, qui devraient être présents au moment des vendanges si l'on ne désire pas obtenir un vin mou, sont comme «expirés» par le grain de raisin; la teneur en sucre s'accroît en même temps et le raisin prend une teinte rose-brune.

Une fois installée sur la pellicule du raisin, la pourriture noble élimine encore des acides et réduit la teneur en eau. Le raisin se rétrécit progressivement jusqu'à sécher virtuellement sur cep (ce sont ces raisins tout à fait secs qui, en Allemagne, donnent la *Trockenbeerenauslese,* qui diffère de la *Beerenauslese* vendangée auparavant). Apparemment, ces raisins semblent atteints d'une maladie: les grappes sont inégales, avec une moisissure crépue; certains grains sont encore verts et de taille normale alors que d'autres ressemblent à des raisins de Corinthe, présentant l'aspect de fruits privés de toute humidité, comme s'ils avaient été «dévorés» vivants par la pourriture. Mais si vous goûtez à l'un de ces grains-là, vous constaterez que le champignon fond dans votre bouche, sans y laisser la moindre impression déplaisante, et que chaque goutte de la pulpe sirupeuse du raisin évoque le mot «nectar».

Histoire de la pourriture noble

Il est bien évident que le *Botrytis cinerea* existait avant que l'on fût informé de sa nature et de son action; mais il n'aurait guère été possible de faire du vin avec des raisins atteints de pourriture noble avant une date relativement récente. Avant l'invention de la bouteille et du bouchon de liège, on recherchait surtout le vin nouveau, car le vin aigrissait en vieillissant, se transformant même en vinaigre si on le laissait dans un tonneau sale ou inadéquat, ou en plein air. Voilà pourquoi le vin nouveau était tellement apprécié et la date des vendanges officiellement proclamée dans toutes les régions vinicoles, afin que nul ne pût prendre de l'avance sur son voisin en vendangeant plus tôt que lui et en commercialisant son vin avant les autres. De même, si les vaisseaux chargés de vin de Bordeaux faisaient la course pour arriver en tête dans les ports britanniques, personne à Londres ne pouvait acheter du vin avant que le *bouteiller* du roi n'eût fait son choix. Lorsque le vin, ayant vieilli en fût, devenait presque imbuvable, on l'additionnait de miel, d'hydromel ou de jus de fruits pour le rendre consommable. Ainsi les buveurs pouvaient continuer à avaler du vin toute l'année, mais le breuvage ainsi frelaté prenait le nom de «vin bâtard».

A cette époque, non seulement les viticulteurs ne pouvaient attendre et retarder la date de la vendange, mais ils n'auraient certainement pas osé tenter de faire du vin avec des raisins moisis.

Il est pourtant possible que dès l'Antiquité on ait parfois recouru à du raisin atteint de pourriture noble pour faire du vin; c'est ce qu'on peut déduire de certaines références trouvées dans des ouvrages savants.

Séminaire des Christian Brothers à Mont La Salle, Californie.

Pour ce qui est des périodes ultérieures, il existe plusieurs versions de l'évolution qui aboutit à la production de grands vins doux. Selon l'une d'elles, les moines de Johannisberg, dans la vallée du Rhin, désespérés de ne pas recevoir du prince-évêque de Fulda l'autorisation de commencer les vendanges, auraient fait du vin à partir de raisins apparemment pourris et auraient obtenu ainsi un résultat extraordinaire: cette anecdote remonte à 1716. Mais il semble bien que dans la région hongroise de Tokay, on ait reconnu dès 1650 les vertus magiques de la pourriture noble. Le premier *aszù* (terme magyar désignant le vin tiré de raisin atteint de pourriture noble) provenait des vignobles du mont Oremus. La Hongrie ayant été alors menacée d'une guerre, on aurait retardé pour cette raison les vendanges, les raisins auraient «pourri» et... le premier grand vin doux aurait été ainsi produit.

Dans la région de Sauternes, c'est à une époque relativement récente que remonte la première fabrication de vins doux faits avec des raisins atteints de pourriture noble. Selon une anecdote relative à leur origine, un messager du seigneur d'Yquem aurait été chargé d'apporter aux vignerons l'ordre de commencer les vendanges; mais il serait tombé malade en route, d'où un retard considérable dans la transmission des instructions qu'il avait reçues. A son arrivée, les vignerons se mirent enfin à vendanger, désespérant d'obtenir le moindre résultat car la vigne était atteinte de pourriture. Selon certains auteurs, le marquis de Lur-Saluces, dernier propriétaire de Château-Yquem, ferait remonter à 1860 la première utilisation de la pourriture noble pour la production de vin doux: un spécialiste allemand des vins aurait contribué à établir ce qui est devenu une tradition. Toutefois, un maître de chai d'Yquem, actuellement défunt, affirmait quant à lui que le plus ancien Château-Yquem qu'il eût bu datait de 1845: ce vin aurait été déjà fabriqué selon la même méthode qu'aujourd'hui, au moyen de raisin atteint de pourriture noble. Quoi qu'il en soit, les vins de Sauternes ont toujours eu tendance à être liquoreux et ils étaient déjà populaires durant la première moitié du XIXᵉ siècle, mais quand on étudie les menus de cette époque, il ne faut jamais oublier que les vins blancs liquoreux ne jouissaient pas d'une large diffusion et n'étaient pas encore exportés sur une grande échelle avant la fin du XIXᵉ siècle.

Les vins doux allemands sont, semble-t-il, d'origine encore plus récente: selon le Dʳ O. W. Loeb, auteur d'un ouvrage d'œnologie intitulé *Moselle,* on ne rencontre pas le terme de *Spätlese* avant 1910 et le terme de *Beerenauslese* a été employé dès 1783 pour désigner une vendange particulièrement remarquable; mais le recours à de tels termes dépend entièrement du viticulteur lui-même, lequel tend à en être extrêmement économe. Après le grand millésime de 1921, pas un seul viticulteur de la Moselle ne fit une *Beerenauslese* avant 1934; et depuis 1959, la seule année qui ait mérité ce terme a été 1971.

Vins blancs très secs

Vins légers et nerveux: Il s'agit de crus légers de corps et de caractère.

France
SYLVANER d'Alsace de qualité moyenne

Allemagne et Autriche -Luxembourg
SYLVANER de Franconie, parfois du Palatinat, de qualité moyenne

SYLVANER autrichien de qualité moyenne
RIESLING autrichien bon marché (cépage Riesling welsch)
GRÜNER VELTLINER d'Autriche (fait avec le cépage vert de la Valteline, voir ci-contre)

Italie
SYLVANER d'Italie septentrionale de qualité moyenne
RIESLING bon marché d'Italie septentrionale

(il existe deux cépages de Riesling : le rhénan et le welsch, ce dernier donnant les vins légers d'Italie et d'Europe centrale)
VIN VERT DE LA VALTELINE (vin vif, presque

pétillant, dû au cépage vert spécifique de la Valteline)

Reste de l'Europe
JOHANNISBERGER suisse
RIESLING bon marché yougoslave, hongrois

et bulgare (cépage Riesling welsch)
FURMINT hongrois de qualité ordinaire

Amérique, Australie Afrique du Sud
Quelques RIESLINGS bon marché
SYLVANER bon marché

Vins nerveux, frais et acides, dont les exemples les plus spécifiques sont le Chablis et le Muscadet.

France
CHABLIS : le Chablis est un Bourgogne blanc tiré du cépage Chardonnay, poussant un peu au nord des autres Bourgognes blancs, pâle avec un reflet presque verdâtre, ne devenant jamais doré, et doté d'une saveur presque minérale
PETIT CHABLIS (provenant de vignobles au nord de Chablis, mais non de qualité inférieure)

MUSCADET : fait du cépage homonyme et poussant près de l'embouchure de la Loire, dans trois régions : Muscadet, Muscadet des coteaux de Loire, Muscadet de Sèvre et Maine (qui passe pour le meilleur). On apprécie aussi le Muscadet-sur-lie, mis en bouteille sans avoir été soutiré.

SAUMUR (la plupart)
TOURAINE
AZAY-LE-RIDEAU sec

CHINON
QUINCY
REUILLY
JASNIÈRES
SAVOIE (non mousseux)
RIESLING alsacien

Allemagne et Autriche Luxembourg
RIESLING de qualité ordinaire de la Moselle, de la Sarre, de la région de la Ruwer, de Franconie et du Palatinat
RIESLINGS du Luxembourg (frais et

plus légers que ceux d'Alsace et ne devant pas vieillir plus de trois ans)

Italie
VERDICCHIO DEI CASTELLI DI JESI, vin de couleur paille provenant des Marches (Ancône)
VILLAGRANDE sicilien

REGALEALI siciliens (du domaine)
VINS SICILIENS DE

Espagne, Portugal
MINHO non mousseux du Portugal (en particulier le VILA REAL)

Reste de l'Europe
RIESLING d'Europe centrale et d'Europe du Sud-Est (cépage welsch)
FENDANT suisse
ARSINOE et autres blancs secs de Chypre
TRAKYA et autres blancs secs turcs

Amérique, Australie Afrique du Sud
RIESLING d'Australie et d'Afrique du Sud
SAUVIGNON de Californie
STEEN sud-africain de qualité ordinaire (Steen est la dénomination sud-africaine du cépage Chenin blanc)
CHENIN BLANC de Californie

Le village de Riquewihr

Vins nerveux et fruités

France
VOUVRAY sec
MONTLOUIS
SAUMUR (certains
   millésimes)
ANJOU (certains
   domaines)
SANCERRE,

POUILLY BLANC
   FUMÉ

GAILLAC sec
Vins secs de Dordogne
RIESLING alsacien
   de bonne qualité
EDELZWICKER
   alsacien

Allemagne et Autriche
Luxembourg
RIESLING de bonne
   qualité de la Moselle,

du Rhin et de
Franconie ; les
vignobles du Rheingau
(rive septentrionale du
Rhin) produisent des
vins plus vifs et plus
délicats que ceux de la
Hesse rhénane (rive
sud-ouest)
RIESLING du
   Palatinat (vins du

domaine ; cépage
Riesling rhénan)
SYLVANER du
   Palatinat (vins du
   domaine)
SYLVANER de
   Franconie (qualité
   supérieure)
Vins de la NAHE
   (quelques exemples)

Italie
TREBBIANO et
   quelques autres vins
   d'Italie septentrionale
VERMENTINO de
   Sardaigne

Espagne, Portugal
VALDEPEÑAS jeune
   (Espagne)
AZEITÃO (Portugal)

Amérique, Australie
Afrique du Sud
RIESLING d'Afrique
   du Sud
SAUVIGNON de
   qualité supérieure
CHENIN BLANC de
   qualité supérieure

Vins moyennement corsés, vins corsés et vins robustes

France
GROS-PLANT
   (estuaire de la Loire)
BOURGOGNE ALIGOTÉ
MUSCADET (certains
   domaines)
CÔTES-DU-RHÔNE
   VILLAGES
CHÂTEAU-GRILLET

(seul domaine français
   à bénéficier d'une AOC
   à soi seul ; vin très sec,
   de couleur paille rosée)
CONDRIEU
VIOGNIER (tous les vins
   de ce cépage)
SAINT-JOSEPH
SAINT-PERAY

HERMITAGE
CROZES-HERMITAGE
autres CÔTES-DU-
RHÔNE blancs (faits
   de divers cépages,
   dont le Marsanne et le
   Roussane, plus
   certains raisins noirs)
TOKAY alsacien

PINOT d'Alsace

Allemagne et Autriche
Luxembourg
RULÄNDER et autres
   vins du Bade-
   Wurtemberg

Italie
Vins blancs de coupage
   siciliens bon marché

Espagne, Portugal
RIOJA bon marché
   (Espagne)
DOURO (Portugal)
DÃO (Portugal)

Reste de l'Europe
TOKAY hongrois sec

Amérique, Australie
Afrique du Sud
CHENIN BLANC
   (quelques exemples de
   qualité spéciale)

Le village de Sancerre

Vins blancs secs et demi-secs

Vins légers et nerveux: Ils sont faits dans le monde entier, en général avec le cépage Sauvignon.

France
MONTLOUIS, vins
régionaux
POUILLY-SUR-LOIRE

POUILLY BLANC FUMÉ

GAILLAC, quelques
exemples

Vins du TARN,
quelques exemples

Allemagne, Autriche
SYLVANER, notamment
du Palatinat
RIESLING de la
Hesse rhénane (moins
secs que ceux du

Rheingau, car le sol y
est plus lourd)
VINS DE LA
MOSELLE de qualité
ordinaire, ainsi que le
PIESPORTER et,
spécifiquement, le
GOLDTRÖPFCHEN

Italie
TERLANO du
Haut-Adige
CORVO BIANCO
de Sicile

**Amérique, Australie
et Afrique du Sud**
CHENIN BLANC,

quelques exemples
RIESLING d'Afrique
du Sud, quelques
exemples
«HOCK» australien,
quelques exemples
RIESLING du Chili
SAUVIGNONS de
qualité moyenne

N.B. En Amérique,
les vins provenant
d'un seul cépage
portent la mention
«Varietal» (mais la loi
autorise cette
mention à partir de
51% de ce cépage
unique)

Vins fruités et délicats: Vins chez lesquels s'équilibrent l'acidité et le fruité ; ces vins ont une saveur discrète.

France
MERCUREY
RULLY
SANTENAY

Allemagne, Autriche
Vins allemands de
sites ou domaines
spécifiés, mais de
qualité inférieure à
celle du SPÄTLESE

Italie
TRAMINER d'Italie
septentrionale
SOAVE, quelques
exemples

Reste de l'Europe
TRAMINER
yougoslave
FURMINT yougoslave
et bulgare
SYLVANER bulgare

CHARDONNAY
bulgare
MUSCAT d'Europe
du Sud-Est (quelques
exemples)

**Amérique, Australie
et Afrique du Sud**
CHARDONNAY
(quelques exemples de
sites américains
septentrionaux)

Vins fruités habituellement robustes: Vins populaires, ronds et francs, ils ont un fruité assez marqué.

France
GRAVES
GRAVES DE VAYRE
CÔTES-DU-RHÔNE
 ordinaire
BEAUJOLAIS blanc
 nouveau
BOURGOGNE
 ALIGOTÉ
SAINT-VÉRAN
MÂCON BLANC
POUILLY-FUISSÉ
POUILLY-SUR-LOIRE,
 vins du domaine
SANCERRE, vins du
 domaine

PREMIÈRES CÔTES
DE BORDEAUX
 de qualité spéciale
ENTRE-DEUX-MERS
 de qualité spéciale
VOUVRAY sec de
 qualité spéciale
JURANÇON BLANC
 sec (vin des Pyrénées)
Vins du ROUSSILLON,
 quelques exemples
Vins du LANGUEDOC,
 quelques exemples
Vins du JURA
 de qualité ordinaire
 (ÉTOILE, ARBOIS et

POLIGNY)
Vin JAUNE du JURA
 dont le meilleur est le
 CHÂTEAU-CHALON
GEWÜRZTRAMINER
 alsacien

Allemagne, Autriche
MÜLLER-THURGAU
 provenant d'une seule
 vigne
SCHEUREBE
 provenant d'une seule
 vigne

Italie
FRASCATI de qualité
 ordinaire
CASTELLI ROMANI de
 qualité ordinaire
SOAVE de qualité
 supérieure
VALPOLICELLA de
 qualité supérieure
TREBBIANO de
 qualité supérieure
ORVIETO sec
TORGIANO sec
ALBANO sec
Vins blancs de
 TOSCANE

LACRIMA CHRISTI
 de qualité supérieure
 (couleur paille ou or,
 très sec, fait à partir
 du cépage Greco,
 poussant sur les
 pentes du Vésuve)
TORBATO sec

Reste de l'Europe
TOKAY sec
MUSCAT OTTONEL
 des Balkans
Vins blancs ordinaires
 de Grèce
Vins tunisiens

du CAP BON
COLARES (Portugal)
VALDEPEÑAS
 (quelques exemples)

**Amérique, Australie
et Afrique du Sud**
CHARDONNAY des
 Etats-Unis (qualité
 supérieure)
CHENIN BLANC des
 Etats-Unis (qualité
 supérieure)
STEEN d'Afrique du
 Sud (quelques
 exemples)

Vins corsés ou moyennement corsés, souvent d'une grande élégance

France
BOURGOGNES de la
 Côte-d'Or
PERNAND-
VERGELESSES ;
PULIGNY
MONTRACHET ;

et le célèbre
MEURSAULT... mais
seule une expérience
considérable permet de
les bien connaître et de
juger

Vins du MÂCONNAIS
et de la CÔTE
CHALONNAISE
VOUVRAY, certains
domaines et sites
particuliers
SANCERRE, certains

domaines les années
exceptionnelles
SAVENNIÈRES, vins
du domaine
GRAVES de certains
domaines
CÔTES-DU-RHÔNE

blancs de sites
spécifiques

**Amérique, Australie
et Afrique du Sud**
CHARDONNAY
américain (certains

vins du domaine)
CHENIN BLANC
(certains vins du
domaine)

Vins blancs moelleux

Vins moelleux légers:

France
COTEAUX DU LAYON,

COTEAUX DE
  L'AUBANCE

QUART-DE-CHAUME

GAILLAC liquoreux

MONBAZILLAC de

CÉRONS
Vins d'ALSACE à
  vendange tardive

Allemagne, Autriche
Quelques SPÄTLESE
  allemands (voir ci-

dessous)
GEWÜRZTRAMINER
allemand de qualité
supérieure
MÜLLER-THURGAU
de qualité spéciale
SCHEUREBE de
qualité spéciale
GUMPOLDSKIRCHEN

autrichien (fait des
cépages locaux
Spätrot et Rotgipfler)
Vins d'AUTRICHE
à vendange tardive

Italie
Certains MALVOISIE

Reste de l'Europe
MUSKAT MORIO des
  Balkans
MISKET (muscat noir)
  de Bulgarie
RADGONSKA
RANINA (LAIT DE
TIGRE) yougoslave

**Amériques, Australie,
Afrique du Sud**
«SAUTERNE» sans S
SEMILLONS
  américains
STEEN sud-africain
  à vendange tardive

Le Château de Monbazillac

Vins moelleux moyennement corsés

France	Allemagne, Autriche		
Vins d'ALSACE supérieurs à vendange tardive	AUSLESE (vins à vendange différée avec sélection de grappes)	d'Autriche, de Franconie et de Bade-Wurtemberg SPÄTLESE (vendange	tardive) allemand de qualité supérieure (vins du domaine)

Vins corsés

France		Italie		Reste de l'Europe	Amériques, Australie Afrique du Sud
COTEAUX DU LAYON, domaine	domaine MONBAZILLAC,	AMABILE et ABBOCCATO	FRASCATI TREBBIANO	MUSCATS d'Europe orientale	MUSCATS d'Amérique et d'Afrique du Sud
COTEAUX DE L'AUBANCE, domaine	domaine VOUVRAY «doux»	VIN SANTO (5 ans en fût, 15° alcool)	(quelques exemples) MALVOISIE		
QUART-DE-CHAUME,		CANNELLINO	(MALVASIA)		

Vendanges dans le Chinonais
(Touraine)

Vins blancs «doux»

Vins doux légers à moyennement corsés: Ils ont souvent un bouquet complexe et un arrière-goût succulent qui combine l'ensoleillement de la vendange et l'effet de la pourriture noble.

France
VIN DE PAILLE du Jura
VOUVRAY supérieur
(vin du nord de la
Loire, mûri dans des
celliers spéciaux
creusés dans le roc ; le
Vouvray vraiment doux
à base de pourriture
noble est assez rare)

CÉRONS (qualité
spéciale)
LOUPIAC
SAINTE-CROIX-DU-
MONT (ces trois
derniers crus sont des
Bordeaux, le Cérons au
nord de Barsac, le
Loupiac et le Sainte-
Croix sur la rive

orientale de la
Garonne)
COTEAUX DU LAYON
très fins
BONNEZEAUX très fins
QUART-DE-CHAUME
très fins
Vins d'ALSACE
exceptionnels à
vendange tardive

Allemagne et Autriche
AUSLESE (vin à
vendange demi-
tardive) allemand,
quelques exemples
BEERENAUSLESE
allemand (quelques
exemples)
BOUVIERTRAUBE
autrichien (cépage

local)
RUSTER AUSBRUCH
autrichien (fait de
Furmint et de Muscat)
EISWEIN
Quelques crus
autrichiens
exceptionnels à
vendange tardive

Italie
PASSITO, surtout le
muscat (MOSCATO)

Reste de l'Europe
MUSCAT d'Europe
septentrionale

Vins doux moyennement corsés à corsés (provenant de vignobles très chauds, avec un arrière-goût légèrement «brûlé»)

France
JURANÇON doux
(plus rare que le
Jurançon sec ; fait des
cépages locaux

Mansenc et Courbu à
85 %, près de Pau)
SAUTERNES régional
BARSAC régional

Espagne et Portugal
GRANDJO du nord
du Portugal

Reste de l'Europe
COMMANDARIA de
Chypre (très ancien vin
des chevaliers de
Saint-Jean, mélange

de cépages blancs et
noirs, mûri dans de
grandes jarres)
MAVRODAPHNÉ et
SAMOS grecs

MUSCATS
méditerranéens

Le Château Yquem

Vins blancs très doux

Vins très doux moyennement corsés: Goût très prononcé mais jamais écœurant.

France
BARSAC de domaines
  peu étendus
SAUTERNES de
  domaines peu étendus
BOMMES de domaines
  peu étendus
FARGUES de domaines
  peu étendus

PREIGNAC de
  domaines peu étendus

Allemagne, Autriche
TROCKENBEEREN-
AUSLESE (vin de raisin
passerillé cueilli grain
par grain mais pas
forcément atteint de

pourriture noble)
EISWEIN («vin de
glace») : vin tiré de
raisins cueillis à l'aube
alors qu'ils sont
légèrement gelés, en
novembre ou même en
décembre

Reste de l'Europe
TOKAY de quatre ou
cinq *puttonyos* (tiré du
Furmint sur les
collines qui dominent
le Bodrog, affluent du
Danube ; les
viticulteurs hongrois y
ajoutent un autre

cépage local, le
Harslevelü ; la
pourriture noble le
rend sirupeux, «aszu»
en magyar. On met
l'*aszu* dans des hottes
dites *puttonyos*, dont
on rajoute ensuite le
contenu concentré au

reste du moût, obtenu
par pressage à pieds
nus : plus il y a de
puttonyos ajouté au
moût, plus le Tokay est
doux et fort)

Vins très doux puissants et profonds: Ce sont les vins dits liquoreux, au bouquet épicé dû à l'action de la pourriture noble.

France
BARSAC des grands domaines.
SAUTERNES des grands domaines
BOMMES des grands domaines.

FARGUES des grands domaines
PREIGNAC des grands domaines.

Reste de l'Europe
ESZENCIA hongrois

(ESSENCE DE TOKAY): constitué par les gouttes d'aszu qui se sont écoulées par suintement des puttonyos, très lentement fermentées,

et passant pour un élixir de vie en raison de leur richesse en glucose (mais le degré d'alcool de l'Eszencia est faible : 5 à 8 %)

Les vins rouges

Principales catégories de goût

Alors qu'on ne peut vraiment apprécier la fraîcheur et la nervosité (s'ils sont secs) ou le fruité et la douceur (s'ils sont doux) des vins blancs que lorsqu'il s'agit d'assez bons ou même de très bons crus, il est possible de trouver des subtilités de saveur et de style dans des vins rouges de la catégorie la plus modeste. Par ailleurs, on envisage en général les vins rouges en rapport avec les aliments qu'on consomme et il est plus rare qu'on les boive en dehors de repas (mis à part le cas des buveurs invétérés, qui ne nous intéresse pas ici !). Dans la plupart des pays, c'est du reste le vin rouge qu'on sert avec la plupart des plats et c'est seulement les dîners assez élaborés ou carrément cérémonieux qui comportent un accompagnement de plusieurs vins blancs de qualité. Dans les régions septentrionales, il y a une raison supplémentaire pour préférer boire du vin rouge avec les repas : les habitants de ces pays-là, devant supporter un climat froid et humide, sont plus aisément «réchauffés» par un vin rouge et, de plus, s'ils souffrent de rhumatismes, ce qui se produit fréquemment sous ces latitudes-là, les constituants des vins rouges sont plus susceptibles d'être assimilés sans dommage que l'acidité de la plupart des blancs. Enfin, l'on peut certes disserter à perte de vue sur les très bons vins blancs, mais il y a peu à dire des blancs de qualité inférieure, alors qu'une gamme très étendue de vins rouges — du moins est-ce l'avis de l'auteur — peut donner lieu à une étude et une appréciation approfondies. De plus, il est plus facile de déguster un grand nombre de rouges que de blancs, et certains vins rouges peuvent être bus en toute circonstance et avec n'importe quelle nourriture, ce qui n'est pas le cas des vins blancs. Je pourrais résumer mon impression en disant qu'il existe toujours quelque chose de «cérébral», quelque chose qui donne à réfléchir dans le vin rouge, même le plus manifestement sensuel, ce qui n'est pas toujours le cas dans un vin blanc.

Bien qu'il existe quelques rares exemples de vins rouges doux, la grande majorité des rouges peut être qualifiée de sec ou demi-sec; seul varie, en général, le degré de fruit dans le goût. Aussi le classement des rouges diffère-t-il de celui des blancs : je trouve commode et adéquat d'y distinguer trois grandes catégories, qui vont des vins les plus simples (et les moins coûteux) aux vins les plus prestigieux (et les plus chers) : vins «directs», vins de personnalité moyenne, vins «puissants».

Les vins rouges «directs»

Ce groupe comporte les vins régionaux que, naguère, on ne considérait pas comme buva-
bles, même sur place, mais qui ont acquis aujourd'hui une faveur justifiée, ainsi que les vins de marque de qualité moyenne dont l'abondance et le prix modéré permettent désormais à chacun de boire du vin à tous les repas. Le plus souvent satisfaisants, ces vins-là varient évidemment en fonction des récoltes et de l'approvisionnement, et une bouteille de 1975 différera forcément d'une bouteille de même marque datée 1976. Evitons donc tout systématisme avec ces vins !

Les vins rouges qualifiés de «directs» constituent une boisson agréable pour accompagner la nourriture quotidienne; ils peuvent aussi représenter, si l'on sert deux vins à table, une introduction adéquate à la dégustation d'un cru plus complexe. Ce sont encore ceux qu'on emporte en pique-nique, qu'on sert avec du pain et du fromage, voire avec des hamburgers. Bien aérés et décantés, ils auront meilleur apparence sinon meilleur goût et ils embelliront n'importe quel repas, fût-ce le plus ordinaire.

En tout cas, même dans cette catégorie modeste, le vin doit avoir un bon bouquet, de la saveur et un léger arrière-goût, ainsi qu'une belle teinte rouge «vivante». Tout autant qu'un grand vin, il mérite qu'on se pose les questions suivantes : a-t-il un parfum agréable, un peu fruité ? Sa saveur confirme-t-elle ce qu'a annoncé l'odeur ? Est-il souple et rond ou donne-t-il une impression de rudesse et de minceur ? Avez-vous envie, après une seule gorgée, d'en boire davantage, ou est-il si plat qu'une seule gorgée vous suffit ? Ne vous pressez pas d'émettre un jugement définitif, laissez la bouteille débouchée une heure ou deux, puis goûtez à nouveau votre vin : il se peut que vous le trouviez différent et meilleur.

Chez les vins «directs», il existe évidemment, comme chez les autres, des catégories de goût : certains sont très légers, d'autres plus nerveux et affirmés (voir tableau). Mais les prix de ceux de la seconde catégorie ne sont pas plus élevés, et les vins rouges nerveux sont souvent plus caractéristiques et plus agréables à boire que les rouges directs trop légers, car ils possèdent alors une vitalité interne plaisante. Lorsqu'on vous verse, chez des amis, un vin présenté en carafe mais d'une vigueur agréable, il s'agit très souvent d'un honnête vin de marque «direct», mais faisant partie de la classe des vins nerveux et affirmés; beaucoup de petits vins régionaux ont ce caractère vif et affirmé, ce qui enchante le voyageur et fait qu'il s'en souvient avec plaisir. Mais ces vins régionaux vifs et d'un prix abordable sont le plus souvent réservés aux négociants.

Toujours parmi les vins directs, il existe une troisième catégorie de goût : les vins robustes et fruités. Les personnes qui aiment les vins dotés

Porrón espagnol, qui tire son origine de la peau de chèvre. On boit à la régalade, et plusieurs peuvent partager une bouteille.

Les Chevaliers du Tastevin en Bourgogne célèbrent la fête de Saint-Vincent, patron des vignerons français, le 22 janvier.

d'un certain mordant ou, au contraire, ceux qui ont une suavité marquée, n'apprécieront pas ces vins-là. En tout cas, les vins directs robustes et fruités doivent posséder une certaine rondeur et ne pas donner au palais une sensation vive qui disparaît aussitôt : lorsqu'un vin rouge de cette catégorie a du « punch », il doit présenter cette caractéristique dès la première bouffée, pendant qu'on le déguste et jusqu'à l'arrière-goût. S'il s'agit d'un vin surtout fruité, cette qualité-là doit se manifester dans la fraîcheur initiale du bouquet, dans la saveur et encore après coup, de façon claire et nette. Et si à l'arrière d'un vin par ailleurs ordinaire on trouve comme la suggestion de quelque chose de plus important, il est probable que cela provient du fait que ce vin dérive d'un grand cépage classique (j'ai par exemple décelé cette caractéristique dans un Pinot noir yougoslave, dans certains Merlots italiens, dans un Cabernet franc hongrois et dans de petits Bordeaux ordinaires de Bourg et de Blaye).

Dans certains vins directs ordinaires, on retrouve parfois vaguement le bouquet et la saveur d'un vignoble qui produit en général des vins plus importants : on peut avoir cette impression avec certains Côtes-du-Rhône-Villages, avec certains Riojas, avec certains Mâcons rouges, et le fait est encore plus intéressant lorsque le vin en question provient d'un vignoble moins connu (l'auteur a fait cette expérience avec des vins californiens à base de Cabernet-Sauvignon et avec certains vins rouges australiens). Et il arrive encore que certains vins restreints de catégorie ordinaire permettent au dégustateur de faire une expérience tout à fait nouvelle : tel est le cas avec des cépages indigènes de régions ou de pays dont la viticulture est moins connue ou plus récente, par exemple le Zinfandel nord-américain, le Pinotage sud-africain, le Kadarka hongrois, le Mavroud bulgare, le Mavron cypriote, les Plavač, Postup et Dingač yougoslaves. En goûtant ces vins-là, il faut se garder de toute association avec d'autres crus connus et décider franchement si on les aime ou non. Essayez alors de déterminer l'impression que vous font le parfum, le goût et la composition générale de ce vin inédit et s'il vous est possible de les comparer avec une autre expérience de dégustation favorable.

Vins de personnalité moyenne

Dans cette catégorie on peut faire entrer une quantité et une variété énormes de vins : des vins un peu plus importants que les vins simplement « directs » en raison de la qualité du vignoble ; des vins provenant de vignobles autrefois peu connus mais devenus aptes à produire des vins commercialisables jusque sur les marchés étrangers ; des vins tirés de cépages dont on a réussi à améliorer la maturation ; des vins de petits domaines qui, naguère, n'étaient connus que localement ou utilisés pour faire des coupages. On peut y ajouter certains millésimes de vins qui, d'habitude, ne présentent qu'un style

robuste et agréable, ainsi que ceux qui, lorsqu'ils ont mûri assez longtemps, acquièrent une élégance et un charme qui permettent de les classer dans les vins « de personnalité moyenne ».

Tous les vins ont quelque chose à dire au buveur, ne fût-ce que le fait qu'ils sont ou non agréables à boire. Mais les vins de personnalité moyenne ont un peu plus à dire : leur bouquet, leur saveur, leur arrière-goût ont quelque chose de notable, et ils sont assez complexes pour que l'on puisse envisager séparément leurs divers composants, les analyser et établir une relation entre les uns et les autres. Par exemple, un Pinot noir de Californie peut avoir le bouquet caractéristique de ce cépage, mais son goût est inattendu (du moins pour une personne habituée à déguster des Bourgognes rouges) et c'est seulement l'arrière-goût qui permet d'établir le lien entre le bouquet et la saveur particulière de ce vin. Certains vins peuvent faire volte-face entre le bouquet et le goût ou l'arrière-goût : c'est le cas lorsqu'on découvre seulement dans l'arrière-goût un cépage classique qui n'est pas du tout caractéristique du vignoble d'où provient le cru en question (j'ai fait cette expérience avec certains Gamays fabriqués en Amérique).

Lorsque vous dégustez un vin fait d'un cépage classique, essayez de découvrir de quelle manière le vignoble et son climat ont affecté le rendement du raisin : certes, il se peut que vous soyez trompé par le processus de vinification utilisé, mais vous enregistrerez à tout le moins des différences. Le Cabernet et le Pinot, par exemple, produisent des vins très différents lorsqu'ils poussent dans des vignobles ou très chauds ou assez froids. On peut avoir fait varier la proportion des cépages dans le mélange pour adapter la qualité du vin au vignoble et au climat : certains amateurs peu expérimentés s'étonnent d'apprendre qu'un Bordeaux, par exemple, est presque toujours composé de cépages variés, et pourtant, telle est précisément la raison pour laquelle les vins du Bordelais sont si divers et si complexes, même s'il s'agit de « petits » vins.

Les vins de personnalité moyenne provenant de domaines spécifiques ou étiquetés comme produits de la réserve spéciale d'établissements vinicoles spécifiques peuvent mettre en lumière des caractéristiques fort intéressantes : des vins restreints, mais ayant une certaine individualité et provenant de zones où se font de très grands vins, peuvent fort bien avoir des affinités avec ces « géants » de l'œnologie et constituer une excellente introduction à leur dégustation. C'est fort utile lorsqu'il s'agit de vins millésimés, car les vins restreints se développent plus vite et donnent des indications précieuses sur l'évolution des « grands ». Et les vins non millésimés peuvent donner une impression générale d'une région ou d'un vignoble : leur personnalité un peu plus modérée que celle des « grands » permettra probablement de se faire une idée plus facile à mémoriser que si l'on dégustait immédiatement un vin d'un grand domaine, millési-

Paniers à raisins de Bourgogne ; on peut les suspendre à un bâton s'ils sont trop lourds quand ils sont pleins.

Château Latour, Pauillac

mé, et si complexe et si différent de ceux des domaines voisins situés à quelques centaines de mètres de là qu'il est presque impossible à un buveur pas très expérimenté de se faire une opinion sur la région en question.

S'agissant de vins de personnalité moyenne, il est fort important de pouvoir «boire au-dessus de ses moyens», c'est-à-dire acquérir les crus les plus coûteux de la gamme. Ce sont des vins destinés à laisser au buveur une impression durable et, comme leurs prix sont presque sans exception en rapport avec leur qualité, il est normal que des vins de second ou de troisième ordre ne vous permettent qu'un jugement... de second ou de troisième ordre! Il est beaucoup plus sage d'acquérir, par exemple, un Beaujolais coûteux mais au meilleur de sa forme qu'un Bourgogne doté d'un nom célèbre mais «avantageux»... et que vous ne priserez guère. Toutefois, n'oubliez jamais qu'un vin réputé, même s'il ne vous plaît guère, a bien dû acquérir sa renommée parce qu'il a gagné l'admiration de beaucoup de gens: essayez de comprendre pourquoi ceux-ci l'ont aimé et pourquoi vous ne partagez pas leur avis; et rappelez-vous que, si vous ne l'appréciez pas en ce moment, vous serez sans doute en mesure de le «comprendre» mieux quand vous aurez acquis de l'expérience. Dans tous les cas, n'écartez jamais un «petit» vin en disant qu'il est «mauvais», et ne vous aplatissez pas automatiquement devant un «grand» vin en disant qu'il est «bon»... du moins pas avant d'avoir appris à bien distinguer entre vos préférences personnelles et les normes admises et objectives (dans la mesure où un goût peut jamais être objectif).

Vins puissants

J'ai rangé dans cette catégorie les plus grands vins du monde, ceux qu'il faut traiter avec respect et grand soin, car leur qualité peut être

gâchée si on les sert incorrectement, à la hâte ou dans un mauvais contexte. Il ne faudrait jamais servir de grands vins au hasard ou remplacer occasionnellement le vin ordinaire par un grand cru pour rehausser l'éclat d'une journée spéciale: c'est là une erreur que même les propriétaires de grands domaines vinicoles ne commettent jamais.

Ce sont les grands vins rouges qui ont donné lieu à la meilleure littérature œnologique... et à la pire; ils ont produit les affectations insupportables des snobs, mais aussi les merveilleuses inspirations des amoureux du vin. Ce ne sont pas de simples boissons, pas davantage que les opéras de Mozart ou les symphonies de Beethoven ne sont de simples suites de sons. A leur apogée, les vins rouges «puissants» stimulent et satisfont à la fois l'esprit et les sens. Même s'ils n'étaient pas aussi coûteux qu'ils le sont, il serait absurde de les considérer comme de simples accompagnements pour les repas: ils méritent qu'on les associe avec art aux mets qui leur conviennent et les mettent en valeur. Parmi les vins puissants, certains sont assez robustes pour accompagner des plats très élaborés et supporter la complexité gustative d'aliments sophistiqués; mais en général, c'est la nourriture la plus simple, à condition qu'elle soit de première qualité, qui convient le mieux aux vins de première catégorie, surtout si ceux-ci sont d'une délicatesse et d'une élégance exceptionnelles. A ce propos, il n'est pas inutile de rappeler ici les conclusions d'une discussion sans cesse reprise au sujet du Bourgogne rouge et du Bordeaux rouge: si les plus raffinés des grands Bourgognes semblent exiger la présence de plats très cuisinés, voire riches, pour parfaire l'expérience gastronomique qu'ils permettent, l'amateur de grands Bordeaux boira les meilleurs d'entre eux avec la nourriture la plus simple, côtelettes d'agneau, steak ou même poulet rôti. Et je ne suis pas seule à me contenter avec joie de pain et de fromage avec le plus vieux, le plus extraordinaire des grands Bordeaux rouges.

Il est essentiel de bien écouter ce que les grands vins ont à vous dire. Les gens qui ne comprennent pas «pourquoi on en fait toute une histoire» sont les personnes incapables d'entendre ce que le vin leur dit, qui exigent tout du vin et ne veulent rien lui accorder. Il ne faut jamais déguster ces vins-là avec précipitation; ils ont besoin de temps pour qu'on puisse

A droite, Château Lafite-Rothschild, Pauillac.
A l'extrême droite, Château Mouton-Rothschild, Pauillac.

72

Ci-dessus, Château Margaux.
En bas à droite, Château
Palmer, Margaux.

prendre à leur sujet des notes détaillées, et on doit les aborder dans un état d'esprit détendu, réceptif et humble. Savourez chacun des instants que vous leur consacrez, car à chaque stade, ces vins vous offrent un plaisir total : couleur, bouquet, saveur et arrière-goût sont là pour combler tous vos sens. (On a pu faire remarquer que seule l'oreille était exclue de ce régal : la légende veut, du reste, qu'elle s'en soit plainte à Dionysos, qui aurait suggéré alors que les buveurs trinquent, pour que le son cristallin du verre heurté viennent compléter la joie du goût, de l'odorat et de la vue.)

Dans le cas de tous les très grands vins, il devrait être possible d'en apprécier chacun des aspects de façon aussi détaillée qu'on envisage dans son ensemble un vin de moindre importance. Par exemple, quand on déguste un grand vin, le bouquet en comporte une ouverture, un milieu et un arrière-parfum ; la saveur a un commencement, une continuation et une conclusion ; enfin l'arrière-goût lui-même peut se répartir en plusieurs stades, début, suite et impression finale.

D'habitude, il est facile de « personnaliser » un grand vin, c'est-à-dire de le comparer à un être humain : un vin sera mûr, un autre adolescent, un troisième encore enfant, certains d'entre eux ressembleront à de magnifiques vieillards, d'autres encore à des hommes qui viennent de dépasser la fleur de l'âge. On peut encore rendre ses souvenirs plus vivants par des analogies plus précises, voire cocasses : tel Pauillac rappellera un officier de la garde, tel Saint-Julien un diplomate ; ou bien on qualifiera les Bordeaux 1967 d'amicaux et l'on dira que le Bordeaux 1969 manque de charme, que tel ou tel Bourgogne a mauvais caractère et que tel autre est trop timide pour être vraiment séduisant.

Essayez toujours d'établir une relation entre un grand vin et le vignoble dont il provient et de déterminer s'il lui est fidèle. Quel que soit le charme d'un vin, reste-t-il « bien élevé » et en harmonie avec lui-même ? Cette qualité fait défaut à certains Bourgognes ; ils sont superficiels, leur parfum est gras, leur saveur molle, leur arrière-goût fait un couac et laisse sur le palais une trace sirupeuse : ces vins-là atteignent pourtant des prix élevés, mais ce ne sont pas des aristocrates. Un vin vous donne-t-il envie d'en savoir davantage sur lui ? Telle est la vraie définition de la finesse ; pourtant certains Bordeaux, et paradoxalement souvent ceux des années les plus vantées, ne sont rien d'autres que pompeux et raides. Est-ce qu'en goûtant un vin, des adjectifs tels que « fort », « solide », voire « costaud », vous viennent à l'esprit ? Ce serait plutôt mauvais signe et aucun bon Côtes-du-Rhône ne devrait jamais être associé avec des qualificatifs aussi pesants et sans finesse. Tâchez aussi de vous reporter aux vendanges et essayez de découvrir si vous les voyez ensoleillées (un vignoble trop rôti donnera un vin plutôt dur, car les grains de raisin resteront trop petits) ou si vous avez l'impression que la maturité du raisin

a dû gagner le froid de vitesse, si le bouquet du vin est égayé d'un soleil qui a lentement amené le cépage à maturité, si le vin semble fleurir dans la bouche et sa saveur se dissiper ensuite très lentement : ce seront là les impressions laissées par un grand millésime. Mais s'il y a dans le vin une touche d'humidité, voire d'immaturité dans le parfum et le goût, ou un creux bizarre au milieu de la saveur, un manque de cohésion entre bouquet et goût, cela peut être le signe d'une météo un peu trop mouillée au mauvais moment ou d'une pluie survenue au beau milieu des vendanges, qu'il a fallu interrompre brusquement : tel est le cas de certains Médocs de 1964. Le vin vous paraît-il un peu plus mince qu'il ne devrait, compact mais pas généreux, ou, au contraire, remplit-il la bouche et se boit-il un peu trop aisément ? Dans le premier cas, c'est sans doute que l'été a été trop froid ; dans le second, qu'il a trop plu.

Une odeur étrange, surtout chez les Bourgognes, peut être due à une vinification défectueuse lors d'une année difficile : il peut s'agir d'un relent du sucre de betterave utilisé pour la chaptalisation du moût, et cette odeur me fait penser, en général, à celle d'un sirop rance. Si vous constatez un certain manque d'équilibre et trop de raideur chez un Bordeaux, cela peut indiquer que le cépage Cabernet-Sauvignon est en excès et que, pour une raison ou une autre, le Merlot n'a pu conférer à ce millésime-là son merveilleux bouquet et son charme spécifique : c'est le Merlot qui confère au Château-Lafite sa qualité unique au monde (mais ce cépage ne se cultive pas toujours bien ailleurs). Est-ce que la nervosité naturelle d'un jeune Bordeaux d'une bonne année semble soutenue par quelque chose de trop « vert » ? Une telle constatation décèle souvent des vignes immatures ou trop jeunes, qui s'adouciront et prendront plus d'harmonie avec l'âge. En revanche, une grande profondeur indique parfois que les vignes sont fort anciennes et d'un moindre rendement, mais avec d'autant plus de qualité.

Quand un vin est bien équilibré et plaisant mais en quantité réduite par rapport aux grands millésimes, il s'agit souvent d'une année « légère » d'un vignoble fameux. Il faut bien se rendre compte qu'une année « légère » n'est pas une mauvaise année (et que même le vin d'une année réputée « mauvaise », s'il provient d'un

viticulteur de qualité, peut être délicieux par lui-même, ou en tout cas habilité à précéder un vin plus important). Les années «légères», telle 1960, ont donné des vins superbes et charmants dans des domaines comme le Château-Latour. Et le Château-Palmer de 1962 a été un très grand vin de cette année-là.

Principales régions viticoles

Pour satisfaire à la demande croissante, on est en train de planter la vigne dans de vastes zones qui n'étaient pas viticoles jusqu'à présent, et les aires qui l'étaient déjà prennent souvent de l'extension. Dans les vignobles traditionnels, on produit toujours les vins que nous avons classés comme «directs»: il s'agit souvent de vins de qualité ordinaire provenant de sites qui, avant l'introduction de méthodes modernes de culture et de vinification, ne produisaient que peu de vin et du vin médiocre. A titre d'exemple, on peut citer de nombreux vins du Midi de la France: Hérault, Languedoc, Provence sont devenus de grandes régions vinicoles alors que naguère encore une bonne partie de leur production servait à la fabrication de vermouth ou à la distillation. Dans plusieurs vignobles italiens, espagnols et portugais, on fait aujourd'hui des vins de qualité mais la production un peu inférieure vient grossir le lot des vins simples, non millésimés: il en va de même de quantité de vignobles réputés dans le monde.

Dans bien d'autres régions, la vigne pousse là où le sol ne produirait autrement rien d'autre: l'Afrique du Nord, plusieurs zones d'Amérique du Nord et d'Amérique du Sud, de vastes espaces sud-africains et australasiens. Dans nombre de pays d'Europe du Sud-Est, l'Etat s'est fait lui-même viticulteur et a équipé les vignobles des installations les plus modernes: c'est ce qui s'est passé en Sicile, bien que cette île comporte encore beaucoup de domaines viticoles privés ou appartenant à de grosses firmes.

Beaucoup de vignobles qui produisent des vins «directs» ordinaires et surtout des vins vifs

et nerveux de ce type sont situés à une certaine altitude, dans des régions fraîches et même froides, telles que le Jura, la Suisse, le nord du Portugal et les collines qui entourent Rome. Dans ces zones-là, on recourt de plus en plus fréquemment à la macération carbonique, technique utilisée dans la vallée du Rhône et que plusieurs régions ont maintenant adoptée avec certaines variantes. Cette méthode consiste essentiellement à faire démarrer le processus de fermentation pendant que le raisin est encore entier; puis, après le pressurage, la vinification est adaptée de manière à produire un vin typique de la région et du cépage, qui sera buvable presque immédiatement au lieu de devoir subir une maturation à long terme. Certains «petits» vins faits par des paysans sont rudes et ne peuvent être expédiés, encore moins exportés, lorsqu'ils sont vinifiés de façon traditionnelle; d'autres, à forte teneur en tanin, tels certains petits Bordeaux et certains rouges du Midi, peuvent parfois être décourageants. Dans tous ces cas-là, le recours à la macération carbonique pour toute la récolte ou pour une partie de celle-ci permet de produire des vins charmants, à consommer quand ils sont très jeunes, séduisants par leur fruité et leur parfum, «gouleyants», comme on dit. Ces qualités se retrouvent dans certains vins produits dans l'hémisphère Sud, vins chez lesquels on ne laisse pas la fermentation malolactique se produire.

La majorité des vins rouges que j'ai qualifiés de «puissants» proviennent de Bourgogne et du Bordelais, bien que certaines zones très limitées d'Espagne, d'Italie et d'ailleurs en produisent aussi quelques-uns. Dans toutes ces régions-là, la vigne doit «lutter» pour survivre et pour se montrer digne de ce qu'on attend. Le climat y est généralement variable et imprévisible et les vignobles en question sont habituellement de petites dimensions, souvent enclavés dans des régions vinicoles plus étendues.

Bourgognes et Bordeaux

Un premier point qu'il faut toujours garder présent à l'esprit, c'est la dimension des deux régions: le vignoble bordelais représente une superficie double de celle du vignoble bourguignon, et les châteaux bordelais sont beaucoup plus nombreux que les climats bourguignons. En hectolitres, toutes qualités confondues, la région de Bordeaux produit cinq à dix fois plus de vin que celle de la Côte-d'Or.

De ce fait même, l'amateur débutant aura sans doute bien plus souvent l'occasion de goûter un bon Bordeaux qu'un bon Bourgogne. A cela s'ajoute la question du prix: les Bourgognes de qualité exceptionnelle peuvent être les vins les plus extraordinaires du monde, mais ils sont rares et d'un coût prohibitif. On a pu dire qu'il est possible de boire un bon Bordeaux tous les mois ou même toutes les semaines, alors qu'on a bien de la chance si l'on boit un très bon Bourgogne rouge plus d'une fois l'an, et

Château Corton André, Aloxe-Corton.

certains n'auront peut-être l'occasion de le faire qu'une ou deux fois dans leur vie.

Enfin, il est relativement plus facile de connaître, du moins approximativement, les spécificités des grands Bordeaux, alors que la connaissance des Bourgognes est complexe à acquérir. En effet, la distinction entre les divers vignobles bourguignons tient d'une part des diverses *communes* (par exemple Meursault, Savigny, Chassagne-Montrachet), d'autre part des divers *climats* (vignobles particuliers) qui composent une commune (par exemple Meursault Charmes, Savigny les Marconnets...). Mais chaque climat est souvent réparti entre de nombreux propriétaires, dont chacun cultive sa vigne et fait lui-même son vin, lequel a donc un cachet individuel selon le vigneron.

Il existe toutefois une distinction essentielle que n'importe quel amateur doit toujours garder présente à l'esprit : la répartition des Bourgognes, et plus spécifiquement des grands Bourgognes «puissants», en Côte de Beaune et Côte de Nuits. La première s'étend au sud de Nuits-Saint-Georges et l'on y trouve les communes de Pernand-Vergelesses, Aloxe-Corton, Beaune, Pommard, Volnay, Chassagne-Montrachet, Santenay, Mercurey, etc. La seconde, située au nord de Nuits-Saint-Georges (et marquant, pratiquement, la limite septentrionale du vignoble bourguignon), comporte les communes de Chambolle-Musigny, Vosne-Romanée, Vougeot, Gevrey-Chambertin. Alors que les vins de la Côte de Beaune sont le plus souvent très fruités et d'un caractère affirmé, ceux de la Côte de Nuits méritent les qualificatifs de «profonds» et «élégants» que nous avons décernés aux meilleurs vins du monde.

Parmi les grands Bordeaux, ce sont essentiellement ceux en provenance du Médoc, et spécifiquement des communes de Margaux et de Saint-Julien, qu'on peut classer parmi les vins «puissants». Là aussi, il peut y avoir d'énormes différences selon les «châteaux» et, bien entendu, selon les millésimes. Toutefois, pour goûter à ces grands vins que nous avons qualifiés de «très fruités et d'un caractère affirmé», on peut s'adresser au Château Margaux, au Lascombes des années récentes, au Palmer, au Château La Lagune, au Cantemerle de Macau, tous ceux-ci de la région de Margaux ; dans celle de Saint-Julien, citons le Léoville-Lascases, le Léoville-Barton, le Beychevelle. Bien que les Pauillacs (dans le nord du Médoc) fassent plutôt partie des vins modérément fruités, certains entrent aussi dans cette catégorie. Enfin, parmi les Premiers crus de Bordeaux (lesquels, en principe, entrent dans la catégorie des très grands vins «élégants et profonds»), certains millésimes plus légers peuvent aussi appartenir à cette seconde catégorie (très fruités et affirmés), ainsi que certains Mouton-Rothschild, Latour et Lafite.

Avec les vins que nous avons qualifiés, dans notre tableau des vins rouges puissants, d'«élégants, profonds et séduisants», on atteint à la qualité suprême ; ces vins-là sont tous d'un prix extrêmement élevé, mais toute personne qui aime le vin devrait en avoir goûté au moins une fois ou deux dans sa vie ! C'est là que l'expérience du connaisseur est irremplaçable pour vous guider ; c'est là aussi qu'il vous faut faire appel à toutes vos facultés pour déguster pleinement ce que le vin a à vous dire. A ce stade-là, et bien que les différences restent évidemment marquées, la grandeur d'un Bourgogne et celle d'un Bordeaux se rejoignent. Parmi les Bourgognes, cette catégorie-là ne comprend presque que des vins de la Côte de Nuits ; et sans qu'on puisse en faire une règle absolue, l'auteur recommandera surtout les climats suivants : Fixin La Perrière, Charmes Chambertin et Latricières Chambertin, Bonnes Mares, Clos de la Roche et Clos de Tart, Chambertin Clos de Bèze, Chambolle-Musigny les Amoureuses, Chambolle-Musigny Bonnes Mares, Vosne-Romanée Suchots, Vosne-Romanée Malconsorts, Nuits-Saint-Georges les Vaucrains, Nuits-Saint-Georges les Cailles, Nuits-Saint-Georges les Pruliers et Nuits-Saint-Georges la Richemone. Et, bien entendu, le Romanée-Conti, qui fut jusqu'à la dernière guerre le seul vignoble français non greffé. Faute de sulfure de carbone pour les pulvériser, il fallut malheureusement déraciner la plupart des ceps en 1946, mais on recommença à faire du Romanée-Conti à partir de 1952 avec des vignes greffées et il a retrouvé son bouquet incomparable, qu'on a parfois associé à celui des violettes et des cerises.

Parmi les très grands Bordeaux, en particulier les Premiers crus, les millésimes comptent peut-être davantage encore que le nom du château. L'année 1953 a été une année bénie pour les grands Médocs (l'auteur garde un souvenir extraordinaire du Mission Haut Brion 1953 et du Lafite 1953), mais il existe évidemment des crus plus anciens (le Latour 1928, le Mouton-Rothschild 1933, le Cheval Blanc 1947, le Pétrus 1949, pour citer quelques exemples) qui sont incomparables... à condition qu'on ait la chance de pouvoir en goûter !

Hospices de Beaune.

La ville de Carcassonne

Vins rouges «directs»

Vins rouges légers: Vins peu corsés, avec peu de fruité.

France			Italie	Amérique, Australie, Afrique du Sud	Tous les vins de marque vendus sous le nom de CLARET ou «type CLARET»
LANGUEDOC, quelques exemples	CORBIÈRES, MINERVOIS (Bas-Languedoc)	DE BORDEAUX, qualité ordinaire PINOT NOIR d'Alsace	Rouges italiens de qualité ordinaire Rouges siciliens pour le marché de masse	GAMAY NOIR de Californie GRIGNOLINO de Californie	
PROVENCE, quelques exemples	ENTRE-DEUX-MERS, qualité ordinaire	**Allemagne et Autriche**			
CASSIS ROUGE, quelques exemples	PREMIÈRES CÔTES	La plupart des vins rouges allemands			

Vins rouges nerveux, légèrement affirmés: Souvent à base de cépage Cabernet ; vins à acidité modérée, avec peu de tanin.

France		Italie	Espagne, Portugal	GAMZA bulgare	Amérique, Australie Afrique du Sud
Vins du JURA de qualité ordinaire	FRONSAC GRAVES DE VAYRE (la plupart)	LATIUM CASTELLI ROMANI	VILA REAL	Quelques rouges roumains	PETITE SYRAH de Californie
GAMAY de Touraine	ENTRE-DEUX-MERS PREMIÈRES CÔTES DE BORDEAUX	VALPOLICELLA de qualité ordinaire	**Reste de l'Europe**	CABERNET ordinaire des Balkans et d'Europe septentrionale	CABERNET du Chili
Vins du MIDI faits par macération carbonique		BARDOLINO de qualité ordinaire	DÔLE et autres rouges suisses		
Bordeaux		NURAGUS sarde	PROKUPAČ yougoslave		

Vins rouges fermes, fruités et robustes:

France			Reste de l'Europe	PINOT NOIR hongrois	CABERNET-SAUVIGNON californien ordinaire
CABERNET FRANC de la Loire, qualité ordinaire	de la France) MÂCON ROUGE COSTIÈRES DU GARD	non millésimé CANNONAU sarde Rouges siciliens	DEMESTICA et autres vins rouges grecs de qualité	PLAVAČ POSTUP } yougoslaves DINGAČ	PINOTAGE sud-africain
BEAUJOLAIS BEAUJOLAIS-VILLAGES	Vins rouges ordinaires de CORSE	**Espagne, Portugal**	OTHELLO, AFAMES et autres rouges chypriotes ordinaires		Vins rouges d'ARGENTINE
CÔTES-DU-RHÔNE CÔTES-DU-RHÔNE-VILLAGES	Bordeaux : BOURG ordinaire BLAYE ordinaire	RIOJA de qualité ordinaire VALDEPEÑAS ordinaire	MAVROUD bulgare KADARKA hongrois	**Amérique, Australie, Afrique du Sud**	
Vins du BÉARN		DÃO et la plupart des rouges portugais ordinaires	CABERNET hongrois	Vins vendus en Amérique sous le nom de «BOURGOGNE» et «type BOURGOGNE»	
BANDOL (Midi	**Italie** MERLOT CHIANTI			ZINFANDEL	

Vins rouges de «personnalité moyenne»

Vins fruités, affirmés, modérément robustes: Ce sont ceux dans lesquels on remarque le mieux la présence de cépages réputés (en particulier le Cabernet franc et le Cabernet-Sauvignon), même si, dans cette catégorie, ils sont le plus souvent sans millésime

France
BEAUJOLAIS:
communes de JULIÉNAS, SAINT-AMOUR, CHÉNAS, CHIROUBLES, FLEURIE
LOIRE:
CHINON, BOURGUEIL, SAINT-NICOLAS-DE-BOURGUEIL, SAUMUR-CHAMPIGNY
CAHORS, vin du domaine, fait selon la vieille tradition du «vin noir» qui supporte de vieillir jusqu'à un demi-siècle

CORBIÈRES et vins du Midi (millésimes exceptionnels)
BANDOL, crus du Dr Dray ou du domaine des Templiers)
Vins de CORSE du domaine
CÔTE-RÔTIE
BOURGOGNES, BORDEAUX et

BORDEAUX SUPÉRIEURS

BOURGOGNE:
SANTENAY
MERCUREY
BEAUNE
CÔTE DE BEAUNE
CÔTE DE BEAUNE-VILLAGES

BORDEAUX:
SAINT-ÉMILION non millésimé

BOURG, vin du domaine
BLAYE, vins du domaine

Italie
NEBBIOLO
SANGIOVESE
BARDOLINO de bonne qualité
AMARONE de bonne qualité
Vins du PIÉMONT de bonne qualité
FREISA de bonne qualité
VALPOLICELLA de bonne qualité

BARBERA le plus souvent
DOLCETTO le plus souvent
Vins de SICILE du domaine

Espagne, Portugal
VALDEPEÑAS, domaine

Reste de l'Europe
SANG-DE-TAUREAU hongrois
Vins millésimés de GRÈCE et de CHYPRE, régions spécifiques

Amériques, Australie, Afrique du Sud
CABERNET-FRANC millésimé de régions spécifiques
PINOT NOIR, quelques exemples
CABERNET-SAUVIGNON, quelques exemples de régions spécifiques
SYRAH (ou CHIRAZ) de qualité ordinaire
GRENACHE de qualité ordinaire

Vins fermes, fruités, dotés d'une certaine élégance: Ces vins, le plus souvent millésimés et vieillis en fût et en bouteille, ont une noblesse innée, et s'ils s'affirment, c'est toujours avec subtilité.

France
Vins de la LOIRE du domaine, bonnes années
BEAUJOLAIS:
MOULIN-À-VENT
MORGON millésimé
CÔTES-DU-RHÔNE:
LIRAC, CAIRANNE et quelques vins régionaux portant l'appellation CÔTES-DU-RHÔNE;

BOURGOGNES:
BOURGOGNES non millésimés de la Côte-d'Or
BOURGOGNES millésimés du sud du vignoble, bonnes années et années légères: SANTENAY et MERCUREY
BORDEAUX:
MÉDOC non millésimé ou des années légères
GRAVES non

millésimé ou des années légères
SAINT-JULIEN non millésimé ou des années légères
MOULIS non millésimé ou des années légères
LISTRAC non millésimé ou des années légères
MARGAUX non millésimé ou des années légères
BORDEAUX crus

bourgeois millésimés (d'Angludet, Chasse-Spleen, Gressier-Grand-Poujeaux, Brillette, Fonréaud, Fourcas-Hosten, La Tour de Mons, Loudenne)
SAINT-ÉMILION, années moyennes
POMEROL, bonnes années

Italie
CHIANTI de qualité supérieure
BARBERA
BARBARESCO
GATTINARA (cépage Nebbiolo, fait près de Novare)
VALTELINE:
GRUMELLO, INFERNO, SASSELLA, VELGELLA, CASTEL CHIURO
ASTI:

BARBERA d'Asti, GRIGNOLO d'Asti

Espagne, Portugal
RIOJA millésimé des années légères

Amériques, Australie Afrique du Sud
ZINFANDEL du domaine
PINOTAGE du domaine
Autres vins du domaine à maturation longue

Environs de Savigny-lès-Beaune (Bourgogne)

Vins rouges «puissants»

Vins modérément fruités et robustes

France
BORDEAUX:
PAUILLAC, crus
  bourgeois des bonnes
  années
SAINT-ESTÈPHE,
  crus bourgeois des
  bonnes années
POMEROL, crus
  classés des années
  légères à bonnes
SAINT-ÉMILION, crus
  classés des années
  légères à bonnes
SAINT-JULIEN,
  crus classés des
  années légères
MARGAUX, crus classés
  des années légères
POMEROL des
  petites années
MOULIS et LISTRAC
  des bonnes années
BOURGOGNES:
Vins des communes
  de la Côte-d'Or des
  années légères à
  bonnes
CÔTE DE BEAUNE,
  quelques climats
  spéciaux des années
  bonnes et très bonnes
Vins de la Bourgogne
  méridionale de qualité
  spéciale et d'années
  exceptionnelles

CÔTES-DU-RHÔNE:
CHÂTEAUNEUF-DU-
PAPE

CHÂTEAU-RAYAS,
CÔTE RÔTIE,

CROZES-HERMITAGE,

CHAMPAGNE ROUGE
  (Bouzy rouge,
  Ambonnay, Ay,
  Cumières, Dizy, etc.)

Italie, Espagne
BAROLO, vins
  du domaine
CHIANTI, millésimes
  spéciaux d'au moins
  trois ans en fût
  (le BROLIO du baron
  Ricasoli a cinq ans
  d'âge)
MONTEPULCIANO,
  «vino nobile»
BRUNELLO de
  Montalcino
RIOJA de certains
  domaines
VEGA SICILIA
  de Vieille-Castille
VALBUENA, certains
  millésimes

Vins très fruités et d'un caractère affirmé

France
BOURGOGNES:
CÔTE DE BEAUNE
  de climats spéciaux
  dans les grandes
  années (POMMARD,
  VOLNAY, BEAUNE,
  HOSPICES DE
  BEAUNE, PERNAND-
  VERGELESSES,
  ALOXE-CORTON,
  CHASSAGNE-
  MONTRACHET,
  SANTENAY)
CÔTE DE NUITS,
  quelques climats des
  bonnes années
BORDEAUX:
GRAVES rouges de
  crus classés, années
  légères à bonnes
PAUILLAC de crus
  classés, années
  légères à bonnes
SAINT-ÉMILION, crus
  classés, années
  bonnes
POMEROL, crus classés
  des bonnes années

MARGAUX
SAINT-JULIEN
SAINT-ESTÈPHE
MOULIS, vins du
  château des bonnes
  années
LISTRAC, vins du
  château des bonnes
  années
LUDON, vins du
  château des bonnes
  années
CÔTES-DU-RHÔNE:
HERMITAGE, la
  plupart des millésimes
GIGONDAS de
  qualité spéciale
CHÂTEAUNEUF-DU-
  PAPE de qualité
  exceptionnelle

Italie, Espagne
CHIANTI de qualité
  exceptionnelle
BAROLO de qualité
  exceptionnelle

Vins rouges «puissants» élégants, profonds et très séduisants (les plus grands de tous les vins)

France
BOURGOGNES:
CÔTE DE NUITS,
  les meilleurs vins de
  vignobles individuels
  des très grandes
  années (avec mention
  spéciale pour le
  ROMANÉE-CONTI)

BORDEAUX:
GRANDS CRUS
  CLASSÉS de Bordeaux
  des bonnes et très
  bonnes années (y
  compris les meilleurs
  SAINT-ÉMILION,
  POMEROL et
  GRAVES)

Le Château Margaux

Les vins rosés

Ces vins sont appelés rosés d'après leur couleur, qui correspond souvent à celle d'une variété de rose. J'ai pris part à une dégustation très agréable, dont les organisateurs avaient eu la charmante idée de placer une rose près de chaque vin, et la couleur de la fleur s'harmonisait à celle du rosé. Les vins rosés vont d'un rose soutenu, éclatant, simple nuance de rouge, au rose pâle et brillant, en passant par le rose fauve ou orangé, et d'un rose tendre, presque nuancé de lilas, à un rose perle transparent ou à un rose très pâle, presque bleuâtre.

Les vins rosés n'ont pas nécessairement une teneur en alcool très faible comme on le suppose parfois, et ce n'est pas en les goûtant que l'on peut s'en rendre compte — du moins sur le moment. Ce sont des vins qui méritent le respect en tant que tels, et non des vins «passe-partout», ce que l'on croit parfois. Ils peuvent être produits presque partout où l'on produit du vin; ils ne sont généralement pas millésimés, et ils sont à leur apogée jeunes et frais.

Les vins rosés ne figurent pas parmi les grands classiques, mais ils ne sont pas insignifiants, et leur peu d'importance n'implique pas nécessairement qu'ils ne doivent pas être pris en considération. On peut dire que ce sont des vins d'opérette, mais des opérettes éblouissantes. Sans prétentions, ils sont destinés à donner un plaisir léger et agréable. Leur fraîcheur et leur léger fruité doivent se manifester immédiatement, et leur persistance, nette, doit indiquer leur capacité à introduire des vins plus sérieux, ou simplement laisser au buveur l'impression d'une expérience agréable.

Lorsque vous commandez un vin pour un pique-nique, un repas sans prétention, pour accompagner des aliments dont la saveur est peu relevée, ou si vous voulez simplement boire un vin agréable et légèrement rafraîchissant, les vins rosés, généralement bon marché, sont tout indiqués. Un vin rosé bien fait doit avoir un certain équilibre, et le consommateur avisé essaiera de choisir un vin au bouquet et à la saveur agréables. Personne, autant que je sache, n'a jamais discuté d'un vin rosé pendant des heures, et il suffit de savoir s'il s'agit d'un vin agréable par lui-même, ou du reflet d'un autre vin, rouge ou blanc. Les vins rosés peuvent n'être que les simples décalques des vins rouges ou blancs auxquels ils auraient pu donner naissance. Si vous connaissez déjà un vin local particulier, vous savez à quoi vous attendre d'un vin rosé du même endroit.

En général, la couleur des vins rosés varie suivant la quantité de couleur contenue dans les peaux des raisins noirs, bien que l'on puisse obtenir des rosés en mélangeant les jus de vendanges blanches et rouges pour arriver à la couleur que l'on estime la plus attrayante. Les vins rosés des régions méridionales sont généralement plus foncés que ceux des régions septentrionales, qui ont plus de fruité. Les rosés des vignobles septentrionaux semblent avoir moins de saveur, alors que la fraîcheur, la nervosité et le bouquet prédominent. Les vins rosés des grands vignobles témoignent du style de l'établissement ainsi que de celui de la région.

Même les meilleurs vins rosés vieillissent mal et ne s'améliorent pas en bouteille comme peu-

Les vins rosés

Les vins rosés sont vifs et légers, avec une certaine fraîcheur, souvent à la limite du pétillement. Ce sont généralement des vins demi-secs; certains vignobles chauds ont de plus un fruité et un arôme qui leur confèrent une légère douceur.

On peut trouver des rosés dans de nombreuses régions célèbres pour leurs vins rouges, de l'agréable rosé des *Balkans* aux rosés de Bordeaux et de Bourgogne. Le cépage Cabernet franc de la vallée de la Loire donne naissance à de grandes quantités de vin rosé; le Rosé *Loire Rosé d'Anjou* provient des cépages Gamay ou Groslot, généralement associés au Cabernet franc, alors que l'appellation *Anjou Rosé du Cabernet* est donnée à des rosés qui proviennent uniquement du Cabernet franc. Il existe plusieurs *Bordeaux*

Bordeaux rosés; ceux de la région des Graves, qui produit de très bons vins blancs, sont excellents. En *Bourgogne*, le cépage Pinot noir donne, entre autres, le rosé léger et fruité de *Marsannay-la-Côte* Marsannay-la-Côte, et dans le *Beaujolais* on produit maintenant quelques rosés à partir du cépage Gamay.

On trouve au *Portugal* de grandes quantités de vins rosés; comme on y fait de bons vins blancs secs, les rosés y ont de la fraîcheur. L'*Espagne* produit de bons vins rosés dans les grandes régions vinicoles. En résumé, dans le monde entier, les rosés témoignent des qualités inhérentes aux régions qui produisent de bons vins aussi bien rouges que blancs.

Dans de nombreuses régions les rosés sont des répliques, à moindre échelle, des grands rouges et, en conséquence, ils

vent le faire les vins rouges ou blancs de leur région ; on doit essentiellement les apprécier pour leur jeunesse et leur simplicité. Comme la couleur passe, ou perd son éclat, ces vins peuvent perdre du caractère. Même s'ils sont millésimés, ils doivent généralement se boire assez jeunes ; deux ans après la mise en bouteille est la date limite. Les vins rosés doivent toujours être servis très frais pour faire ressortir leur vivacité et leur nervosité et pour souligner le léger fruité du raisin.

Principales régions de production

La plupart des grandes régions viticoles et des vignobles classiques du monde entier produisent des vins rosés. A l'origine, les producteurs voulaient simplement répondre à la demande pour un vin bon marché, que l'on pouvait obtenir à partir de raisins dont on n'attendait pas un vin extraordinaire, et les vins rosés n'ont fait leur apparition en tant que tels sur les listes de vins qu'à une date assez récente. Dans certaines grandes régions viticoles, on utilise toujours le mot « clairet », qui ne désigne pas forcément un vin rosé. Ce terme signifiait à l'origine que le vin était peu foncé, ou clair, et on l'employait pour différencier les vins de la région de Bordeaux de ceux qui étaient plus à l'intérieur des terres et avaient une couleur plus foncée. De là vient le mot *claret*, toujours employé en Grande-Bretagne pour les Bordeaux rouges. Le cépage Clairette et le Muscat donnent la Clairette de Die, vin mousseux de la Drôme, qui n'est pas un vin rosé.

Les bons vins rosés se trouveront dans les régions productrices de vins rouges plutôt que dans celles où l'on ne fait que du vin blanc, car les vins blancs et rosés peuvent être issus de raisins rouges, alors que le vin rouge ne peut être obtenu à partir de raisins blancs. Par exemple, on ne trouvera que peu de vins rosés en Allemagne, qui est un pays de vins blancs, tout au moins en ce qui concerne les meilleurs crus. Les régions qui produisent de bons à très bons vins rouges, et d'agréables à bons vins blancs, donneront généralement de bons rosés, le Tavel de la vallée du Rhône en étant le meilleur exemple.

Certaines régions d'Espagne, du Portugal, de Corse, de Sicile, de Chypre et de Grèce produisent de bons vins rosés, le fruité des raisins noirs équilibrant le manque d'acidité et la fraîcheur des raisins blancs. Dans des régions principalement connues pour leurs vins blancs, comme l'Autriche, le Portugal et certains vignobles de la vallée de la Loire, la verdeur franche des jus de vendanges blanches peut se marier avec le caractère plus doux, moins affirmé des jus de vendanges rouges.

Des facteurs économiques peuvent également influer sur la production des vins rosés, notamment de ceux qui ne sont pas destinés à une consommation locale : par exemple, il serait contraire à toute logique économique de faire du vin rosé dans la région de la Moselle, où les vins blancs ont établi une tradition de qualité et se vendent facilement. De même, il serait aberrant que, dans le Médoc, où les vins rouges prédominent nettement, un producteur essaie de faire un vin rosé ; notons toutefois que certaines mauvaises années, les vins de châteaux réputés sont rosé foncé plutôt que rouges — il n'est cependant pas question de les vendre sous l'appellation « rosé ».

On trouvera des vins rosés de caractère dans les régions où la vinification s'effectue selon un procédé qui consiste à laisser les peaux de raisins rouges colorer le moût, et dans les régions où les raisins rouges ont un caractère suffisamment affirmé pour donner aux vins un arôme légèrement fruité et un bouquet délicat.

---

peuvent parfois être utiles pour introduire des vins plus importants. Ils peuvent également servir d'apéritifs pour « préparer » la bouche ou, lors d'un repas, annoncer un vin plus important.

Schillerwein Le Schillerwein, produit en petites quantités dans le Bade-Wurtemberg, n'a rien à voir avec le poète Schiller, bien que sa statue orne le centre de la ville de Stuttgart. *Schillern* signifie chatoyer, et désigne un vin rosé obtenu à partir de raisins rouges et blancs.

Le plus important de tous les rosés, le Tavel, est originaire de la vallée du *Rhône* Rhône, du Gard plus précisément — où *Tavel* les vignobles, baignés par le soleil, sont rafraîchis par la proximité du Ventoux et du Lubéron, et par le Mistral, sec et froid puisqu'il souffle du Nord. Les Côtes du Rhône sont souvent le résultat d'un *Cairanne, Lirac* mélange de cépages rouges et blancs ; ceux qui donnent naissance au Tavel sont multiples, mais c'est le Grenache, rouge, qui prédomine. Le sol du vignoble est sablonneux, rocailleux et graveleux, idéal pour des vins légers et frais, à la limite de la nervosité. Des coopératives produisent la plus grande partie de ce vin, mais on trouve des domaines privés, qui exportent parfois leur vin. Le Tavel est l'un des rares rosés qui peuvent bénéficier d'un vieillissement en bouteille, avec pour conséquence un épanouissement du vin qui donne tout son fruité, les raisins blancs lui conservant pendant ce temps son caractère franc et nerveux. Le Tavel des domaines privés peut vieillir très agréablement. On apprécie de plus en plus les vins de Cairanne et de Lirac.

Les vins mousseux

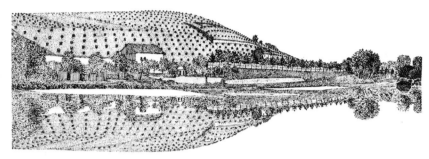

La Marne, à Ay, produit un curieux effet de réflexion qui forme une bouteille de Champagne.

On peut obtenir des vins mousseux suivant plusieurs méthodes, dont voici les trois principales : la méthode champenoise, celle de la cuve close ou procédé Charmat, et enfin celle qui consiste à ajouter du gaz carbonique sous pression. Certains vins, cependant, comme le pétillant et les *vinhos verdes* (vins verts du Portugal), possèdent un pétillement naturel ; grâce aux méthodes modernes de vinification, on peut maintenant fabriquer à volonté et conserver ce type de vin, qui était autrefois le fruit du hasard.

Le pétillement de ces vins mousseux est toujours dû au gaz carbonique ; dans un vin non mousseux, ce gaz s'échappe lorsque le vin est dans les cuves ou dans les fûts. La fermentation est généralement très active en automne ou juste après les vendanges pour s'interrompre en hiver, car le froid empêche l'action des levures ; elle recommence au printemps, pour donner lieu à ce que l'on appelle souvent la fermentation secondaire. Parfois, les vins qui ont subi un embouteillage imparfait ou trop précoce peuvent pétiller légèrement au printemps qui suit leur vendange. On dit que ces vins travaillent, ce qui est le cas de certains jeunes Beaujolais. Le Beaujolais nouveau est délibérément fait ainsi, et il faut le boire très jeune, sinon la fermentation recommencerait.

Il existe d'autres vins dans lesquels la fermentation produit ce que l'on appelle souvent un léger picotement, sans avoir d'effets néfastes. Il peut se manifester à différentes périodes de la vie du vin, ou s'y installer et y demeurer. Les *vinhos verdes* de la région de Minho dans le nord du Portugal en sont un exemple caractéristique. La vigne est cultivée en treilles qui peuvent être assez hautes, et l'évolution du vin comprend une forme particulière de fermentation secondaire, appelée fermentation malo-lactique, qui donne

Une série de vieilles bouteilles de Champagne.

au vin son pétillement typique. Les *vinhos verdes* peuvent être rouges ou blancs, car, bien que le Portugal produise de nombreux rosés légèrement pétillants, aucun, d'après la législation, n'a droit à l'appellation *vinho verde*.

Certains des meilleurs vins blancs d'Allemagne, d'Alsace, et d'autres grandes régions productrices de vins blancs, comme les vallées de la Loire et du Rhône, peuvent posséder un léger pétillement lorsqu'ils sont très jeunes, et certains des plus grands le conservent en vieillissant. Ce pétillement ne doit pas être confondu avec la fermentation première ou la fermentation malo-lactique ; sa présence peut même ne pas se remarquer à l'œil, bien que parfois on puisse discerner quelques minuscules bulles dans la bouteille ou le verre. Il n'y a pas d'odeur de fermentation, mais lorsque le vin entre en contact avec la langue, on peut remarquer une touche de vivacité délicate, comme si le vin « chatouillait » le palais pour faire remarquer sa vigueur et son charme. Pour désigner ce type de vin, on utilise en français le mot pétillant, en allemand *spritzig* et en italien *frizzante* (bien que ce dernier terme puisse souvent désigner un vin plus gazeux).

La méthode champenoise

Le vin d'appellation Champagne n'est produit que dans la région qui lui a donné son nom, et est issu des cépages Pinot noir, Pinot meunier et Chardonnay. La mousse du Champagne est essentiellement le résultat d'une fermentation secondaire en bouteille (voir pages 26-27). D'autres vins mousseux, et particulièrement ceux de bonne qualité, sont faits dans le monde entier suivant la méthode champenoise, ce qui est souvent apparent sur l'étiquette de la bouteille (en France, c'est une obligation).

La méthode Charmat

Le Champagne est un vin mousseux, mais tous les vins mousseux ne sont pas du Champagne. En fait, la plus grande partie des mousseux produits dans le monde ont suivi le procédé appelé Charmat, ou méthode de la cuve close. Elle fut inventée en France au XIXᵉ siècle, puis reprise et perfectionnée par Eugène Charmat à l'Institut œnologique de Montpellier. De nos jours, sa société produit un des vins mousseux qui se vendent le mieux, Veuve du Vernay.

La méthode de la cuve close consiste, pour l'essentiel, à permettre au vin d'effectuer sa seconde fermentation dans un vaste récipient hermétiquement clos, et non pas en bouteille. Le gaz carbonique est ainsi maintenu dans le vin, tout comme il l'est par le bouchon qui ferme la bouteille dans la méthode champenoise. Divers procédés permettent ensuite d'éliminer les dépôts, le vin est enfin stabilisé, clarifié par filtration à contre-pression et mis en bouteille. La pression à l'intérieur des bouteilles est identique à celle de la cuve, ce qui permet de conserver la mousse lors de l'embouteillage.

Tout comme pour le Champagne, le caractère du vin de base a une importance extrême ; il doit avoir une certaine acidité, sinon, une fois mousseux, le vin sera mou. La fermentation a autrefois posé des problèmes complexes : par exemple, le cépage Muscat, qui donne naissance aux vins d'Asti dans le Piémont, a une forte teneur en sucres naturels, qui produisent une fermentation violente ; lorsque l'on essaya la méthode champenoise, la perte de vin due à la casse des bouteilles fut considérable.

Il y a peu d'avantages à laisser mûrir longtemps ces vins en bouteille, car la plupart des vins qui donnent naissance aux mousseux ne s'amélioreront pas, contrairement au Champagne, par un long vieillissement.

La méthode Gancia

La méthode Gancia, qui permet de préparer la plupart des vins mousseux d'Asti, fut élaborée dans la seconde moitié du XIXe siècle par Carlo Gancia, après son retour de Reims où il était allé étudier la méthode champenoise. Il fallut environ 100 ans pour la mettre au point. Cette méthode a un tel succès que la société Gancia doit maintenant traiter des vins provenant d'autres régions que celle d'Asti. Principalement connue sous le nom de son inventeur, c'est une adaptation des méthodes champenoise et Charmat. La fermentation du jus de raisins fraîchement pressés est interrompue lorsque le titre

Castello Gancia.

d'alcool par volume ne dépasse pas 3°. Le moût est alors refroidi et la fermentation arrêtée. Elle reprendra en cuve close pour se continuer en bouteille après l'embouteillage. Les bouteilles subissent ensuite un dégorgement pour éliminer les dépôts, et le vin est immédiatement remis en bouteille sous pression à partir des grandes cuves où le dégorgement a eu lieu.

Cette méthode de fermentation en bouteille a été adaptée en de multiples variantes que l'on retrouve dans le monde entier. Les étiquettes des vins mousseux américains précisent *fermented in bottle* (fermenté en bouteille) pour indiquer que le vin a subi cette méthode, ou *fermented in this bottle* (fermenté dans cette bouteille), ce qui indique qu'une méthode dérivée de la champenoise a été utilisée.

La gazéification

On produit des vins mousseux en injectant du gaz carbonique sous pression, tout comme si l'on mettait le vin dans un syphon qui permet d'obtenir de l'eau gazeuse. Cette méthode servait autrefois à produire des mousseux bon marché et de qualité inférieure, principalement parce que le vin de base était ordinaire. De tels vins ont de grandes bulles, qui s'élèvent lentement, et ils sont très vite plats. Plus récemment, on a trouvé sur les marchés d'exportation des vins gazéifiés de qualité, comme le Moselperlwein de Langguth. Ceux que j'ai goûtés n'ont pas été autant gazéifiés que les vins véritablement mousseux, et le vin de base qui a subi la gazéification était de bonne qualité, si bien que le résultat est agréable car le vin ne perd en rien son caractère.

La pression

La quantité de mousse dans un vin est mesurée en atmosphères, qui indiquent la pression qui s'exerce sur le bouchon. La pression à l'intérieur d'une bouteille de Champagne est d'environ 5,5 atmosphères, ce qui équivaut approximativement à la pression des pneus d'un bus à deux étages. La législation concernant la différentiation entre un vin mousseux et un vin pétillant n'est pas établie avec rigueur dans toute l'Europe, ce qui rend le sujet complexe, et cela d'autant plus que les règlements des différents pays qui produisent de tels vins dans le monde ne se correspondent pas forcément. On peut pourtant affirmer qu'en général un vin mousseux doit avoir une pression d'au moins 5 atmosphères, peut-être un peu plus ; un vin qualifié de crémant — comme certains Champagnes particuliers — aura une pression d'environ 4 atmosphères, supérieure à celle d'un vin pétillant, elle-même supérieure à celle d'un vin perlant, qui peut varier de 1,5 à 2,5 atmosphères. La description des vins portée sur l'étiquette peut varier suivant la législation en vigueur dans le pays où ils sont produits.

Les vins mousseux

Champagne

Champagne non millésimé

Le Champagne non millésimé constitue l'essentiel de la production, le vin étant fait d'un coupage de différents crus de différentes années, les qualités d'une année servant à augmenter ou équilibrer les qualités des autres. La plupart des Champagnes sont secs, mais les termes utilisés pour décrire les degrés de douceur du Champagne ne sont pas encore soumis à la législation et peuvent donc varier dans de grandes proportions. En général, les termes principaux signifient :

Brut, nature, dry	très sec, avec peu ou pas de liqueur d'expédition (vin et sucre)
Extra-sec, dry	sec ou plutôt sec
Sec, Goût américain	légèrement doux
Demi-sec, Goût français	doux
Demi-doux	très doux
Doux	Extrêmement doux

Certains Champagnes sont qualifiés de « riches ». Bien qu'ils soient doux, fruités et d'un caractère étendu, ils sont nettement supérieurs aux vins doux, et certains d'entre eux, comme le Roederer « riche », devraient figurer parmi les grands vins de dessert. Tout Champagne est sujet à de stricts contrôles, et bien que les grandes maisons soient mondialement connues, elles ne sont pas seules à produire du Champagne de qualité.

B.O.B.

Il arrive souvent qu'un négociant ou qu'un groupement de restaurants demande sa propre marque *(Buyer's Own Brand)*. Elle sera sélectionnée par le négociant pour fournir une clientèle particulière, et toutes les étiquettes devront porter un numéro d'identification, afin que l'on puisse connaître l'établissement qui l'a fourni, parfois une maison célèbre.

Il n'est pas nécessaire de conserver longtemps le Champagne non millésimé, mais il s'améliorera généralement quelque peu si on le garde plusieurs mois après l'avoir acheté.

Champagne millésimé

C'est le vin d'une seule année, exceptionnellement bonne, mais du fait des grandes variations climatiques dans les vignobles septentrionaux, la législation permet d'ajouter à la vendange de l'année jusqu'à 20 % de vin d'une autre année. En règle générale, le Champagne d'un millésime particulier est à son apogée lorsqu'il a entre sept et douze ans, bien que ces dates puissent varier considérablement suivant l'année. Une grande bouteille de vin mûrit plus lentement qu'une petite, aussi pense-t-on souvent que c'est le magnum qui convient le mieux. Le Champagne ne vieillit généralement pas dans de grandes bouteilles à cause des risques de perte dus à la casse, mais quelques maisons le laissent mûrir dans des jéroboams (4 bouteilles). Le Champagne contenu dans de plus grandes bouteilles ou dans des quarts et des demis vieillit dans des bouteilles normales et est transféré ensuite.

Champagne rosé

C'est un type de Champagne obtenu soit en laissant les peaux des raisins noirs teinter le vin au moment de la première fermentation, soit en ajoutant un peu de vin rouge de la Champagne. Le Champagne rosé n'est généralement pas millésimé mais quelques grandes maisons font un rosé millésimé qui est agréablement fruité.

Blanc de Blancs

Il s'agit d'un Champagne qui provient exclusivement du cépage blanc Chardonnay. Dans les Champagnes de coupage, les raisins blancs donnent l'élégance et la délicatesse, les noirs le fruité et le parfum. L'expression Blanc de Blancs n'est maintenant plus réservée au seul Champagne, et elle signifie simplement qu'il s'agit d'un vin blanc obtenu à partir de raisins blancs. Le Champagne Blanc de Blancs est un vin léger et délicat, mais pas forcément le meilleur. Il existe également un Champagne Blanc de Noirs obtenu à partir de raisins noirs ; il n'est pas toujours très heureux mais il faut le goûter si vous passez par la Champagne, et ceux d'Ay sont remarquables.

Champagne de luxe

Ce Champagne provient des meilleures cuvées, généralement du vin de goutte. Ce vin est fait avec une attention encore plus scrupuleuse qu'à l'accoutumée et parfois avec des raffinements supplémentaires, par exemple dans des bouteilles spéciales comme « La Grande Dame » de Cliquot ou « Réserve de l'Empereur » de Mercier.

L'idée du Champagne de luxe est née pendant la dépression des années vingt, lorsque Moët et Chandon commercialisa une petite quantité de Champagne millésimé dans une bouteille vert sombre d'une forme identique à celle que l'on utilisait à la fin du XVIIe siècle. Ce vin, originaire de leurs meilleures cuvées, reçut le nom de Dom Pérignon. Depuis lors, de nombreux Champagnes de luxe ont fait leur apparition. Certains sont millésimés, d'autres non, d'autres encore sont des Blancs de Blancs ; mais tous sont des représentants remarquables des meilleurs Champagnes. Leur caractère peut présenter de grandes différences, et la comparaison de deux ou trois de ces vins est une expérience inoubliable. Le R.D. de Bollinger est un cas unique : le sigle signifie «récemment dégorgé», c'est-à-dire que le vin a vieilli plus longtemps sous son premier bouchon, ce qui a pour conséquence un Champagne dont la noblesse, l'élégance et la fragrance sont plus grandes.

Champagne doux

Avant 1914, la majorité des Champagnes destinés à la consommation française et à de nombreux marchés d'exportation étaient d'un style plus plein et souvent plus doux qu'actuellement. Une très grande maison champenoise se refusait à produire ce qu'elle appelait « ce poison », même pour le marché britannique, très important, qui a toujours préféré un vin plutôt sec. Les Champagnes doux doivent occuper leur juste place : à la fin d'un repas, ou entre les repas, notamment lorsqu'il fait froid.

Champagne d'un seul vignoble

Certains petits producteurs font un Champagne qui provient de raisins récoltés dans une même parcelle. Leur individualité a été rapprochée de celle des whiskies qui proviennent d'un seul malt, et leur attrait, bien que particulier, est grand. Les vins d'Ay, qui s'enorgueillissent d'avoir fondé la réputation du Champagne, proviennent du cépage Pinot noir et témoignent d'une grande délicatesse et de beaucoup de finesse ; ceux de Bouzy, issus principalement du Pinot noir toujours, sont plus puissants et le vieillissement peut les améliorer considérablement ; ceux de Cramant, qui proviennent du cépage Chardonnay, sont très légers et élégants. Ces régions produisent également des vins tranquilles, (non mousseux), rouges ou blancs, que l'on distingue maintenant sous l'appellation de Coteaux champenois.

Autres vins mousseux

Sekt

On produit de plus en plus de vins mousseux dans le monde. En Allemagne, le vin mousseux est appelé *Sekt* et est principalement produit suivant la méthode de la cuve close, bien qu'une petite quantité soit obtenue grâce à la méthode champenoise. Pratiquement presque tous les vignobles qui peuvent obtenir un vin blanc relativement sec de bonne qualité peuvent également produire un vin mousseux convenable.

Asti Spumante

En Italie, Martini, qui fait aussi un bon Asti légèrement doux, produit un Gran Spumante de deux façons, d'après la méthode champenoise et celle de la cuve close. Il existe de bons vins ayant subi l'une ou l'autre de ces méthodes qui atteignent les marchés d'exportation et sont originaires d'Espagne (les vins *espumosos* de Catalogne), du Portugal et de nombreux autres pays.

Saumur, Vouvray

Les vins blancs de Saumur et de Vouvray, mousseux ou pétillants, sont célèbres pour leur qualité, et les viticulteurs de cette région sont particulièrement fiers de l'invitation qu'ils reçurent, après les dévastations du phylloxéra à la fin du XIXᵉ siècle, pour assister à la réhabilitation des vignobles champenois. Le tuffeau de ces vignobles de la Loire et les caves creusées dans les coteaux qui bordent le fleuve dressent de nombreux parallèles avec la Champagne ; tous les vins de qualité sont produits suivant la méthode champenoise, mais on ne peut établir de comparaison avec le Champagne, le cépage utilisé étant le Chenin blanc.

Mousseux non millésimés

Quelques rares mousseux (Champagnes exceptés) portent un millésime, quelle que soit la façon dont ils sont faits ; on comprend mal la raison de cette pratique, car ils sont à leur apogée quand ils sont jeunes. Si vous hésitez devant un vin européen dont l'étiquette indique « méthode champenoise », vous pouvez être sûr qu'il sera de modérément à plutôt sec, à moins que l'étiquette ne précise le contraire. Sa sécheresse n'a rien à voir avec la méthode utilisée, mais est due au fait que les consommateurs capables de payer le prix relativement élevé (inhérent à la méthode champenoise) préfèrent généralement un vin plutôt sec.

Mousseux bon marché

Les mousseux qui ont subi la méthode de la cuve close sont beaucoup moins chers, et par conséquent destinés à un public plus vaste. Ils existent en général en deux qualités : secs et légèrement doux. Si l'étiquette ne donne pas d'information, on peut penser qu'ils seront au moins fruités, mais certainement pas très secs. Les vins issus de raisins riches en sucres naturels, comme le Moscato qui donne l'Asti, seront naturellement plus doux que ceux qui proviennent d'un cépage donnant un vin très sec, comme le Bourgogne blanc mousseux issu du Chardonnay.

Les vins mutés

Poste d'observation dans les vignobles de Jerez, pour prévenir le vol de raisins.

Tinajes — grandes jarres en terre qui servent à la fermentation à Montilla.

Les vins mutés ou vins de liqueur sont des vins qui ont été renforcés par l'adjonction d'alcool, généralement de l'eau-de-vie, mais parfois par l'addition d'un vin concentré qui porte leur degré alcoolique bien au-dessus de celui des vins de table. Des vins de nombreuses régions du monde portent parfois les noms de Xérès (ou Sherry) ou Porto, mais l'utilisation de ces appellations est largement couverte par la législation. Certains vins faits de la même façon que le Xérès et le Porto peuvent être bons ou très bons, mais je n'en ai jamais goûté un qui ne montre les caractéristiques de son propre vignoble, de son propre cépage et souvent des modifications de la méthode selon laquelle il fut fait. Les viticulteurs sud-africains organisent une dégustation importante, où les Xérès sud-africains sont présentés avec du Xérès espagnol; il est facile de confondre les vins les plus sucrés, car le sucre masque le caractère fondamental du vin, mais les meilleurs vins espagnols se détachent du lot des plus secs — ce qui n'est pas le cas lorsque l'on compare un Xérès espagnol ordinaire à un sud-africain de la meilleure catégorie.

Les méthodes détaillées qui permettent d'obtenir des vins mutés sont complexes (voir pages 28-31). Il nous suffit ici de préciser que le Xérès est un vin originaire d'une partie délimitée de l'Andalousie, dans le sud-est de l'Espagne, et que le Porto ne vient que d'une région délimitée de la vallée supérieure du Douro dans le nord du Portugal.

Xérès (ou Sherry)

Les vignobles du Xérès sont légèrement ondulés; les meilleurs vins proviennent du sol blanc argenté appelé *albariza* qui luit sous le soleil; ce type de sol crayeux donne d'élégants vins blancs dans de nombreuses autres régions; le sol est sablonneux dans d'autres endroits de la région de production du Xérès.

Le Xérès est essentiellement issu du cépage Palomino Blanco, parfois appelé Listan; le Pedro Ximénez, quelquefois abrégé en P. X., est principalement utilisé pour les Xérès les plus doux, mais peut donner quelques-uns des vins secs. On emploie également une petite quantité de Muscatel.

Porto

Barco rabelo — barque utilisée autrefois sur le Douro pour le transport du vin jusqu'à Gaia.

Les vignobles du Porto sont inclinés, parfois très pentus, et généralement en terrasses; le sol granitique et schisteux est couvert d'éclats de pierre si pointus que les viticulteurs doivent porter des bottes. Lorsque l'on veut planter un

cep, il faut parfois recourir à l'explosif pour creuser un trou assez profond pour les racines.

Madère

Le Madère est produit de façon particulière, bien que certaines méthodes utilisées pour le Xérès ou le Porto puissent être utilisées. Les vignes couvrent les collines pentues, en terrasses, de l'île portugaise de Madère et s'élèvent assez haut; plus bas, on cultive des jardins potagers. Les vins de Madère possèdent une légère pointe de caramel, particulièrement nette dans la persistance. Lorsque l'île fut découverte par les Portugais au XVe siècle, elle était couverte d'une forêt dense qu'ils brûlèrent; l'enrichissement du sol qui en résulta a peut-être donné au vin son arrière-goût légèrement brûlé.

Les quatre principales variétés de raisins donnent leur nom aux principaux types de ces vins de dessert: Sercial, qui est le plus sec; Verdelho, légèrement plus rond et plus subtil, avec une fragrance et une saveur qui rappellent la noix; Bual (Boal en portugais) est plus plein et plus savoureux; et Malmsey, du cépage Malvoisie ou Malvasia, brun foncé, velouté, avec une fragrance intense et dense. Quelques vins de coupage sont parfois vendus sous des noms de marque.

Marsala

Ce vin de dessert, doux, fut élaboré par John Woodhouse, fils d'un marchand de Liverpool, qui s'installa en Sicile au XVIIIe siècle et commença à exporter du vin à partir du port de Marsala en 1773. John Woodhouse et son frère fournirent la flotte de Nelson en vin, et en 1806 sir Benjamin Ingham de York fonda un établissement *(cantina)* à Marsala. En 1833 un sénateur italien, Florio, fonda une troisième société, qui possède maintenant les établissements Woodhouse, O'Conner, Ingham et Whittaker. On trouve bien d'autres entreprises vinicoles à Marsala, où on produit toujours une énorme quantité de vins, bien qu'ils aient perdu la faveur du marché britannique depuis 1851 où 6% de tout le vin bu en Grande-Bretagne était du Marsala.

De nombreux cépages servent à faire le Marsala, et le sol des vignobles passe du sable à une craie pâle qui rappelle vaguement la terre des meilleurs vignobles de Xérès.

Chaque société produit son propre vin, mais tous doivent être âgés d'au moins six mois pour recevoir l'appellation Marsala Corrente, de trois ans pour Marsala Superiore, et un Marsala appelé Virgine doit avoir mûri pendant au moins cinq ans.

Il est surprenant de constater que l'on produit de nombreux types de Marsala, du sec et demi-sec au très doux. Il existe également un Marsala parfumé, appelé Marsala all'uovo, auquel on mélange du jaune d'œuf et divers parfums (amande, chocolat, café, mandarine, fraise ou banane).

J'ai fait l'expérience, chaque fois que l'on m'a offert un bon Marsala sec en me prévenant qu'il me ferait penser au Porto, de trouver un vin qui me rappelait plus un vieux Xérès Oloroso avec la légère pointe de caramel du Madère le plus doux.

Malaga

Les vins doux de Malaga, en Andalousie, sont passés de mode aujourd'hui, mais on en buvait des quantités considérables avant la généralisation du chauffage central, quand les habitants des pays septentrionaux avaient besoin de vins pleins, fruités, d'une teneur en alcool légèrement supérieure à celle des vins de table. Certaines étiquettes de Malaga portent le mot « Mountain » (montagne) parce que les vignobles s'étendent principalement sur les pentes des collines près de la ville de Malaga.

Le principal cépage est le Pedro Ximénez ; le Lairen, le Muscatel et divers autres sont également utilisés. Le vin est généralement doux ou très doux, bien que l'on produise également un peu de Malaga assez sec. A l'époque des vendanges, on laisse parfois sécher certains raisins Muscatel sur des tapis de foin pour diminuer la teneur en eau. Le vin vieillit dans des barriques de bois pendant un an ; pendant ce temps il est clarifié, catégorié et réparti dans de plus petites pièces, avant d'être embouteillé lorsqu'il aura environ dix mois d'âge ; les meilleurs vins resteront en tonneaux pendant deux ou trois ans. Comme le Montilla, le Malaga n'est pas muté à l'eau-de-vie, parce que la douceur du cépage lui donne un degré alcoolique qui varie de 14 à 23. Les étiquettes de ces vins peuvent indiquer le cépage dont ils sont issus, et également leur style, tel que seco (sec) et amontillado (demi-sec). Le plus célèbre est le Lagrima (larme) qui est un vin foncé, très doux, d'un arôme intense.

Tarragone

Jusqu'en 1914 on buvait en Grande-Bretagne d'importantes quantités de vins mutés de Tarragone, en Espagne, que l'on appelait souvent « le Porto du pauvre ». C'étaient des vins bon marché, assez grossiers, mais certains sont de qualité, particulièrement celui qui est originaire de Priorato.

Les vignes poussent sur un sol volcanique, et les cépages locaux sont nombreux. On fabrique deux types principaux de vins, l'un sec et riche en alcool, principalement utilisé pour le coupage, et le Priorato doux dont la fermentation est arrêtée par addition d'alcool, ce qui le classe

donc dans la catégorie des vins mutés. De nombreux vins de Tarragone ne sont pas mutés ; leur degré d'alcool est pourtant souvent supérieur à celui des vins de table. Il existe en outre des curiosités locales que les touristes gagneraient à essayer.

Vins doux naturels

Ces vins doux se trouvent rarement en dehors de leur région d'origine : le sud de la France, mais si vous passez par cette région ne manquez pas de les goûter. Leur degré alcoolique est supérieur à celui des vins de table ; ils sont issus des cépages Grenache, Muscat, Maccabéo et Malvoisie, et mutés par cinq ou dix pour cent d'alcool ajouté au cours de la fermentation. Les plus connus sont le Muscat de Beaumes-de-Venise, le Muscat de Frontignan, le Grand-Roussillon, le Maury, le Côtes-d'Agly, le Rivesaltes et le Banyuls. Le moût de certains est en partie concentré, et pour ceux qui sont soumis à la législation, on peut ajouter l'alcool (de l'eau-de-vie ou du rhum) chaque fois que l'on désire augmenter le degré alcoolique, qui ne doit cependant pas dépasser 23. Les vins doux naturels sont agréables à boire, mais comme ils entrent dans la catégorie des vins mutés, ils subissent de lourdes taxes douanières, et ne constituent pas des rivaux dangereux pour les autres vins mutés qui dominent les marchés extérieurs. On les boit dans leur région d'origine comme apéritifs, après les repas ou pour des occasions particulières, mais en dehors de cette région, il leur est plus difficile de trouver une place analogue du fait des habitudes contemporaines touchant à la boisson. Les vins provenant du Muscat, en particulier, ont beaucoup de fragrance, et le délicieux goût de miel compte parmi les meilleures qualités des vins doux naturels.

Vermouth

Le vermouth peut être fait partout où l'on produit du vin, ce qui est généralement le cas ; c'est sans doute la plus ancienne forme de vin, et la seule que les Anciens reconnaîtraient. La définition du vermouth est « vin aromatisé » ; les archives des anciens Egyptiens et une tablette sumérienne du troisième millénaire avant J.-C. parlent d'herbes et d'épices infusées dans du vin. « Le Père de la médecine », Hippocrate de Cos (460-377 av. J.-C.), utilisait un vin dans lequel avait macéré de la cannelle, sucré avec du miel, pour prévenir et guérir les maladies. Tout au long de l'histoire, on trouve de nombreuses références au vermouth, et dès 78, Dioscoride, médecin grec de Néron, décrit un vin d'absinthe.

C'est du fait de l'utilisation des fleurs d'absinthe, dont le nom allemand est *Wermut*, que le mot vermouth passa dans plusieurs langues. Pendant des siècles, tous les vignerons, du

A gauche, venencia à manche en os de baleine, utilisée pour traverser la «fleur» dans un fût de Fino. A droite, venencia en bambou utilisée à Sanlucar pour le Manzanilla.

simple paysan au grand propriétaire, en passant par les établissements religieux qui servaient souvent d'hôpitaux, prirent l'habitude de faire macérer des herbes et des épices dans du vin, soit pour le simple plaisir de boire, soit dans un but médical, pour les propriétés digestives notamment. Les meilleurs vins aromatisés se faisaient dans des régions où l'on trouvait facilement des ingrédients de bonne qualité — vin, herbes, épices, baies et certaines écorces. En Italie septentrionale, le Piémont était un centre viticole important, et les Alpes proches fournissaient quantités d'ingrédients naturels. En 1786, Antonio Benedetto Carpano, qui possédait un débit de boissons à Turin, commercialisa pour la première fois un digestif aromatisé à base de vin ; il l'avait fait selon sa propre recette, restée secrète, que la société Carpano possède toujours. A cette époque, le vermouth que vendait

Carpano était aromatisé suivant les désirs de ses clients : l'un préférait un peu plus d'amertume, l'autre de douceur, d'autres encore désiraient des épices ou des aromates particuliers, peut-être de la quinine, de la vanille ou de la cannelle. L'origine du célèbre Punt e Mes de Carpano remonte à un jour de 1870 où le café, qui se trouvait en face de la bourse de Turin, fut rempli d'hommes d'affaires qui discutaient d'une chute d'un point et demi sur certaines valeurs, lorsqu'un client, commandant un type particulier de vermouth doux-amer, dit dans l'argot de l'époque : « Donne-moi un point et demi », ce qui correspondait au degré d'amertume qu'il désirait dans sa boisson.

La société Martini et Rossi fut fondée près de Turin vers 1840, reprenant une entreprise beaucoup plus ancienne. Les origines de la famille Cinzano remontent au XVIe siècle, et deux frè-

Vins mutés

Xérès ou Sherry

Les Xérès sont classés en Finos et Olorosos ; les Finos, qui comprennent les Manzanillas et les Amontillados, étant plus secs que les Olorosos. Certains vins de Montilla, très proches du Xérès, sont également rangés dans cette catégorie.

Tous les Xérès sont mutés. L'adjonction d'alcool peut cependant faire varier le degré alcoolique du vin d'environ 15 à 21 ; comme les vins légers, très délicats, pourraient se troubler ou même contenir un peu de dépôt lorsqu'ils sont soumis aux rigueurs du voyage, on ajoute souvent un peu plus d'alcool aux Xérès que l'on expédie dans d'autres pays pour l'embouteillage. Les étiquettes de nombreux Xérès mis en bouteilles en Espagne comportent une mention indiquant que si le vin paraît trouble ou contient un dépôt, il n'est en rien gâté. Parmi les Xérès les plus délicats, un véritable amateur préfère ceux dont le goût n'a pas été dénaturé par trop d'alcool de mutage.

Fino Le Fino est le résultat d'une fermentation due à des levures formant un voile à l'aspect laineux (la « fleur »). Le Fino est très pâle, et si sec que, bien que certains des Xérès qui se vendent le mieux soient également qualifiés de secs, les Finos véritables (s'ils n'étaient pas adoucis) seraient beaucoup trop secs pour les palais contemporains. On adoucit donc ce vin, et l'expression « Xérès dry » (ou sec) n'a pratiquement

aucune signification précise car les limites de cet adoucissement sont floues. Les Finos très délicats peuvent se modifier radicalement en bouteilles, et bien que certains apprécient ceux qui ont un peu vieilli en bouteilles, les Espagnols préfèrent ceux qui y ont séjourné le moins longtemps possible.

Manzanilla Le Manzanilla est le plus léger et le plus sec de tous les Finos ; on le fait à Sanlucar di Barramea, au bord de l'Atlantique, où il vieillit également. C'est sans doute cette proximité de l'océan qui confère au bouquet du vin son caractère particulier, que certains qualifient de salé. Il est si délicat que si l'on veut l'exporter il faut le rendre plus robuste, soit en l'adoucissant, soit en ajoutant du Fino. Ceux qui aiment véritablement les Finos très secs trouveront souvent le Manzanilla, loin de son pays d'origine, trop sec et râpeux pour leur goût personnel. Curieusement, si l'on transporte le Manzanilla à Jerez pour l'y laisser vieillir, il perd son caractère et se transforme en un Fino ordinaire.

Amontillado L'Amontillado tire son nom de la ressemblance qu'on lui prêtait à l'origine avec les vins de Montilla, mais c'est en fait un Fino vieilli. Un véritable Amontillado est un beau vin, dont l'arôme rappelle la noisette ; du fait de son long vieillissement c'est un des Xérès les plus chers. La plupart des Amontillados bon marché vendus actuellement sont des coupages.

Oloroso L'Oloroso est un Xérès qui a beaucoup de corps ; il présente plusieurs

res étaient maîtres-distilleurs à Turin dès 1757. En France, Louis Noilly s'était installé près de Lyon au début du XIXe siècle et, comprenant les possibilités de cette nouvelle boisson italienne, il s'installa à Marseille en 1843 avec son beau-fils, Claude Prat.

La production du vermouth

La législation ne détaille pas exactement le processus de fabrication du vermouth, mais les plus célèbres commercialement parlant sont sans aucun doute ceux que l'on fait à Turin ou à proximité, à Marseille, et dans la région de Chambéry. Chaque maison produit généralement un type spécifique de vin, mais certaines ont également une gamme très étendue. Tous les vermouths italiens ne sont pas doux, ni les vermouths français secs; en fait le Martini dry, qui est sans doute l'apéritif le plus célèbre du monde, était produit au début à Pessione, dans la banlieue de Turin, où Martini et Rossi a son siège social.

La fabrication du vermouth peut se faire de nombreuses façons, les principales étant la macération, l'infusion et la distillation, ou la combinaison de deux, ou toutes à la fois. En général, les vermouths italiens ne subissent pas une maturation aussi longue que les français, mais dès le départ ils sont faits de façon différente. On en produit de telles quantités que les vins de la région ne suffisent pas toujours à former la base du vermouth. Certains vermouths bon marché peuvent le rester à l'exportation : on produit deux vins dont le degré alcoolique est différent, seul celui qui a le plus fort degré paie des droits de douane élevés. Ces vins sont ensuite mélangés et remis en bouteille dans le pays importateur.

variétés. Il n'est pas doux car, comme pour tous les Xérès, le sucre a été transformé en alcool. Un véritable Oloroso est aussi sec qu'un véritable Fino ou Amontillado, mais il a plus de corps, une fragrance plus marquée et une saveur que l'on pourrait qualifier de plus épanouie. L'Oloroso est essentiellement un *raya* vieilli, c'est-à-dire un type de vin où ne se forme pas la « fleur » ; certains pensent déceler une pointe de douceur dans la persistance : elle n'est pas due au sucre, mais à des traces de glycérine produite par le vin. Certains Olorosos sont adoucis pour l'exportation, mais les grands Olorosos — qui sont chers — ont la préférence de ceux qui travaillent dans le commerce du Xérès car ils chargent moins le palais.

Palo Cortado
Très rare, même en Espagne, le Palo Cortado est plus un Oloroso qu'un Fino, mais c'est un type intermédiaire entre les deux ; il emprunte l'arôme de l'Amontillado et garde la délicieuse saveur pleine de l'Oloroso.

Xérès de dessert
Brown Sherry, Cream Sherry et Milk Sherry sont des Xérès qui furent créés spécialement pour le marché britannique, où on en consomme d'énormes quantités. Les meilleurs de ces Olorosos doux sont magnifiques, mais il vaut mieux les boire avec le dessert, puisque c'est pour cela qu'ils furent créés. Les Xérès doux et bon marché qui ont été obtenus par adjonction de vins plus doux ne sont pas à dédaigner parce qu'ils sont doux, mais le prix élevé qu'atteignent certains Xérès doux mondialement connus donne certainement une indication de leur qualité. Le meilleur exemple en est le Harvey's Bristol Cream. Le port de Bristol fait le commerce du vin depuis très longtemps, et dès 1634 il est fait mention d'un « Bristow milk ». Les origines du Bristol Cream (appellation réservée à John Harvey) remontent à 1882, quand une dame qui avait goûté un Bristol Milk (« lait » de Bristol) but un Oloroso encore meilleur et s'écria : « Si cela est du lait, alors ceci est de la crème. » Le Prince de Galles (plus tard roi sous le nom d'Edouard VII), ayant reçu du Bristol Milk, fit ce commentaire : « Tout ce que je peux dire, c'est que vous avez des vaches excellentes ! »

Xérès vieillis en bouteilles
Les générations qui nous ont précédés appréciaient les vieilles bouteilles de Xérès et en entreposaient d'énormes quantités. Pour cela, il faut un vin d'excellente qualité, qui se conserve bien ; il faut souvent le décanter avant de le servir. Les vins les plus doux conviennent en général le mieux pour ce long vieillissement en bouteilles, qui peut aller de 20 à 90 ans.

Faux Xérès
Dans de nombreux vignobles du monde entier, on produit des vins, parfois très bons, comme on produit le Xérès, en suivant la méthode appelée « solera ». Les producteurs de Xérès n'apprécient guère que ces vins soient baptisés d'un des noms qui sont utilisés en Espagne pour ces vins, et la correction voudrait que l'on en utilise d'autres. Il s'agit parfois de très bons vins, et les producteurs de certaines régions abandonnent l'appellation Xérès ou Sherry, même quand ils précisent le pays d'origine sur les étiquettes ; les vins sont simplement vendus comme vins mutés d'un type particulier.

En Grande-Bretagne, un fait peut porter à confusion : la plupart des vins de style Xérès importés d'autres pays que l'Espagne franchissent la frontière en deux catégories ; seule celle dont le degré alcoolique est élevé paie des droits de douane importants. Les vins mutés originaires du Commonwealth — d'Afrique du Sud, d'Australie et de Chypre — paient des droits préférentiels. Il est donc impossible de tracer un parallèle étroit entre le prix et la qualité quant à ce type de vins mutés, et de toute façon les meilleurs qui sont importés sont préparés et mis en bouteilles dans le pays d'origine.

Montilla La province de Cordoue est à environ 150 km au nord-est de la région du Xérès, et son sol est similaire. En 1933, lorsque l'on délimita les vignobles du Xérès, la région de Montilla-Moriles, où l'on fait le Montilla (qui rappelle le Xérès), bénéficia d'une appellation différente. La différence principale entre le Montilla et le Xérès provient d'un climat plus froid, de vignobles plus élevés et d'une grande variété de cépages, dont le principal est le Pedro Ximénez. Le Montilla est célèbre pour sa fermentation dans d'énormes jarres en terre, comme celles qu'utilisaient les anciens Grecs et Romains. Les raisins ne sont pas séchés sur des claies de paille, mais lorsque la fermentation s'achève, les différents types de vins sont classés comme les Xérès, et les types Finos ont une « fleur » comme les Xérès Finos. Comme ces derniers, ce sont des vins d'apéritif, pâles et délicats. Ils sont mûris dans des barriques en bois suivant la méthode « solera ». La teneur alcoolique du Montilla est naturellement assez élevée, et il n'a donc pas besoin d'un mutage dans la plupart des cas. Le degré de mutage dépend de la maison productrice et du marché d'exportation auquel le Montilla est destiné.

Porto

On ne boit pas beaucoup de Porto au Portugal, même pas de ce Porto blanc qui est assez léger pour servir d'apéritif. C'est essentiellement un vin pour les climats plus froids, où les Portos Ruby, Tawny, Crusted, Single Quinta et Vintage sont parmi les plus répandus des vins qui clôturent ou suivent un repas.

Outre les très célèbres maisons productrices de Porto qui portent des noms anglais ou écossais, il existe quelques sociétés tout à fait portugaises, qui produisent un style de Porto différent mais de grande qualité.

Porto blanc Il n'est issu que de raisins blancs et n'est donc pas coloré par les pigments de la peau des raisins. Il peut être assez sec ou tirant sur le doux, mais il ne doit jamais être nettement doux, puisque c'est un vin d'apéritif.

Porto Ruby Il s'agit du jeune vin, qui est probablement resté 4 ou 5 ans dans des fûts en bois avant de passer en bouteilles. Il a du corps, est d'un rouge vif lumineux et son attrait est immédiat ; on l'apprécie sans doute mieux si on n'y attache pas une attention excessive, et c'est le type de Porto que l'on peut commander au verre si l'on veut une boisson d'une agréable chaleur.

Porto Tawny Les meilleurs de ces vieux Portos, que les négociants affectionnent particulièrement, sont spécialement sélectionnés à partir des meilleurs vins, dès qu'ils atteignent les caves. Ils obtiennent leur belle couleur dorée par le vieillissement dans des fûts en bois, parfois pendant 7 ans, parfois pendant 30 ou plus. Leur odeur est aussi délicieuse et complexe que leur couleur, la saveur et l'arrière-goût étant fascinants. Un vieux Tawny de qualité ne sera jamais bon marché ; certains types de Tawny sont obtenus par mélange de Portos rouges et blancs, mais l'indication *fine old* précédant le mot Tawny sur l'étiquette expliquera le prix élevé et sera une promesse de grande qualité. Certains porteront également la mention *twenty years old* (20 ans d'âge) ou *over forty years old* (plus de 40 ans d'âge) qui indique que le vin le plus jeune du mélange doit au moins avoir l'âge indiqué sur l'étiquette.

Porto Vintage-character Coupage de vins de bonnes années, ce type de Porto a vieilli dans le bois, parfois jusqu'à 4 ans, ou jusqu'à ce que le vin ait changé de couleur. Il est prêt à boire dès l'embouteillage, et si on le compare au Ruby, auquel il peut légèrement ressembler, on se rend compte immédiatement qu'il offre beaucoup plus d'intérêt.

Porto Crusted Coupage de Portos de 2 ou 3 ans, gardé en fûts pendant 5 ou 6 ans et ensuite vieilli en bouteilles, le Crusted a beaucoup de corps. Ce type de Porto forme un dépôt important, et l'on doit donc le décanter avant de le servir. Le Porto Crusted peut être de bonne qualité, mais il ne faut pas le confondre avec le Porto Vintage.

Late-bottled Vintage Ce nom se réfère à un Porto d'une seule année, spécialement sélectionné par le négociant et vieilli dans le bois pendant au moins 3 ans et 6 ans au plus. Pendant ce temps, le dépôt se forme dans le tonneau ; il est donc inutile de le décanter lorsque l'on ouvre la bouteille puisque le dépôt reste dans le tonneau. C'est toujours un très bon vin, une forme plus légère du Vintage qu'obtient le même producteur, et meilleur marché puisque son vieillissement est moindre. Il convient particulièrement aux habitudes contemporaines, puisqu'il n'a besoin ni de décantation, ni des soins prolongés qu'exige le Vintage.

Porto Single Quinta

Quinta est l'équivalent portugais du château bordelais, et par extension il signifie un domaine du Douro. Certains de ces domaines produisent des Portos d'une individualité marquée et que, bien que rares, on arrive parfois à trouver sur les marchés d'exportation. Le domaine le plus célèbre est indiscutablement Quinta do Noval, qui appartient à la société Jose Antonio da Silva, bien que Quinta da Roeda, « le Diamant du Douro », soit également très connu. La société Porto Luiz, alors propriétaire de Noval, tenta de multiples expériences sur la culture de la vigne et la vinification, et produisit le grand Noval de 1931 que quelques experts considèrent comme le plus grand Porto du XXe siècle. Le vignoble Noval possède encore quelques vignes *nacional* qui n'ont pas été greffées bien que le phylloxéra soit toujours dans le sol. Quelques milliers de litres de Porto sont faits chaque année, et les visiteurs privilégiés ont parfois l'occasion de goûter ce témoin du passé.

Porto Vintage

Chaque grande maison fait son propre style de vin, et les comparaisons sont toujours des expériences fascinantes, mais les comparaisons les plus intéressantes sont celles que l'on établit entre les Vintages. Le Vintage est à l'origine un Porto comme les autres, mais l'éleveur, goûtant les vins, prendra parfois la décision d'en « déclarer » un, et le mettra à part pour en faire un Vintage. Cette décision est donc le fait du dégustateur uniquement, et si parfois, certaines années, de nombreux éleveurs déclarent un Vintage, très peu le feront d'autres années. Il faut au moins 8 à 10 ans pour qu'un Vintage soit apte à être bu, même s'il provient d'une année dite légère, et la plupart des négociants-éleveurs estiment qu'il ne commence à révéler ses qualités qu'à partir de 12 à 15 ans.

Les Vintages restent en fûts pendant 2 ans seulement avant la mise en bouteilles — c'est une différence importante entre le Vintage et les autres Portos. Autrefois, les Vintages étaient expédiés en fûts de la ville de Porto pour être mis en bouteilles dans le pays d'importation, notamment la Grande-Bretagne. Là, l'expéditeur en mettait en bouteilles une partie, mais des acheteurs procédaient aussi à l'embouteillage avant d'entreposer leurs Vintages. Très peu ont actuellement le temps, les ressources financières et l'espace pour la mise en bouteilles et la conservation, aussi les négociants expéditeurs s'en chargent-ils de plus en plus. L'embouteillage se pratique couramment dans la ville de Porto, ce qui n'était pas le cas avant la Seconde Guerre mondiale mais sera sans doute la règle générale à l'avenir.

Vermouth

Le vermouth français de la région marseillaise a un caractère assez franc ; c'est une boisson robuste dont la saveur prononcée garde la trace du chaud soleil qui baigne les vignobles locaux. Le vermouth italien n'est pas exposé à l'air au cours de sa maturation dans des fûts, ce qui est le cas de nombreux vermouths marseillais. Il a tendance à être plus subtil et d'un attrait plus direct avec un arôme léger, ressemblant en cela aux vins de pays chauds.

Chambéry

Le Chambéry, à l'arôme délicat, est de couleur très pâle, toujours sec, même le type qui est parfumé avec des fraises des Alpes. Ce vermouth sert parfois à la préparation de cocktails, mais il est préférable de le boire seul.

Bianco

La couleur du vermouth blanc est d'un or assez pâle ; il est toujours adouci. Même les amateurs de vins secs peuvent boire quantité de Bianco sans hésitation.

Vermouth italien sec

Bien qu'il ne soit presque pas adouci, le vermouth italien sec a un caractère plus rond, très différent de la sécheresse plus subtile du vermouth français.

Vermouth italien doux

De couleur brun rougeâtre ou fauve, le vermouth italien doux est très apprécié en Italie, où on en boit de grandes quantités après la journée de travail. Dans leurs régions d'origine, les vermouths se boivent généralement seuls, et servent rarement d'ingrédient pour les cocktails.

Lillet

Il existe de nombreuses boissons à base de vin comme le Lillet, qui est fait à Bordeaux ; ce sont véritablement des vins aromatisés, donc des vermouths authentiques, bien qu'ils soient classés comme apéritifs à base de vin. Les vermouths et les autres boissons à base de vin occupent une place justifiée dans le monde du vin car ils correspondent à une évolution de la demande et jouent également un rôle pour « rafraîchir » le palais, comme apéritifs, ou comme digestifs. De nos jours, on n'accorde plus guère de propriétés médicales à ces boissons — sauf peut-être pour le Bitter,

Bitter

dont l'amertume est appréciée comme « remontant » — et toutes les boissons à base de vin peuvent avec bonheur être associées aux bons vins.

La lecture d'une étiquette

L'étiquette devrait donner une indication sur le contenu de la bouteille — et si possible d'autres informations. Mais la législation concernant l'étiquetage varie d'un pays à l'autre, parfois même d'une région à l'autre, aussi l'étiquette peut-elle donner plus ou moins d'informations — et ces informations elles-mêmes peuvent avoir plus ou moins de valeur. (Il ne faut pas oublier d'autre part que plus certaines étiquettes sont élaborées, plus leur décoration est attrayante, plus le vin est ordinaire. Il y a un vieux proverbe anglais qui dit «Bon vin n'a pas besoin de branches», faisant par là allusion aux branches vertes que l'on avait l'habitude de pendre à la porte des auberges pour annoncer le vin nouveau. Le français n'est pas en reste, avec son diction qui proclame «A bon vin point d'enseigne».)

Voici quelques étiquettes qui donnent des détails spécifiques sur les vins. Les informations sur la façon dont ils ont été faits, la température à laquelle ils devraient être servis et des suggestions sur les mets qu'ils peuvent accompagner ne sont généralement pas exigées sur l'étiquette principale, mais elles pourraient fort bien être mentionnées sur une étiquette secondaire, au col (la collerette) ou au dos de la bouteille. En général, les informations fondamentales sont : le nom du vin ; l'endroit où il a été mis en bouteilles ; la qualité, le style ou le cépage ; et le nom du viticulteur, du négociant ou de l'importateur. D'autres informations sont intéressantes, mais seulement par rapport à un vin particulier ; par exemple, on peut avoir envie de connaître le degré alcoolique d'un vin ordinaire, mais cela présente peu d'intérêt s'il s'agit d'un grand vin, et cette mention ne sera pas portée, à moins que le pays d'importation ne l'exige. Il faut se servir des étiquettes comme de guides, et ne pas les considérer comme des garanties ou des rapports scientifiques — n'oublions pas que le responsable de la commercialisation peut parfois modifier l'étiquette d'un grand vin classique en croyant lui donner plus d'attrait et faciliter ainsi sa vente. De toute façon, les informations portées sur l'étiquette sont soumises à des contrôles poussés.

Hongrie

Pour ce vin hongrois, la collerette donne le millésime et le style, car le Szamorodni peut être doux ou sec. L'étiquette répète l'information de base et donne le nom du vin — Tokay — plus celui du viticulteur en Hongrie, et ceux de l'exportateur et de l'importateur.

Allemagne

Les étiquettes allemandes sont sans doute les plus explicites de toutes : les trois ci-dessus donnent les composants et la teneur alcoolique, le pays d'origine et les noms des viticulteurs et embouteilleurs. La première est celle d'un Tafelwein, portant simplement le nom du Bereich (région) — Bernkastel. La deuxième, pour un Qualitätwein, indique le vignoble général, Piesport, le cru — Goldtröpfchen — et le numéro de l'A. P. La troisième, celle d'un Qualitätwein mit Prädikat, donne le vignoble, le cru, le millésime, le cépage et la façon dont les raisins furent récoltés — vendanges tardives.

Les deux étiquettes allemandes ci-dessus sont de vins mis en bouteilles à la propriété ; la première donne toutes les informations précédentes, plus la méthode particulière de vendange — Auslese — et le nom du négociant-éleveur. La seconde indique le nom de la maison, la partie du vignoble — Abtsberg — et le nom du propriétaire — Von Schubert. La collerette précise qu'il s'agit de vendanges tardives.

France

L'étiquette du Saint-Véran — une A. C. assez récente — donne le style du vin et son origine, avec l'adresse.

L'étiquette du Côte de Brouilly donne le nom du viticulteur et son village, plus le nom et l'adresse de l'embouteilleur.

Cette étiquette donne le nom du vin — Pouilly-Fumé — et précise qu'il fut mis en bouteilles «dans la région de production» par un négociant réputé.

Cette étiquette de Saint-Emilion donne la classification du vin et son A. C. en détail, avec le millésime et le nom du propriétaire, plus le fait qu'il s'agit d'un château. Des sociétés qui font la mise en bouteilles hors de la région peuvent parfois utiliser les étiquettes des crus ; il s'agit là d'une marque de confiance, et ce procédé doit toujours être indiqué sur l'étiquette.

Ces étiquettes de Bourgognes précisent que le vin a été mis en bouteilles au domaine ; elles donnent le nom du propriétaire et celui du négociant qui a sélectionné et expédié le vin. Le Corton Charlemagne est un cru spécifique ; le domaine porte le nom du propriétaire, et son adresse (Pernand-Vergelesses) est indiqué.

Des étiquettes des cinq premiers crus de Bordeaux, celle de Lafite est sans doute la plus petite, et elle n'indique jamais qu'il s'agit d'un premier cru classé. Celle du Mouton-Rothschild est dessinée chaque année par des artistes connus, et elle donne le nombre et le type de bouteilles correspondant au millésime, et chaque bouteille porte un numéro d'ordre. Latour fait part de sa classification, tout comme Haut-Brion et Margaux.

Le Champagne est le seul vin français qui ne soit pas obligé de mentionner son A. C. L'expression «Vin de Champagne» est suffisante. L'étiquette porte toujours un numéro de référence, qui permet de retrouver l'origine si on le désire. Ci-dessus, voici les étiquettes d'un Bollinger non millésimé, d'un Roederer millésimé et celle d'une bouteille de Dom Pérignon, la cuvée de luxe de Moët et Chandon, qui reprit des bouteilles de forme ancienne pour ces vins prestigieux.

Espagne

L'étiquette de ce Xérès mis en bouteilles en Espagne indique le style du vin et le nom de l'établissement.

Ce Valdepeñas mis en bouteilles en Espagne donne le millésime, le nom et l'adresse du viticulteur, le type de vin, le degré alcoolique et le nom des importateurs.

Italie

L'étiquette du Valpolicella donne le nom et l'adresse de la société qui produit ce vin et sa D. O. C. (il est donc mis en bouteilles en Italie), plus le type du vin, l'endroit où il fut fait, et le nom des importateurs britanniques.

Portugal

L'étiquette de ce Porto donne les noms du négociant, des sociétés de Porto et de Londres, plus une indication sur la qualité — very finest Tawny — et la marque.

Afrique du Sud

Ce vin d'Afrique du Sud, qui n'a pas droit à l'appellation «Porto» en Grande-Bretagne, indique la marque, l'origine, le style — Full Ruby — et la société importatrice au Royaume-Uni.

Australie

Cette étiquette de vin australien donne le nom et la date de fondation de l'établissement, précise l'origine du vin et le nom du vignoble, indique comment le servir et, sur les côtés, décrit le cépage et donne d'autres indications sur son lieu de vinification.

Etats-Unis

Ces deux étiquettes de «Champagnes» américains — qui n'ont pas droit à une telle appellation en Europe — indiquent où le vin fut vinifié, et par qui, et donnent la contenance de la bouteille et la teneur alcoolique.

L'étiquette du Sauvignon Blanc donne également la teneur alcoolique, précise qui l'a fait et qui l'a mis en bouteilles, et comment on doit le servir.

La forme des bouteilles

Alsace
Flûte d'Alsace, d'une contenance de 72 cl et donc légèrement plus grande que les bouteilles allemandes. Verre vert. Pas de culot. On utilise une bouteille similaire pour le Tavel.

Bordeaux
Bouteille épaulée, traditionnelle pour les vins rouges que l'on peut coucher. Contenance 74/76 cl. Vert foncé ou pâle, avec culot. Utilisée dans le monde entier.

Bourgogne
Contenance 75/78 cl, épaules fuyantes, avec culot. Vert moyen ou foncé, pour les vins rouges ou blancs. Utilisée dans le monde entier pour les vins rouges ou blancs.

Champagne
Bouteille à épaules fuyantes, avec culot, contenance 80/81 cl, plus épaisse que les bouteilles de vins tranquilles car elle doit résister à la pression. Généralement vert foncé. Utilisée pour la plupart des vins mousseux.

Magnum de Champagne
Contenance 2 bouteilles. Il existe des magnums pour les vins de table tranquilles, et ils correspondent en général aux magnums de Champagne (voir page 26), mais le jéroboam bordelais contient 5 bouteilles, et l'impériale, parfois utilisée pour le Bordeaux, en contient 8.

Chianti
Fiasque d'un litre, pour les Chiantis ordinaires, et bouteille épaulée pour ceux qui peuvent vieillir, couchés, d'une contenance de 75 cl, avec culot. La Chiantiagianna contient 1,75 litre. La bouteille rénflée du Ruffino est un magnifico. La fiasque de l'Orvieto, pulcianello, contient 75 cl, et le toscanello 2 litres. Différents tons de vert.

Clavelin
Bouteille spécifique aux vins de Château-Chalon, dans le Jura, qui sont considérés comme les meilleurs des vins jaunes.

Côtes de Provence
Bouteille régionale pour tous les types de vins de Provence.

Bocksbeutel
Cette bouteille franconienne vient de la gourde des pèlerins. Elle sert pour les vins blancs de Franconie et certains vins Mauer de Bade, et pour d'autres vins du monde entier, notamment les Rieslings chiliens.

Bouteille allemande
Contenance 70/72 cl. La bouteille de la Moselle est verte, les autres marron.

Marie-Jeanne
Grande bouteille des Côteaux du Layon, vallée de la Loire, contenant 1 1/3 litre (1 3/4 bouteille). Vert foncé.

Pot
Demi-litre de Beaujolais. Les établissements Charles Piat ont créé un type très connu, que l'on appelle parfois un «piat».

DIFFÉRENTES PARTIES D'UNE BOUTEILLE

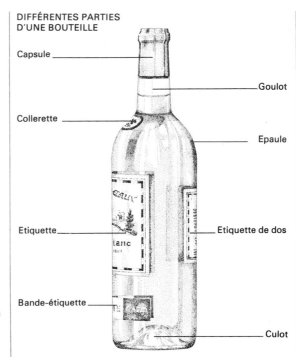

Capsule — Goulot — Collerette — Epaule — Etiquette — Etiquette de dos — Bande-étiquette — Culot

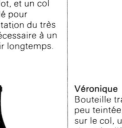

Porto
A gauche, bouteille de Porto habituelle jusqu'à nos jours ; à droite, bouteille du XIXᵉ siècle de plus en plus utilisée au Portugal. Elle est marron foncé, avec une épaule nette, un important culot, et un col légèrement renflé pour permettre la dilatation du très long bouchon nécessaire à un vin qui doit vieillir longtemps.

Tokay
Bouteille transparente d'un demi-litre, avec un col très mince.

Véronique
Bouteille transparente ou très peu teintée, avec des anneaux sur le col, utilisée pour des vins très différents, notamment de nombreux rosés.

Le Service du vin

Le service du vin

Si l'on sait que la bouteille la plus modeste peut être grandement valorisée par une manière correcte de servir, et que cela ne présente·aucune difficulté, il est stupéfiant de constater que même des vins coûteux ne sont trop souvent pas préparés et servis avec la considération qu'ils méritent. Il est vrai que l'on peut acheter, rapporter chez soi et déboucher sans grande précaution les vins ordinaires ou de coupage ; mais même ceux-là ne manifesteront toutes leurs qualités que s'ils sont convenablement traités.

La préparation d'une bouteille commence plusieurs heures avant le moment où on a l'intention de la boire. Même s'il n'y a pas de dépôt apparent, il se peut que quelques particules invisibles à l'œil restent en suspension et aient besoin de temps pour se déposer au fond. Une bouteille de bon vin doit toujours être redressée au moins 24 heures avant le repas, si possible plus longtemps, mais cela dépend du type de vin et de la quantité de dépôts. Si, pour une raison quelconque, vous ne pouvez laisser la bouteille debout, il faudra alors décanter le vin, s'il s'agit d'un rouge.

Les vins blancs, rosés, mousseux, et tous les vins mutés que l'on boit avant un repas sont plus agréables frais ; certains rouges, comme le Beaujolais nouveau et la plupart des rouges de la Loire, dégagent également leur charme fruité lorsqu'ils sont frais ; il est recommandé de servir les autres vins à la température de la pièce. Mais, comme on a pu le faire remarquer avec pertinence, de quelle pièce ? Et que veut-on dire par « frais » ? Ces remarques générales datent d'une époque où l'on ne connaissait pas le chauffage central, où les maisons avaient de vraies caves, et où la plupart des vins qui enrichissent notre table aujourd'hui ne dépassaient pas les limites de leur région d'origine.

On rafraîchit certains vins, alors que la température d'autres vins doit être plus élevée que celle de la cave, dans le but d'améliorer leur goût, parce que leur fraîcheur, leur nervosité ou leur fruité sont accentués, ou pour leur permettre de dégager leur merveilleux bouquet ou leur saveur persistante par une réaction avec l'air ambiant. Mais un vin glacé n'aura pratiquement ni saveur ni odeur, et un vin rouge qui aura été rapidement chauffé ne s'en remettra pas et l'on ne pourra pas apprécier ses diverses qualités si le vin a perdu son bouquet avant d'atteindre la bouche. Il faut procéder avec délicatesse et graduellement : les vins peuvent être rafraîchis ou chambrés, mais sans brutalité.

Les vins que l'on doit boire frais atteindront presque la température idéale dans la cave où on ira les chercher. Plus ils sont doux, plus ils doivent être frais, car il est évident qu'ils sont plus affirmés, mais j'estime que la température minimale à laquelle on peut les apprécier est de

7 ou 8°. Les vins mousseux doivent avoir de 10 à 12°, et la plupart des blancs et des rosés, 12°. Les Finos, les vermouths et tous les apéritifs similaires respecteront cette gamme de température.

Si vous les gardez dans un casier chez vous, il est utile de savoir qu'il faudra 2 h à 2 h 1/2 au milieu du réfrigérateur pour les rafraîchir par un jour chaud, et 12 à 15 min. dans un seau avec de la glace et de l'eau (le mélange est important, car de la glace seule refroidit seulement le flacon avec lequel elle est en contact), le niveau de l'eau étant au niveau du vin, pour obtenir la même température.

Si vous êtes pressé pour rafraîchir un vin, mettez également les verres au réfrigérateur — ils seront froids quand vous y verserez le vin la première fois ; et pendant que vous buvez ce premier verre, vous pouvez replacer le vin dans le réfrigérateur. Ne mettez pas de glace dans du vin, sauf pour les pique-niques ou des occasions similaires, mais vous pouvez utiliser des glaçons pour rafraîchir les verres avant de vous en servir.

Ne conservez pas de vin dans un réfrigérateur (les chambres froides des restaurants sont étudiées spécialement) car au bout de quelques heures ils prennent souvent une odeur et une saveur étranges, plates et désagréables, que malheureusement ils conservent.

Il est très important de rafraîchir les apéritifs, comme les Finos ou le vermouth sec,

Les vins rouges qui sont jeunes, fruités et nerveux, devraient être légèrement rafraîchis — aussi frais que s'ils venaient d'une cave — à moins que vous ne les préfériez chambrés ! Il est très utile de faire des essais avant de faire son choix, mais il n'en est pas moins vrai que les vignerons de nombreuses régions chaudes se servent du seau à glace pour rafraîchir les rouges fruités courants en été.

En général, les grands vins rouges préfèrent une température un peu supérieure à celle des rouges légers. Si vous placez vos vins rouges 24 heures à l'avance dans votre salle à manger, ils prendront la température de la pièce, mais si vous avez le chauffage central ou si la température est particulièrement douce, ils pourront être trop chauds — et ils prendront alors une saveur désagréable, comme s'ils « étouffaient ».

Un vin conservé dans des conditions convenables, soumis à de petits écarts de température, gardera d'une façon étonnante ses qualités initiales : un grand négociant bordelais conserva deux grandes bouteilles exceptionnelles dans le placard de son bureau pendant 15 ans, dans l'obscurité, et à une température de 18 à 20°. Lorsqu'il les déboucha, il décanta le contenu, rinça les bouteilles et y reversa le vin — qui ne se porta que mieux de la double aération, car les bouteilles étaient encore dans une condition superbe après 50 ans.

Températures

Vins très doux (et vins mousseux doux)	8-12°C
Vins mousseux ordinaires	10-12°C
La plupart des vins blancs et rosés	10-14°C
Certains rouges légers	12-15°C
Vins rouges chambrés	16-20°C

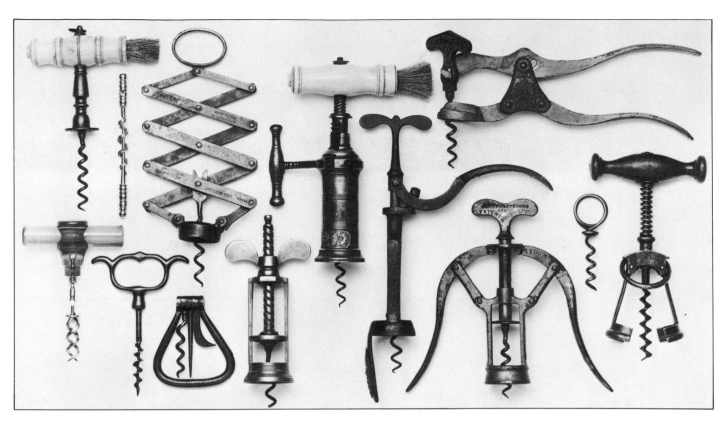

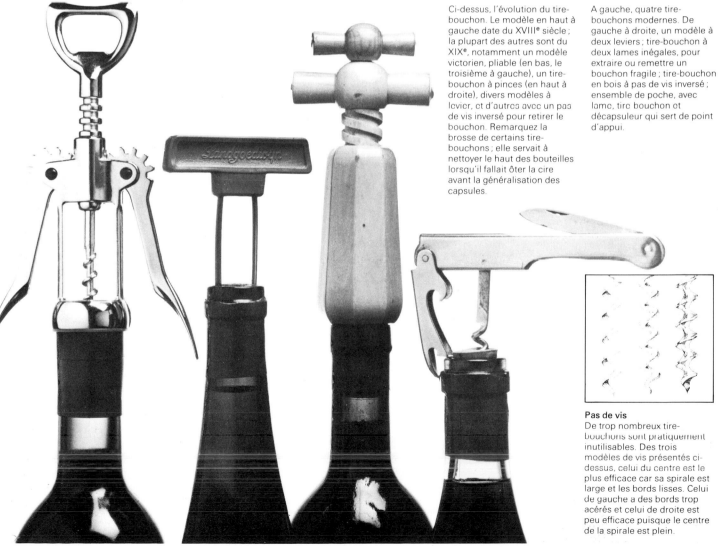

Ci-dessus, l'évolution du tire-bouchon. Le modèle en haut à gauche date du XVIIIe siècle ; la plupart des autres sont du XIXe, notamment un modèle victorien, pliable (en bas, le troisième à gauche), un tire-bouchon à pinces (en haut à droite), divers modèles à levier, et d'autres avec un pas de vis inversé pour retirer le bouchon. Remarquez la brosse de certains tire-bouchons ; elle servait à nettoyer le haut des bouteilles lorsqu'il fallait ôter la cire avant la généralisation des capsules.

A gauche, quatre tire-bouchons modernes. De gauche à droite, un modèle à deux leviers ; tire-bouchon à deux lames inégales, pour extraire ou remettre un bouchon fragile ; tire-bouchon en bois à pas de vis inversé ; ensemble de poche, avec lame, tire bouchon et décapsuleur qui sert de point d'appui.

Pas de vis

De trop nombreux tire-bouchons sont pratiquement inutilisables. Des trois modèles de vis présentés ci-dessus, celui du centre est le plus efficace car sa spirale est large et les bords lisses. Celui de gauche a des bords trop acérés et celui de droite est peu efficace puisque le centre de la spirale est plein.

Le débouchage

N'ouvrez jamais une bouteille avec précipitation, et ne manipulez jamais une bouteille sans l'entourer d'une serviette — actuellement, il est rare qu'une bouteille se brise, mais si cela arrivait, vous risqueriez une mauvaise coupure. En général, lorsque vous saisissez une bouteille, empoignez-la par le haut, de façon à voir les étiquettes et éventuellement l'éclat ou le dépôt — « Une bouteille par le col, une femme par la taille » est une maxime fort répandue dans les milieux viticoles. La serviette doit être propre et ne dégager aucune odeur — ni de détergent, ni de renfermé (le « goût d'armoire »), ni bien sûr de parfum — et vos mains ne doivent pas non plus garder d'odeur de savon.

Essuyez le haut du col de la bouteille, coupez la capsule ou dégagez-la entièrement ; essuyez le haut du bouchon après avoir enlevé le haut de la capsule ; ne vous préoccupez pas d'essuyer la bouteille — si vous nettoyez la bouteille d'un vin qui a un dépôt, vous risquerez de le remuer — mais il faut essuyer l'intérieur du goulot.

Engagez doucement le tire-bouchon, sans à-coups, en tenant fermement la bouteille d'une main ; enfoncez le tire-bouchon en évitant de le faire dépasser car quelques morceaux de bouchon pourraient tomber dans le vin. Si vous pensez que le bouchon risque d'être difficile à extraire, inclinez le tire-bouchon (voir l'illustration). Tirez régulièrement, sans à-coups ; si nécessaire, la main qui tient la bouteille peut exercer une traction en sens inverse. Lorsque le bouchon est sorti, essuyez l'intérieur du goulot. Vous pouvez maintenant verser le vin. Lorsque vous versez le vin, il est au contact de l'air ambiant qui a une certaine température ; si donc vous voulez réchauffer légèrement un vin rouge, versez lentement, et d'une certaine hauteur.

Décapsulage
Une façon originale et élégante de présenter bouteille et bouchon : on enlève la partie supérieure de la capsule et on découpe un anneau que l'on fait pivoter sur un côté : il recevra le bouchon. Que l'on décante ou non, la bouteille et le bouchon sont dignes d'intérêt. Il ne faut pas que le vin entre en contact avec la capsule.

Extraction d'un bouchon enfoncé dans la bouteille
Si l'on a enfoncé le bouchon dans la bouteille, on peut le ressortir à l'aide d'une ficelle, soit en faisant un nœud important que l'on glisse sous le bouchon, soit en glissant la ficelle sous le bouchon. Utilisez une ficelle assez raide. Si cette opération est impossible, repoussez le bouchon — avec un ustensile en bois, pas en métal — pendant que vous remplissez le premier verre ; le bouchon flottera ensuite à l'arrière de la bouteille.

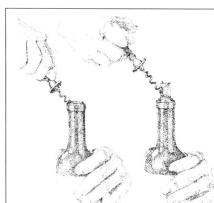

Un bouchon récalcitrant
Il est plus facile de retirer un bouchon qui résiste — ce qui est souvent le cas des bouteilles récemment bouchées, car le bouchon gonfle immédiatement — si l'on enfonce le tire-bouchon de biais. Il faut tirer régulièrement et sans à-coups. Pour exercer une plus grande pression, poser la bouteille sur le sol et, tout en tirant, appuyer fortement de la main qui tient la bouteille. Cette méthode est utile si le bouchon s'est cassé en deux et qu'il faut retirer la partie restante sans risquer de la faire tomber dans le vin. Si le bouchon présente un danger d'émiettement, utilisez le tire-bouchon un peu à la façon d'une fourchette, et enlevez les morceaux de bouchon mais ne les poussez pas dans le vin.

Lorsque vous ouvrez une bouteille de vin mousseux, faites attention de ne pas diriger le bouchon vers quelqu'un — ou quelque chose de fragile! Si la bouteille a été remuée, la pression du gaz sera importante, aussi retenez fermement le bouchon lorsque vous avez enlevé le muselet de fer. Tournez la bouteille, jamais le bouchon, vous risqueriez de le casser. Vous sentirez que le bouchon commence à venir, et il sortira de la bouteille en faisant parfois un léger bruit; retenez-le de la main pendant cette opération et, lorsqu'elle sera achevée, versez immédiatement le vin dans un verre préparé d'avance, sinon vous pourriez en perdre une quantité assez importante. Le bouchon d'une bouteille glacée est difficile à extraire, aussi attendez-vous à quelques ennuis si vous avez oublié une bouteille au réfrigérateur. Si pour une raison ou une autre vous vouliez faire «sauter» le bouchon, il vous suffirait de secouer la bouteille. Au cas où la partie supérieure du bouchon se casserait, et que vous ne puissiez faire sortir le bouchon en plaçant le goulot sous un robinet (voir l'illustration), il vous faudrait libérer une partie de la pression qui est à l'intérieur de la bouteille en perçant progressivement le bouchon, en laissant s'échapper une partie du gaz, et en le retirant ensuite avec un tire-bouchon.

Lorsque vous versez, que la bouteille n'entre pas en contact avec le verre; elle pourrait le casser. Ne remplissez les verres qu'à moitié ou aux deux tiers, afin qu'on puisse imprimer au vin le mouvement giratoire qui permet d'en apprécier le bouquet. En relevant la bouteille, tournez-la d'un mouvement vif, la goutte ne tombera pas.

On sert traditionnellement le vin par-dessus l'épaule droite du convive. Les bouteilles et les carafes circulent généralement de droite à gauche, ce qui est toujours le cas du Porto mais cela n'est que la façon la plus simple pour que les invités se servent eux-mêmes. Pour le Porto, l'hôte peut faire une entorse à cette règle pour servir l'invité d'honneur assis à sa droite, qui sinon devrait attendre que le vin ait fait le tour de la table. Il est peu avisé de laisser fichée devant soi la bouteille qui vient de circuler — d'autres peuvent avoir soif. Naturellement, si vous n'avez pas envie de boire, vous n'y êtes pas obligé — mais il existe toujours quelques tables extrêmement conventionnelles où l'on se doit d'accepter ne serait-ce qu'une goutte de Porto.

Pour garder la mousse
Si vous voulez garder la mousse d'une bouteille de vin mousseux qui n'est pas terminée, utilisez un bouchon spécial comme celui de droite, ou découpez un coin dans le bouchon d'origine, enfoncez-le dans la bouteille et attachez-le au rebord du goulot.

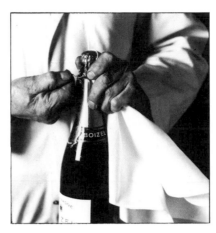

L'ouverture des mousseux
Lorsque vous débouchez une bouteille de vin mousseux, entourez-la toujours d'une serviette. Enlevez d'abord le muselet de fil de fer, puis tournez la bouteille, et non le bouchon (sinon vous risqueriez d'en casser la partie supérieure).

Retenez-le avec la main au cours de cette opération. Si la bouteille a été secouée, la pression est plus forte, et le vin risque de s'échapper lorsque le bouchon sera enlevé: bouchez alors le goulot avec la paume de la main et libérez progressivement le gaz.

Un bouchon récalcitrant
Si le bouchon d'un mousseux résiste fortement, inutile d'utiliser des pinces, ni de coincer le bouchon avec une porte ou une fenêtre. La solution la plus simple consiste à laisser un filet d'eau chaude couler pendant quelques instants sur le goulot de la bouteille, en retenant le bouchon. La chaleur entraînera une augmentation de pression, qui expulsera le bouchon. Dans la photographie, on a enlevé la serviette pour la démonstration, mais il est toujours préférable d'en entourer la bouteille. Si la partie supérieure du bouchon se casse, et que la méthode ci-dessus ne soit pas applicable, essayez de transpercer doucement le bouchon, ce qui diminuera la pression.

La décantation

La décantation (ou le décantage) répond à deux exigences : débarrasser le vin de tout dépôt, et l'aérer — ce qui aide parfois un vin jeune ou réservé, ou même dur, à se montrer à son avantage. Si vous devez servir un vin rouge qui est encore très jeune, la décantation l'améliorera beaucoup. De plus une carafe décore joliment une table, et l'on peut dire que si un vin vieux mérite la décantation, un vin jeune en a besoin. Certains estiment que le décantage est une hérésie — aussi la seule façon de vous faire une opinion est-elle de prendre deux bouteilles du même vin, d'en décanter une (il faut le faire quelques heures avant de boire le vin), et de les comparer. Je connais des Bourguignons et d'autres viticulteurs qui ne décantent leurs vins que rarement (ou jamais), mais je suis une traditionaliste et je préfère décanter presque tous les vins — même les vieux vins blancs de dessert, qui ont parfois un dépôt. Le Porto Vintage doit toujours être décanté, pour le débarrasser de son dépôt. (Pour le débouchage, la décantation ou l'ouverture d'une bouteille de Porto Vintage, voir les illustrations pages 120 et 121.)

Combien de temps devrait-on laisser un vin dans une carafe ? Cela dépend entièrement du vin : les vins très vieux, délicats, ne devraient jamais subir une aération excessive, et il est plus avisé de ne décanter des bouteilles aussi précieuses que juste avant de les boire. Vous pourrez attendre que votre vin s'épanouisse dans le verre. Certaines personnes aiment le vin très aéré et, dans le cas de certains Portos et de très bons vins classiques et robustes, il est possible de décanter en début d'après-midi des vins que l'on servira au dîner, mais il faut bien connaître ces vins, car c'est une opération risquée.

Pour la plupart des vins, je conseille de décanter de une à trois heures avant le repas ; plus les vins sont jeunes et robustes, plus le délai peut être long. Si possible, vérifiez la provenance — il se peut qu'un vin ait des caractéristiques très particulières, notamment parmi les Bordeaux ou les Bourgognes, qui nécessitent un traitement particulier. Même les rouges bon marché sont considérablement améliorés si on les met en carafe avant un repas. Pour les très bons vins, demandez-vous si vous devez laisser le vin au contact de l'air en laissant la carafe débouchée, ou s'il est préférable de reboucher le flacon après avoir transvasé le vin.

Préparez le décanter ou la carafe. Ils doivent avoir été rangés propres et secs — toutes les gouttes d'eau non essuyées leur donneront une odeur — et débouchés. Les carafes sales peuvent se nettoyer avec de nombreux produits, mais il faut les rincer et les essuyer très soigneusement, ou les laisser sécher jusqu'à ce que l'intérieur soit parfaitement sec. Placez la carafe à côté de la bouteille pour qu'elles aient la même tempé-

Seau à glace
pour vin du Rhin

Carafe à Bordeaux

Seau à glace ordinaire

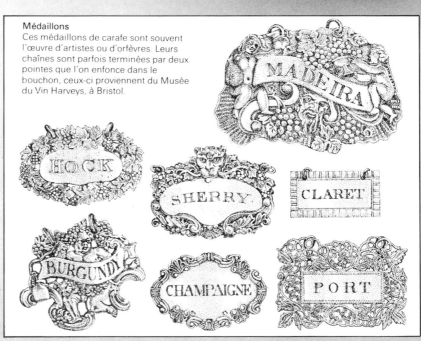

Médaillons
Ces médaillons de carafe sont souvent l'œuvre d'artistes ou d'orfèvres. Leurs chaînes sont parfois terminées par deux pointes que l'on enfonce dans le bouchon, ceux-ci proviennent du Musée du Vin Harveys, à Bristol.

MADEIRA

HOCK

SHERRY

CLARET

BURGUNDY

CHAMPAIGNE

PORT

Carafe à col court

Carafe ordinaire

Carafe de navire

Décanter à Porto, géorgien

Carafe moderne magnum

Carafe de navire, moderne

Carafe
renflée, grand modèle

Entonnoir victorien

Carafe moderne

Carafe renflée, petit modèle

Carafe à col court

rature. La bouteille doit avoir été redressée depuis au moins 24 heures, parfois plus longtemps, notamment si le vin a un dépôt qui doit entièrement retomber au fond.

Préparez tout ce dont vous avez besoin pour la décantation, et ne vous interrompez pas lorsque vous avez commencé : tire-bouchon, serviette, source de lumière (bougie, lampe de poche ou autre), verre et, si nécessaire, entonnoir et morceau de mousseline pour filtrer.

Coupez le haut de la capsule ou enlevez-la entièrement, essuyez le haut du bouchon, retirez le bouchon et essuyez à nouveau le goulot de la bouteille. Ne versez jamais le vin sur la capsule. Tenez la bouteille de telle façon que vous puissiez voir par transparence si le dépôt arrive au niveau du goulot ou — si vous avez une grande habitude — si le dépôt se mélange au vin. Versez doucement, lentement, en faisant couler le vin sur un bord de la carafe sans qu'il en éclabousse le fond (c'est pourquoi les entonnoirs de décantation sont recourbés). Ne jamais renverser la bouteille en arrière lorsque le dépôt apparaît, mais verser dans le verre, qui pourra recevoir les dernières gouttes de vin. On pourra par la suite les ajouter au contenu de la carafe ou, si l'on préfère, goûter le vin.

Les illustrations de cette page montrent la décantation d'une bouteille de Porto dans un décanter, avec l'aide d'une bougie.

Ensuite, le vin est versé sur un morceau de mousseline propre (et *pas* un vieux mouchoir parfumé à la lavande) et la dernière photographie montre le dépôt.

Les illustrations du haut, sur la page en regard, montrent comment l'on peut décanter en utilisant le bord d'une table, sans panier. Si vous préférez employer un panier, souvenez-vous que lorsque la bouteille y a été déposée doucement, il ne faut pas le balancer (et ne tenez pas un panier en osier près de la flamme d'une bougie). Gardez toujours la bouteille avec l'inclinaison qu'elle avait dans son casier, même lorsque vous retirez le bouchon. Ici, la bouteille est maintenue par une pièce en bois, le bouchon est retiré et le vin versé dans l'entonnoir en inclinant très progressivement la bouteille, une main tenant la bouteille pendant que l'autre baisse le décanter au-dessous du niveau de la table.

Les photographies de droite montrent la façon d'enlever le goulot d'une bouteille de vieux Porto Vintage, dont le bouchon est souvent fragile et friable. On saisit le goulot avec des pinces spéciales, chauffées, et il se détache lorsque l'on en donne un coup sec avec le dos d'un couteau. Si l'on n'a pas de pinces, on peut utiliser un fil chauffé, le dos d'un couteau à découper ou un instrument similaire et, après avoir fait une entaille sous le rebord du goulot, on donne un coup violent, dirigé vers le haut. On

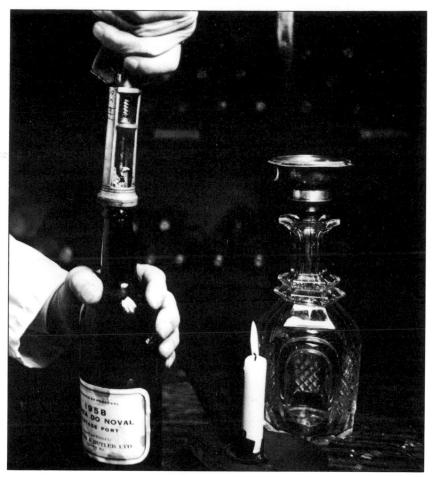

Décantage du Porto
Ci-dessus, l'extraction du bouchon. Préparez une serviette pour essuyer la bouteille avant de verser. A l'extrême gauche, un sommelier remplit d'abord un verre pour vérifier si le vin est limpide, avant de verser (à gauche) le reste dans une carafe au moyen d'un entonnoir.

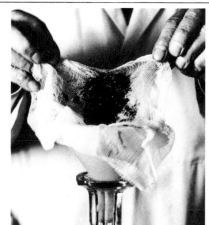

Filtrage et décantation
Décantation du Porto dans un filtre de mousseline sur un entonnoir en plastique. A gauche, on verse le vin régulièrement sur le filtre. La bougie (ou une autre source lumineuse) permet de voir si des dépôts arrivent au niveau du goulot. A droite, les

résidus du filtrage. Dans cette photographie, on a versé tout le contenu de la bouteille pour montrer l'importance des dépôts, qui normalement restent dans la bouteille, et la lie est filtrée ensuite et utilisée à des fins culinaires.

Décantation sans remuer les dépôts

Si la bouteille reste tout le temps dans une position horizontale, il y a moins de risques de remuer les dépôts. En haut à gauche, on ôte la cire entourant goulot et bouchon d'une bouteille de Porto. En haut à droite, on extrait le bouchon. En bas à gauche, on prépare la carafe et l'entonnoir avant la sortie du bouchon. A gauche, on soulève doucement la bouteille par le culot lorsqu'elle est presque vide. Ci-dessus, le résultat : on vérifie la limpidité du vin.

peut commencer par enfoncer le tire-bouchon qui permettra, lorsque le haut du goulot cassera, de retenir l'ensemble. Mais toutes ces opérations demandent une certaine habileté ou beaucoup de pratique.

La décantation est beaucoup plus facile qu'elle ne semble parfois, et améliore grandement le vin. La préparation du vin est une opération à laquelle le véritable amateur doit apporter tous ses soins, et que les vrais amateurs apprécient car le meilleur vin du monde peut ne pas résister à une décantation maladroite. Aussi ne décantez jamais avec précipitation, en vous interrompant, ou avec des mouvements brusques. Si vous décantez en présence de vos invités, faites-les participer au rituel. Lorsqu'ils se rendront compte qu'un vin qu'ils connaissent semble meilleur grâce aux soins que vous lui avez prodigués, vous pourrez en tirer une légitime fierté.

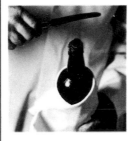

Ouverture du Porto

Dans le cas de bouchons fragiles, on applique une pince chauffée sous le goulot, sur lequel on frappe un coup sec. La serviette est utile si la bouteille se casse. On n'a plus qu'à enlever le haut du col.

Les verres à vin

La forme du verre, son pied, sa simplicité, peuvent influer grandement sur le plaisir que l'on prend à boire le vin. Autrefois, on utilisait des verres tintés pour ne pas voir le dépôt des vins blancs ; aujourd'hui, on préfère des verres permettant de mieux apprécier la robe.

Il est tout à fait inutile de disposer de différents verres pour les différents vins, mais si vous en comparez plusieurs, cela peut vous éviter des confusions si vous marquez les verres, soit avec un crayon spécial, soit grâce à une étiquette collée sur le pied. Certaines personnes estiment qu'un type particulier de vin est toujours à son avantage dans une sorte de verre bien définie, ce qui n'implique pas nécessairement qu'il faille de petits verres pour les vins blancs et de grands pour les rouges comme on l'affirme parfois.

Les régions viticoles créent souvent des verres particuliers, comme le verre de Trèves en Moselle, en forme d'oignon, avec une gravure spéciale ; la coupe incurvée du Vouvray ; le verre arrondi du Bourgueil ; la flûte à Champagne ; ou la tranchette (voir page en regard) que l'on devait vider avant de la reposer, comme pour le « coup de l'étrier ». Mais certains verres participent plus d'une campagne de publicité régionale qu'ils ne sont nécessaires à l'appréciation du vin. Il est superflu de posséder des assortiments de verres, bien que l'on puisse se servir d'un type de verre pour l'usage quotidien et d'autres, plus fins, pour les occasions exceptionnelles. On se demande parfois si un verre très fin, en cristal par exemple, présente un avantage réel pour les meilleurs vins — il suffit de comparer, et vous vous rendrez compte combien la finesse du verre ajoute au plaisir de boire. Il est évident que, pour boire un vin ordinaire, on peut utiliser un verre simple. Mais pour les bons ou très bons vins, un verre à vin classique, aussi fin que possible, est l'idéal pour mettre en valeur la robe, le bouquet et la saveur.

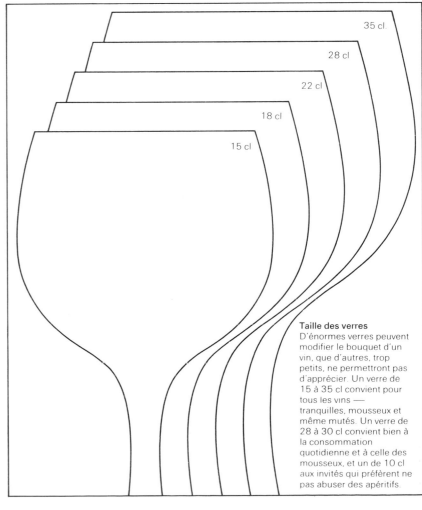

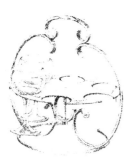

Carrousel
Répandu dans le Palatinat, il permet de placer plusieurs verres dans des découpes prévues à cet effet. Dans des établissements spécialisés, ou même chez soi, on peut ainsi déguster une sélection de vins présentés dans un carrousel, et certains peuvent contenir jusqu'à une douzaine de verres.

Le verre parfait
Trois types de verres parfaits. Les deux modèles de gauche ont une forme de tulipe ; celui de droite est un ballon parisien. N'importe quel vin est à son avantage dans ces verres, qu'ils soient bon marché ou très coûteux, comme ceux en cristal. Le verre parfait ne doit pas être teinté pour ne pas modifier la couleur du vin, et doit avoir un pied pour que l'on puisse faire tourner le vin, sans le chauffer avec les doigts. Son ballon, généreux mais pas trop vaste, est rempli à moitié ou aux deux tiers, et doit s'incurver vers l'intérieur pour garder le bouquet du vin. Les verres les plus fins permettent d'apprécier plus facilement le vin. Tous les verres présentés sont parfaits pour n'importe quel type de vin — tranquille, mousseux ou muté.

35 cl.

28 cl

22 cl

18 cl

15 cl

Taille des verres
D'énormes verres peuvent modifier le bouquet d'un vin, que d'autres, trop petits, ne permettront pas d'apprécier. Un verre de 15 à 35 cl convient pour tous les vins — tranquilles, mousseux et même mutés. Un verre de 28 à 30 cl convient bien à la consommation quotidienne et à celle des mousseux, et un de 10 cl aux invités qui préfèrent ne pas abuser des apéritifs.

Verres régionaux
Voici quelques-unes des formes classiques qui peuvent enrichir une table et souligner la progression des vins au cours du repas.

Anjou
Ce verre à fond plat est très répandu dans la vallée de la Loire pour la dégustation des vins d'Anjou

Vin du Rhin
Römer ancien, utilisé depuis très longtemps pour les vins de Rheingau, Franconie, Nahe, et certains vins de la Moselle. Le *römer* de Bade a un pied plus court. Ces verres sont parfois richement décorés.

Baccarat
Ce verre en cristal de Baccarat est idéal pour les vins fins, qu'ils soient blancs ou rouges. Il est si fin qu'une pression peut le déformer et qu'il peut vibrer.

Copita
Ce mot signifie «petite bouchée», et c'est le verre que l'on emploie à Jerez pour le Xérès, idéal pour apprécier le bouquet du vin.

Alsace
Comme les verres allemands ordinaires, ceux d'Alsace ont une forme d'oignon tronqué. Le pied est souvent vert, comme pour ceux de la Moselle, alors que ceux du Rhin ont parfois un pied marron, comme les bouteilles.

Verre à Porto
C'est le type de verre utilisé pour de nombreuses dégustations, et le verre à dégustation international en est dérivé ; le haut se referme quelque peu, ce qui facilite l'appréciation des vins jeunes.

Coupe victorienne
Cette coupe en verre taillé est juste assez profonde pour le vin, mais elle convient à d'autres boissons, notamment des cocktails. Certains aiment les reflets que prend le vin du fait de la taille.

Tranchette
Sans pied, de forme triangulaire, la tranchette fut inventée par des aubergistes français : les voyageurs buvaient et reposaient le verre vide. C'était aussi un bon moyen d'éviter le vol.

Cognac
Comme la copita, le verre à Porto ou à dégustation, ce verre est parfait pour les alcools, notamment le Cognac, qu'il s'agisse de le déguster ou de le boire.

Ci dessus, solitaire ancien, que l'on plaçait sur la table pour rincer le verre qui devait contenir successivement différents vins. A gauche, verres à Champagne ; les deux flûtes sont préférables puisqu'elles limitent le contact avec l'air et donc prolongent la vivacité du vin, ce qui est tout le contraire pour la coupe.

Entretien des verres

Il est préférable de n'utiliser ni savon ni détergent pour les verres, mais seulement de l'eau très chaude ; si vous utilisez un détergent, rincez abondamment, car ce produit peut décolorer le vin et lui donner une odeur désagréable. N'utilisez que des torchons propres pour essuyer les verres, et réservez ces torchons à cet usage. Rangez les verres en position normale ; si vous les retournez, ils peuvent prendre l'odeur de leur support ; pour les protéger de la poussière, couvrez-les d'un papier ou d'un tissu propres.

Quand vous essuyez un verre, ne mettez pas les doigts à l'intérieur, vous risqueriez de le casser — bourrez le torchon en tournant. Il est plus facile de les essuyer quand ils sont encore humides et chauds.

Le vin et la cuisine

Le choix des vins qui accompagneront les mets pour former un repas harmonieux est tout à la fois une tâche fascinante et des plus délicates. Le choix est évidemment fonction des vins et de l'argent dont on dispose, mais il est stupéfiant de voir le nombre de gens qui choisissent au hasard les vins qui devront accompagner certains plats, sans penser à leur rôle capital ni à l'ordre dans lequel ils seront servis. C'est pour cette raison, je pense, que de nombreuses personnes ne peuvent jamais comprendre pourquoi le vin est si fascinant: leurs vins ne sont jamais choisis en fonction des aliments, des circonstances et des autres boissons prévues.

D'autres font preuve d'une grande rigidité quant au vin qui convient à tel ou tel plat, et répugnent à toute expérience. Ce n'est pas parce qu'un Français choisira un vin français pour accompagner un certain plat, ou un Italien un vin de sa région, que leurs préférences purement personnelles doivent dicter le choix de tous. Si vous avez décidé qu'il n'y a qu'une seule façon de choisir les vins, vous feriez aussi bien de laisser un traiteur s'en occuper.

Mais puisque l'hospitalité, le partage des mets et de la boisson n'ont d'autre but que de donner du plaisir, il est utile de connaître certaines règles établies depuis longtemps, et certaines traditions agréables. Lorsque vous les maîtrisez, et que vous avez acquis un peu d'expérience, il vous est possible de les infléchir, de les modifier, voire même de les recréer. Plus vous serez versé dans la science du vin, plus vous aurez tendance à choisir les mets en fonction des vins, plutôt que l'inverse. Pour vous encourager dans cette voie, sachez que les meilleurs vins du monde peuvent se servir avec une nourriture très simple, mais de première qualité, alors qu'une nourriture prétentieuse mais de second choix ne sera jamais améliorée par des vins prétentieux de second choix. Le vin est en vérité le meilleur compagnon de la nourriture, car il peut transformer les mets les plus simples en un délicieux repas, alors que la cuisine la plus élaborée et la plus extravagante est impuissante à améliorer une médiocre bouteille.

Le choix des vins doit faire preuve d'une certaine logique: avec un plat mijoté à la cocotte, un bon vin courant; avec un plat régional (dans une région viticole), un vin du pays; avec des aliments simples, ordinaires, un vin franc, direct et sans complication; et avec une nourriture simple mais exquise, de très bons ou très grands vins, qui en ces rares occasions prendront le pas sur la nourriture. Si vous traitez divers convives, dont seuls quelques-uns sont des connaisseurs passionnés, les grands vins céderont la place à de bons vins, qui seront appréciés de tous.

Apéritifs

Le choix des vins pour un repas doit tenir compte de toutes les boissons qui y seront servies, notamment les apéritifs. Un vin très délicat pâtira d'alcools ou de cocktails compliqués dont l'absorption immodérée gâtera le palais. Cependant des boissons plus fortes que le vin, même que les vins mutés, permettent parfois de «briser la glace». Si l'on sert ces alcools, je conseille un premier plat, servi sans vin, qui aura pour but de nettoyer le palais. Certains spiritueux sont moins redoutables que d'autres: l'eau-de-vie, issue de raisins, est traditionnellement admise avant le vin, ce qui est également le cas de la vodka, très neutre, comme de certains whiskies légers ou à base de malt, qui n'affectent pas le palais. Dans la plupart des cas, ce n'est pas l'alcool lui-même, mais les additifs, comme les toniques, les boissons à base de fruits ou les fruits eux-mêmes, notamment le citron, qui altèrent le goût. La quantité ingérée est également très importante: personne ne peut garder suffisamment de sensibilité pour apprécier de bons plats et de bons vins après avoir bu de trop nombreux apéritifs. Le palais sera respecté par un seul Martini dry, ou gin et tonique, deux à la rigueur. Mais il devrait être possible, quand on sait que l'on va boire de très bons vins, de faire attention à ne prendre que des apéritifs appropriés. Il y en a quantité: de bons vins secs, mousseux ou non; des vermouths secs; des apéritifs à base de vin; et le Champagne brut.

On gagnera en simplicité si l'on n'offre qu'un seul type de boisson avant un repas. Quant à ceux qui ne peuvent s'empêcher de boire beaucoup, ils devraient prendre leurs précautions avant de venir et se contenter des deux ou trois verres d'apéritif que même les hôtes les plus généreux considèrent comme suffisants.

L'ordre des vins

L'ordre traditionnel du service des vins est le suivant: le sec avant le doux, le jeune avant le vieux, et le blanc avant le rouge, les vins doux et de dessert faisant exception. Certains diront également le Bordeaux avant le Bourgogne, mais personnellement j'émets des réserves sur le fait de servir les deux lors d'un même repas. C'est logique pour un vin sec avant un vin doux car on ne peut pas apprécier un très bon vin sec si on a bu avant quelque chose de doux, même légèrement doux. Le Xérès servi en apéritif peut porter la mention «sec», mais à moins que vous ne l'ayez goûté et ne soyez sûr qu'il est plus sec que le Muscadet ou le Bourgogne blanc que vous servirez avec le poisson tout de suite après, changez de Xérès pour en adopter un qui soit nettement plus sec. Pareillement, le Porto blanc, le Vermouth blanc et de nombreux apéritifs à base de vin, bien que relativement secs, peuvent

être trop doux pour précéder un très bon vin blanc sec, et leur teneur en alcool plus forte que celle du vin qui va suivre peut lui nuire encore plus. De la même façon, même un grand Bourgogne blanc ne pourra succéder à un excellent vin mousseux; il faudra servir un plat neutre entre les deux, ou du moins des canapés avec l'apéritif. Il faut cependant choisir avec soin ces canapés, car s'ils sont trop épicés, acides ou onctueux, ils peuvent charger ou même fatiguer le palais. On peut remarquer que très souvent lors des dégustations vinicoles on n'offre rien d'autre que des noix ou des biscuits.

Si l'on admet qu'un vin sec ne doit pas être servi après un vin même légèrement doux, il est logique qu'un vin très sec ne soit pas servi à la fin d'un repas; si le vin qui a été bu juste avant avait du corps et une pointe de douceur, comme un bon vin vieux de Bordeaux ou Bourgogne, un vin sec lui succédant semblera nettement moins bon. Pour cette raison, un Champagne brut ou sec, ou un Blanc de Blancs, que l'on sert parfois avec le gâteau de mariage ou d'anniversaire à la fin du repas, serait mieux apprécié si on l'offrait plus tôt, un vin mousseux légèrement plus fruité lui étant substitué à la fin. Les vins allemands les meilleurs sont parfois servis au commencement d'un repas, suivis par un vin rouge que l'on aurait davantage apprécié s'il n'avait pas été précédé d'un vin légèrement doux. Il est plus avisé de servir un vin sec avant un doux, cela prouve que vous savez en apprécier les divers degrés.

Il est également sage de servir un vin jeune avant un vieux, lorsque le même type de vin est concerné, parce qu'un vin qui a longuement vieilli et est à son sommet éclipsera un vin jeune, dont le développement n'est pas achevé, et qui n'est peut-être pas encore en harmonie avec lui-même. Mais je pense que l'on ne doit pas observer ce principe avec trop de rigueur; il est logique de passer du jeune au vieux si l'on compare des Bordeaux, Bourgognes, ou vins allemands, rouges au cours d'un repas; mais si vous servez ensuite un vin de dessert, son caractère si différent permet de choisir un vin plus jeune que celui qui l'a précédé; si le vin servi en apéritif ou avec le premier plat est plus âgé que le vin qui suit, mais néanmoins vigoureux, vieux avant jeune peut tout à fait se justifier. Par exemple,

on peut très bien servir au début d'un repas un Bourgogne, un vin d'Alsace ou d'Allemagne, blanc, qui ait trois ou quatre ans de plus que le premier Bordeaux, Bourgogne ou autre vin rouge qui suit. Un grand écart d'années n'est pas souhaitable cependant, car le premier vin pourrait être si raffiné que le suivant paraîtrait quelconque.

Cela nous amène à la règle fondamentale de l'ordre des vins: le dernier doit être le meilleur. Un repas dont le premier vin sera extraordinaire et les suivants d'une qualité moindre laissera une impression d'insatisfaction. Un bon vin au début d'un repas sera suivi d'un vin meilleur, et cette progression se poursuivra jusqu'à la fin. Cela présente un avantage supplémentaire car, comme il est plus facile de déguster plusieurs vins en compagnie d'autres personnes, un grand vin paraîtra encore meilleur s'il est introduit par un bon vin, mais de qualité inférieure. En conséquence, *au moins* deux vins de même sorte devraient toujours figurer à un repas de connaisseurs; il est intéressant de noter que le premier vin paraîtra également meilleur si l'on y revient après avoir goûté le second.

Comme lors des dégustations de vins, il me paraît peu indiqué de choisir des vins de régions très éloignées pour le même repas. Il n'est pas nécessaire de se cantonner aux vins d'un seul pays, mais tout comme le meilleur plat campagnard ne figurera pas dans un menu comprenant un grand plat classique, il est prudent d'accorder le caractère (puissance, affirmation) des vins. Un Bourgogne blanc peut être une introduction parfaite à un Bordeaux rouge; certains vins blancs du Rhône peuvent précéder un grand Rioja rouge, un Riesling des Balkans peut annoncer un Barolo italien, ou un Chardonnay de l'Etat de New York peut introduire un Bourgogne rouge. Mais je tiendrai compte de la puissance des vins que je veux servir, par exemple un vin délicat de la Moselle ne précédera un grand Côtes du Rhône, ni un bon Frascati le meilleur rouge d'Afrique du Nord, ni un Gewurztraminer alsacien un Cabernet franc ordinaire d'Europe ou d'Amérique. Le palais ne peut s'ajuster sans cesse à des vins si divers, aussi bons soient-ils. L'idéal est de suivre une progression qui va du bon au grand, du léger au puissant, du simple au subtil.

Le vin et la cuisine

Bordeaux et Bourgogne

En théorie, rien n'interdit de servir du Bordeaux et du Bourgogne au même repas, mais cet assemblage ne m'a jamais donné satisfaction. Si le Bordeaux rouge a un charme fascinant, le Bourgogne peut sembler banal; si le Bourgogne est puissant, le Bordeaux semblera trop léger — bien qu'aucun amateur de Bordeaux n'admettra qu'il n'existe pas un Bordeaux pour chaque occasion, pouvant même rivaliser en puissance avec un grand Bourgogne rouge! Si l'on veut comparer deux ou trois vins de domaines célèbres, de grands éleveurs ou de différentes années, il est plus avisé de s'en tenir au type de vin qui sera l'apothéose du repas. Il est naturellement possible de comparer des vins complètement différents pour analyser le résultat, ce qui peut être extrêmement intéressant pour un dégustateur avisé, mais je ne le recommanderai pas en une autre occasion.

Le nombre de vins

Peut-on servir un seul vin tout au long d'un repas? A cette question, les manuels répondent «le Champagne». Mais même dans la région champenoise, un vin rouge accompagnera généralement le fromage. Peu de gens apprécieraient un vin mousseux tout au long d'un repas composé de nourritures substantielles — rôtis ou gibier — alors qu'il conviendrait à des plats de poisson ou de volailles. Pour un repas léger, et peut-être aussi l'apéritif, si vous voulez ne servir qu'un seul vin, choisissez-en un issu des cépages Riesling ou Traminer; pour un repas plus lourd, le cépage Chardonnay convient mieux; ces deux sortes de blancs peuvent accompagner tous les types de viande, si vous ne voulez pas changer de couleur.

Le nombre de vins est une question de goût personnel; il n'est pas nécessaire d'avoir un vin différent à chaque plat, bien qu'en certaines occasions cela soit préférable. Cependant l'idéal voudrait que l'on finisse avant le dessert, et avant toute salade, les vins de grande qualité servis avec le plat principal, viande ou poisson.

En conclusion, le nombre de vins qui apparaissent au cours du repas est une question de choix personnel; un vin peut servir d'apéritif et accompagner le repas. Il peut y avoir un vin d'apéritif et un seul vin avec le repas, peut-être un vin de dessert ensuite. On peut choisir d'offrir un apéritif, pas de vin au commencement, et peut-être deux vins rouges avec un plat de viande, ou un vin blanc avec le premier plat, suivi d'un seul rouge. Lors des grandes occasions, où un plat de poisson est servi après l'entrée et avant la viande ou le gibier, on peut placer un second vin blanc avant un rouge. Pour un repas entre amateurs de vin, vous pouvez choisir d'offrir deux (ou plus) vins rouges ou blancs avec le plat principal pour une comparaison subtile. Le vin qui vient à la fin du repas doit avoir une importance égale à ceux qui l'ont précédé, on peut cependant préférer servir un véritable vin de dessert, mais il devra être d'une grande qualité.

Les apéritifs présentés page ci-contre comprennent un Martini dry, en carafe (qui pourrait également contenir un Daiquiri), du Champagne, un Xérès Fino, un Riesling alsacien, un Madère Sercial, du Porto blanc et un vermouth sec. D'autres apéritifs pourraient comprendre vin blanc cassis, Dubonnet, Saint-Raphaël, vermouth blanc, n'importe quel vin mousseux sec, Xérès Amontillado ou Pimm's N° I. Il pourrait aussi y avoir du Punt e Mes, n'importe quel vin blanc sec, un cocktail à base de vin mousseux, un whisky léger ou malté avec de l'eau minérale, ou de la Vodka et du tonique. Si vous servez des boissons acides, comme du jus de tomate ou du jus de fruit nature, évitez un vin délicat tout de suite après. Bien que l'on puisse verser n'importe quel liquide sur des glaçons, le goût d'un cocktail est très différent si on verse le mélange sur de la glace pilée; plutôt que d'offrir des boissons «on the rocks», il est nettement préférable de rafraîchir les bouteilles.

Le vin et la cuisine

Il n'est pas obligatoire de servir du vin avec le premier plat. Certaines nourritures ne s'accordent absolument pas avec le vin, et rendent son goût désagréable ; parmi celles-ci on peut ranger tous les plats qui contiennent du vinaigre, notamment du vinaigre de malt, certaines sauces piquantes, les condiments au vinaigre, le pamplemousse et les cocktails de fruits de mer. Une touche de vinaigre de vin, de citron ou d'une sauce peu acide n'endommagera pas le palais, mais il est préférable de ne pas servir en même temps un vin délicat ou fin. Toutes les nourritures trop relevées — poivre frais, ail, curry — affecteront le palais ; la plupart des plats à base d'œuf le rendront terne, et même de simples œufs peuvent donner un goût étrange et désagréable à un vin relativement robuste. Lorsque l'on choisit le vin du premier plat, il est important de prendre en considération les apéritifs qui le précèdent et les vins qui le suivront. Aucun vin courant ne pourra faire bonne impression après un apéritif consistant en un mélange à base d'alcool ou après un Champagne. De plus, souvenons-nous que les schnaps et la vodka font merveille avec un poisson très parfumé, tel le saumon fumé.

Le vermouth de Chambéry représenté sur l'illustration à gauche est extrêmement sec, frais et stimulant, avec un arrière-goût délicat d'herbes aromatiques, et il accompagne volontiers les potages à la crème, les asperges, le melon, les artichauts et les avocats.

Entrées

Soupes légères
Un vin n'est pas utile, mais si le consommé contient du vin rouge, du Porto, du Xérès ou du Madère, servez le même vin.
Consommé : Certains ajoutent parfois une cuillerée de Xérès, de Porto Ruby ou Tawny dans chaque assiette. Il est cependant dommage de gâcher la saveur délicate en y ajoutant un ingrédient supplémentaire, à moins que la recette ne le spécifie.
Potages : On peut leur ajouter un peu de vin rouge ou blanc, du vermouth ou un vin muté. Si le potage est consistant, servez un rouge pour les potages à base de viande ou de gibier, et un blanc ou un vermouth avec les potages au poisson. Les soupes de poisson qui contiennent de l'alcool n'ont pas besoin d'être accompagnées de vin.

Soupes épaisses
Les soupes épaissies par de la crème, des œufs, de la farine, des pommes de terre ou des légumes secs peuvent être accompagnées par un Amontillado, un Oloroso sec, un Marsala sec ou un Madère.
A la crème : On peut ajouter de l'eau de-vie, du vermouth, du Xérès sec juste avant de servir. Un vin d'accompagnement n'est pas nécessaire.
Froides : Elles se passent de vin, mais on peut servir un vin d'apéritif.

Œufs
Ce type d'entrée demande un vin blanc affirmé, sec, qui tranche sur sa saveur. Pour un plat froid, un vin robuste ; et pour un plat chaud un vin ordinaire, rouge ou blanc. Les aspics à l'œuf et au foie gras ont besoin d'un vin plus plein et plus fin ; les œufs à la sauce tomate (à la portugaise) s'accompagnent d'un vin rouge ou blanc, ordinaire. Les œufs pochés dans du vin rouge du type Bourgogne demandent un vin rouge, de préférence un Bourgogne ordinaire.

Pâtes et riz
Ce sont des nourritures assez grossières, et l'assaisonnement n'y change rien ; il faut donc choisir un vin ordinaire. Les ingrédients de base, viande ou poisson, détermineront le vin, rouge ou blanc ; l'un ou l'autre conviendra si le fromage ou d'autres assaisonnements entrent dans la préparation.

Poisson
Fumé : La saveur très affirmée du poisson fumé rend le vin inutile ; avec des anguilles fumées, servez du gin ; du schnaps avec des harengs, et un alcool de malt avec de la truite fumée. Le saumon fumé accepte de nombreuses possibilités, vin rouge, vieux Sauternes, Bourgogne blanc affirmé, Chardonnay, schnaps, vin blanc très sec ou sec.
Aux condiments : Servez avec une boisson à base d'eau-de-vie, ou des spiritueux comme le schnaps ou la vodka.

Œufs : La vodka, un Champagne sec ou tranquille, un vin pétillant sec ou un vin blanc se marient bien avec le caviar ; le schnaps ou l'ouzo convient aux œufs de lump et au caviar rouge. Pour des œufs ou de la laitance plus ordinaire, offrez un vin blanc sec ou très sec assez affirmé. Les Anglo-Saxons servent parfois ces œufs à la fin du repas, accompagnés du vin qui les a précédés ou de l'alcool qu'on servira ensuite.
Pâtés : Bien qu'assez gras, ces pâtés de poisson ont une saveur plus délicate. Servez le type de vin que vous offririez avec le poisson qui les garnit.

Viandes froides fumées
De telles viandes gâteraient le goût d'un vin fin, mais on peut servir un blanc franc ou un rouge assez robuste. Le jambon, le melon ou les pêches gâtent tous les vins, mais on peut offrir du schnaps ou un spiritueux.
Cuisses de grenouille : Un blanc nerveux les accompagne bien, et parfois un vin plus corsé si elles sont accompagnées d'une sauce, notamment à l'ail.
Escargots : Même vin que pour les cuisses de grenouille. En Bourgogne, on sert souvent un vin rouge ou blanc ordinaire, assez affirmé pour s'imposer à l'ail et au beurre.

Pâtés
Un vin rouge de la Loire ou un blanc très sec et plein convient bien aux pâtés gras, rillettes par exemple. Pour les pâtés de viande ordinaires, on peut offrir un rouge de qualité moyenne, et un vin plus affirmé pour les pâtés de gibier, notamment s'ils sont à l'alcool. Servez un vin délicat, rouge ou blanc, pour les pâtés de foie, sauf pour les pâtés de foie gras ou les pâtés truffés qui exigent un vin qui équilibrera leur richesse, comme le Champagne tranquille ou les meilleurs Rieslings. Le foie gras non truffé s'accompagnera d'un Gewurztramíner ou d'un grand vin blanc sec, ou si vous désirez un contraste, d'un grand Sauternes ou Barsac.

Légumes
Il est inutile de servir du vin avec des crudités, notamment si elles sont préparées avec une sauce épicée ou un aïoli. Ne servez pas de vin avec les asperges froides accompagnées d'une vinaigrette, mais si elles sont au beurre, chaudes, offrez un vin blanc sec ou demi-sec moyennement corsé ou un vin de carafe blanc. Un vin ordinaire et affirmé, rouge ou blanc, convient aux asperges à la sauce hollandaise. Un Marsala sec peut accompagner un potage à l'avocat, mais les avocats vinaigrette ou garnis de crabe, de crevettes et de mayonnaise se passeront de vin.

Le vin et la cuisine

On accompagne généralement les coquillages et les crustacés d'un vin blanc assez sec ou très sec parce que la plupart des gens estiment que c'est ce qui convient le mieux à leur goût légèrement salé. Le Champagne et les vins mousseux secs, de qualité, conviennent également, notamment lorsque les coquillages sont servis seuls, indépendamment d'un repas. La plupart des vins crémants et pétillants se marient assez bien avec ce type de nourriture, sauf ceux qui proviennent du cépage Moscato ou d'autres cépages aussi fruités. Les rosés assez secs, comme ceux de la Loire et du Rhône, se boivent également avec les coquillages; en fait tous les vins nés près des fleuves — Loire, Rhône, Dordogne, Moselle, Ebre — accompagnent fort bien tous les plats de coquillages.

Un vin moyennement robuste convient bien à un assortiment de coquillages et de crustacés. Il faut le choisir en fonction de l'élément le plus important dans l'assortiment — crabe, langouste, huître ou crevette. Avec des coquillages locaux, essayez de boire un vin local; c'est tout à fait possible au bord de la Méditerranée, et la légère rudesse de certains de ces vins est idéale. Les vins secs plus septentrionaux sont meilleurs avec des coquillages de mers froides, comme les coquilles Saint-Jacques; choisissez des vins avec

une pointe de distinction pour des coquillages de première qualité. Je choisirai un vin d'une intensité assez nerveuse, Sancerre, certains Bourgognes blancs, un Graves blanc, pour accompagner les meilleurs crabes, huîtres, langoustes, servis nature.

Le choix des vins est déterminé par un facteur important : les sauces, farces, garnitures et méthodes de cuisson. La mayonnaise et les sauces à l'œuf nécessitent un vin qui tranche sur l'onctuosité; avec la vinaigrette, il faut un vin simple et direct; et un vin robuste convient aux sauces relevées ou piquantes. Un vin affirmé, pas nécessairement subtil, accompagnera les crustacés flambés à l'aide d'un alcool qui entrera peut-être dans la composition de la sauce; les sauces crémeuses requièrent un vin d'une certaine délicatesse, comme un jeune Moselle, un robuste Franconien, ou un Riesling riche en acidité. Les vins qui conviendront le mieux sans doute sont issus des cépages Chenin blanc ou Chardonnay.

Sur l'illustration de gauche, un Muscadet accompagne les huîtres. Un Chablis, un vin nature de Champagne, un vin de la Loire ou un Bourgogne blanc auraient pu y figurer. Evitez d'inonder les coquillages de citron ou de vinaigre : n'importe quel vin fin serait gaspillé.

Coquillages

MOLLUSQUES

Huîtres
Avec les huîtres, servez un vin blanc sec franc et moyennement corsé, comme un Chablis ou Petit Chablis, un bon Muscadet ou un vin issu du cépage Chenin blanc. Les huîtres portugaises ont une saveur plus rude et exigent donc un vin franc et robuste. Le Champagne est excellent avec les huîtres, notamment lorsqu'elles constituent tout le repas; il faut qu'il soit assez corsé et sec. Les autres mousseux doivent être très secs. On peut également servir du Champagne tranquille. Les huîtres préparées seront accompagnées d'un vin choisi en fonction de la méthode de préparation.

Coquilles Saint-Jacques
Ce sont des coquillages charnus et délicats, qui

demandent un vin très sec à demi-sec, de bonne qualité. Les plus agréables sont les vins issus des cépages Riesling, Gewurztraminer, et également Chardonnay. Les coquillages Saint-Jacques à la mayonnaise seront accompagnées d'un vin blanc affirmé, du Rhône ou de la Loire.

Haliotides
La méthode de cuisson sera déterminante pour le vin, mais un blanc sec à demi-sec, moyennement fruité, conviendra généralement. C'est le cas de ceux issus des cépages Riesling, Chardonnay et Chenin blanc. Si l'on emploie de l'ail dans la préparation, il est préférable de choisir un Côtes du Rhône blanc.

Palourdes
Servies nature, comme les huîtres, elles seront accompagnées d'un blanc très sec à demi-sec. En préparation, un vin est inutile, mais on peut poursuivre avec l'apéritif. Si l'on utilise du

Xérès ou du vermouth dans la recette, accompagnez de ces vins. Les palourdes cuites dans une sauce très parfumée seront accompagnées par un vin blanc dont le style sera déterminé par le type de sauce.

Moules
Servies en sauce, les moules seront accompagnées d'un vin très sec qui aura une certaine puissance, ou d'un vin sec à demi-sec d'un fruité évident. Si l'on utilise du vermouth dans la préparation, un verre de vermouth sec de Chambéry ou de Marseille conviendra bien. Si elles sont cuites dans du vin et des aromates, farcies ou grillées, le vin de la recette et les herbes détermineront le style du vin.

Clovisses, bigorneaux,
Avec ces petits mollusques, un vin ordinaire ou local conviendra. Lorsqu'ils entrent dans la composition d'un plat de coquillages, choisissez un blanc assez robuste qui accompagnera bien ceux qui ont le goût le plus fort.

CRUSTACÉS

Homard, langouste, crabe
Si on les sert froids, avec une vinaigrette ou une mayonnaise, inutile d'acheter des vins très chers; des blancs secs à fruités, des Rieslings, conviendront. Homard et langouste avec une sauce à la crème se marient bien avec un blanc moyen, comme un bon Sancerre, un Muscadet, un Bourgogne blanc ou un vin

issu du Chardonnay. Ces crustacés flambés à l'alcool s'accompagnent volontiers d'un vin plus robuste. Les Frascatis italiens, secs, les Riojas et les meilleurs blancs de la Méditerranée conviennent bien aux grands homards. Des vins plus subtils, comme un Graves sec, un Sancerre, un blanc du Jura ou un vin d'un peu de puissance et de finesse, accompagnent parfaitement les langoustes et les crabes préparés simplement.

Crevettes et bouquets
Cuits simplement et servis froids, ils peuvent être accompagnés d'un vin ordinaire ou d'un vin de pays; s'ils constituent le premier plat, un blanc sec à demi-sec ou même un rosé de qualité, pourvu d'une certaine élégance, convient mieux. Les cocktails de crevettes à la sauce piquante seront accompagnés de l'apéritif ou d'un blanc sec et robuste. Les salades de crevettes et de bouquets se marieront à un vin blanc assez rude.

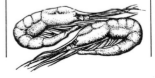

Le vin et la cuisine

Pour le poisson, il n'y a aucune raison de se limiter au vin blanc, et le choix est étendu; nombreux sont ceux qui apprécient un rosé avec du poisson de mer ou de rivière et, avec certains plats, comme le Saumon Chambord, où le saumon est braisé dans du vin rouge, il est logique de boire du vin rouge. De nombreuses personnes trouvent cependant qu'un rouge ou un rosé prend une saveur désagréable, souvent métallique, lorsqu'il accompagne le poisson. Les rouges les plus légers qui ont une certaine acidité, comme ceux de la Loire, sont souvent délicieux avec du poisson préparé simplement, comme saumon, turbot ou flétan, mais la plupart des gens préféreront sans doute un vin blanc.

On doit établir une distinction entre les poissons de mer et de rivière, et entre poissons d'eaux chaudes et froides. Les poissons des eaux froides ou vives ont une saveur plus subtile et une chair d'une plus grande délicatesse; le poisson de mer est généralement plus gras, et cela d'autant plus que les eaux sont plus froides ou plus profondes. Un poisson de rivière ou de lac prendra les caractéristiques de son milieu; on dit que les truites de différentes rivières ont des différences aussi subtiles que les vins des différentes parties du même vignoble. Les poissons qui doivent lutter contre le courant seront généralement délicats et succulents, ceux des étangs ou des retenues d'eau auront souvent une saveur moins fine. Une sole d'eaux tièdes sera très différente d'une sole de Dieppe, aussi différente que le meilleur Riesling des Balkans d'un vin fin de la Moselle.

Le choix du vin est également influencé par les autres plats du repas. Prenez en considération la puissance ou la légèreté des vins les uns par rapport aux autres, sans oublier l'apéritif. La méthode de cuisson est également importante: un poisson cuit à la grande friture, ou servi avec du beurre aromatisé, ou cuit au four et assaisonné aura besoin de vins qui supportent le gras. Les sauces riches en crème ou en œuf se marieront avec un vin affirmé, de très sec à mi-sec et assez puissant, alors qu'un poisson simplement grillé ou passé à la poêle peut accepter un vin plus délicat. Pour une garniture relevée, choisissez un vin plus ferme; les blancs secs ou très secs peuvent convenir, mais les mi-secs seront meilleurs avec les plats de poisson en sauce. Les vins dont le fruit est caractéristique accompagneront les poissons plus simples. L'illustration ci-dessus présente un Riesling alsacien, vin que l'on choisit souvent car l'on a peu de chances de se tromper.

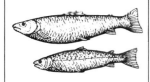

Saumon, truite saumonée, ombre

Ces poissons de mer sont à la fois assez gras et d'une saveur délicate. Lorsqu'ils constituent le plat principal, il faut un vin assez important, comme certains Bourgognes blancs, de grands Rieslings alsaciens, des vins allemands jusqu'à la catégorie Auslese incluse, mais encore faut-il que la sauce d'accompagnement ne soit pas trop riche. S'ils sont cuits au four ou grillés, et servis au beurre blanc, un bon blanc sec de la Loire ou un Bourgogne blanc conviendra bien. Des tranches grillées peuvent s'accompagner d'un rouge assez léger, qui pourrait également aller avec du poisson poché, bien qu'un blanc sec assez distingué soit sans doute préférable. Pour les sauces fortement aromatisées, le vin doit pouvoir trancher : choisissez un Bourgogne blanc étendu, un Côtes du Rhône blanc, un Graves blanc distingué, ou un vin très sec assez puissant, comme un Chablis ou un grand cru de Chablis, un Sancerre ou un Champagne tranquille blanc. On peut également servir un blanc, crémant ou pétillant, bien qu'un vin relativement corsé et fruité, comme certains vins du Palatinat, convienne mieux qu'un vin léger et très sec. Des Muscadets, des vins de Franconie, du Jura et de la Savoie peuvent également convenir à des plats de poisson richement garnis.

Truite

Un vin du pays où elle a été pêchée est l'idéal pour la truite de rivière. Au bleu, et servie avec du beurre, n'importe quel Riesling ou un blanc sec de la Loire conviendrait. Un Riesling, un Sylvaner ou un Traminer accompagnera bien une truite d'élevage. Pour les truites aux amandes, ou accompagnées de sauces ou de garnitures riches, comme de banane pour la «Truite Caprice de Buffon», il faut un blanc assez fruité. On peut également choisir un Traminer étendu, un Gewurztraminer, un Bordeaux blanc sec, un vin issu du Chenin blanc ou un vin italien issu du Trebbiano.

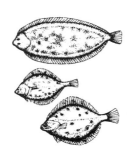

Sole, carrelet, plie

La sole, parfois considérée comme «le gibier de mer», devrait se conserver 24 heures après la pêche, pour concentrer sa saveur. Elle mérite un vin blanc fin, comme un Bourgogne ou un vin de Loire, à moins qu'elle ne soit préparée avec une sauce riche, et dans ce cas un vin fruité, comme un Sancerre, est préférable. Pour la cuisson à la grande friture, choisissez un vin plus puissant que pour les poissons frits ou grillés. Certaines garnitures, comme le citron, influeront sur le vin : des filets de sole au citron s'accompagnent d'un vin moins fin, comme un Riesling, Chenin blanc ou Muscadet ordinaires. Le carrelet n'est pas un type inférieur de sole, et il a sa propre saveur délicate : sa saveur légère mais indéniable accepte le même type de vin que la sole ; on le choisira cependant dans une catégorie légèrement moins coûteuse : les Rieslings, les Muscadets, les blancs italiens ou de l'Europe du Sud-Est, et ceux issus du Chardonnay ou du Chenin blanc conviennent également. Avec des sauces, hollandaises ou tartare notamment, un vin plus rude sera préférable, comme un Côtes du Rhône ou un blanc de la Loire bon marché, des Rieslings et des Gewurztraminers plus ordinaires.

Rouget, mulet

Le rouget, qui tire son nom de ses écailles rouges, a une chair blanche d'une saveur délicate. Il est meilleur grillé ou frit, et on le sert avec du citron, aussi sera-t-il accompagné d'un blanc assez sec et moyennement robuste. Le mulet est moins fin et servi généralement avec des sauces à la crème : n'importe quel blanc sec à demi-sec conviendra.

Blanchaille, sprat, sardine

Ces petits poissons sont frits et arrosés de citron et parfois de paprika. Un vin blanc sec facile les accompagne bien, comme un Muscadet ordinaire, un Riesling ou un blanc léger, peut-être même fruité.

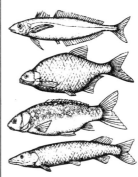

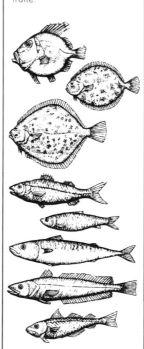

Merlan, aiglefin, barbue, bar, dorée, merluche, colin, hareng, maquereau

Ces poissons de mer ont généralement une chair assez fade, et le choix du vin dépend uniquement de leur préparation. S'ils sont préparés simplement, frits, grillés ou pochés, choisissez un vin franc, de très sec à demi-sec, dont le prix dépendra de la place du plat dans le repas. Pour les recettes comprenant des assaisonnements forts, comme le loup de mer grillé au fenouil du Midi de la France, un vin méridional, moyennement affirmé, comme un Bandol blanc ou certains blancs de l'Italie, convient bien. Un vermouth sec accompagnera bien ces poissons s'ils sont servis au début du repas, sans sauce ou garniture trop riches. En général, des vins affirmés sans être trop rudes se marient bien avec ces poissons qui exigent un vin qui possède à la fois du fruit et une certaine acidité.

Poissons de rivière (brochet, carpe, tanche, gardon, gougeon, brème, barbeau, alose)

Le brochet entre souvent dans la composition des quenelles de brochet, et on choisira le vin comme pour une sauce à la crème ; en Bourgogne, on prendrait un Bourgogne blanc, mais un Champagne tranquille, un vin issu du Chardonnay, un Sylvaner franconien ou un vin corsé du Palatinat sont également excellents. La carpe est un poisson lourd qui demande un vin puissant, peut-être un Côtes du Rhône blanc, mais les Traminers d'Europe orientale conviennent également. Pour les autres poissons de rivière, leur mode de préparation et la sauce accompagnatrice, souvent nécessaire pour relever le goût du poisson, conditionneront le choix du vin. Les sauces fortement relevées par des herbes, des oignons ou de l'ail, ont besoin d'un vin très fruité ; le Bordeaux blanc donne beaucoup de charme à ces poissons.

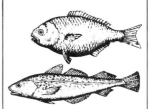

Turbot, flétan, morue ou cabillaud

Tous ces poissons de mer peuvent s'accompagner de vins importants, et même de rouges assez légers et nerveux s'ils sont pochés ou braisés dans un vin rouge. Comme ils sont gras, ils se marient très bien aux grands vins blancs de toutes catégories, de très secs à demi-secs. Si des œufs entrent dans la composition des sauces, il faut un vin affirmé, comme un grand Bourgogne blanc, un Côtes du Rhône blanc ou un Rioja blanc. Pour des recettes plus ordinaires, prenez en compte oignons, herbes et tomates avant de choisir le vin : blanc méridional assez affirmé ou blanc septentrional bon marché.

Lamproie, anguille, requin, raie, espadon

La lamproie, qui ressemble à l'anguille, est généralement préparée en matelote (cuite dans du vin rouge avec des échalotes, de l'ail ou d'autres ingrédients), notamment dans la Gironde où elle est accompagnée d'un vin rouge moyen. L'anguille, la raie, le requin et l'espadon peuvent s'accompagner d'un blanc sec, assez robuste. En entrée, avec des condiments ou une sauce épicée, ils seront servis avec un alcool comme de la vodka ou du schnaps. Des tranches de requin ou de poisson similaire sont souvent servies avec des sauces riches, qui détermineront le choix du vin ; ce sera un blanc affirmé, rude même, ou un rouge assez léger.

Le vin et la cuisine

Les viandes

On dit fréquemment qu'il faut servir des vins blancs avec les viandes blanches, et des vins rouges avec les viandes rouges. Mais ce principe ne tient pas compte de la méthode de cuisson, des farces, des aromates, des sauces et des garnitures, sans parler des légumes. On range sous le terme de viande blanche le porc, le veau, le poulet et la dinde, alors que les viandes rouges sont le bœuf, l'agneau, le canard et l'oie. Mais les viandes blanches rôties, comme le veau, s'accommodent volontiers d'un Bordeaux rouge ou d'un Bourgogne blanc, et la richesse d'un navarin d'agneau se marie aussi bien avec un Hermitage blanc, sec et qui a du corps, qu'avec un Beaujolais jeune ou un Bordeaux.

Le vin, quel qu'il soit, doit compléter la nourriture. Il ne doit jamais écraser le plat mais en rehausser la saveur et contribuer à l'harmonie du repas. Parmi les viandes, le bœuf et l'agneau ont les saveurs les plus nettes et requièrent donc les meilleurs vins rouges, mais seulement quand ces viandes sont rôties ou préparées simplement. Dans le cas des viandes en sauce, mieux vaut choisir de robustes vins plus ordinaires.

Pour les grands rôtis simples de viande blanche — porc ou veau — n'importe quel vin blanc devrait convenir à la viande, à condition de savoir quel résultat on attend du vin. Doit-il rafraîchir, ou accentuer la saveur de la viande? S'agit-il d'un simple vin d'accompagnement? Dans le premier cas, le vin doit être relativement acide, dans le second le fruité doit prédominer. On peut également choisir un vin rouge dont la personnalité est moyenne.

La règle vin rouge pour viande rouge et vin blanc pour viande blanche et volaille ne tient plus dès que la préparation est plus élaborée et qu'il ne s'agit plus de rôtir, de griller. Seuls les meilleurs morceaux conviennent aux rôtis et aux grillades, et il est donc superflu de modifier leur saveur par des accompagnements, des sauces, des garnitures, particulièrement si l'on doit servir de grands vins, soit délicats, soit subtils. Mais si l'on ajoute des sauces riches ou relevées, avec des légumes très parfumés ou au beurre, la délicatesse des grands vins est perdue, et il est préférable de choisir des vins plus robustes, tout comme pour les pièces de viande plus grasses. L'âge de la viande et la façon dont elle a été rôtie ont également une importance. Une viande faisandée aura besoin d'un vin assez puissant, et le bœuf saignant ou le jeune agneau se marient mieux à des vins fins mais puissants.

Les viandes chaudes demandent généralement des vins assez fruités, les viandes froides des vins avec une nette acidité et des tanins (les meilleurs rosés pourraient convenir). Par temps chaud et lourd, on préfère souvent des blancs ou des rosés très frais quel que soit le type de viande froide, mais ce n'est pas mon cas. Je choisirais des vins rouges légers ou nettement fruités qui peuvent se servir frais, comme le Beaujolais ou les vins de la Loire.

Les plats sans cérémonie, comme les ragoûts, les plats en cocotte, devraient s'accompagner de vins sans cérémonie. Si du vin entre dans la préparation, le vin de table doit être le même ou d'un type similaire. Les vins que l'on emploie pour la cuisine doivent toujours être de bonne qualité: le vin en réduisant concentre sa saveur, et un vin inférieur étalerait ses qualités négatives, ce qui gâterait le plat. Si l'on ne peut pas utiliser de bon vin pour la cuisine il est préférable de s'en passer. Les mets en cocotte, les ragoûts de bœuf et de mouton cuits sans vin se marient avec des rouges modérés ou robustes; les blancs fruités peuvent accompagner les ragoûts de viande blanche, mais je préférerais choisir un vin rouge assez léger, surtout si des aromates puissants entrent dans la préparation. Pour les plats très épicés, comme le goulasch, un blanc robuste, ou un rouge, comme le Sang de Taureau hongrois, conviendrait; avec le curry, la bière est préférable au vin.

Les plats de viande en croûte s'accompagnent de vins rouges légers, directs, bien que certains classiques, à base de veau ou d'agneau, méritent de meilleurs Bourgognes ou Bordeaux.

Pour les abats, qui comprennent les rognons, le foie, le cœur, la cervelle et le ris de veau, la méthode de préparation conditionne le choix du vin. Les abats sont souvent braisés ou cuits à la cocotte et servis avec une sauce; les vins rouges robustes et fruités conviennent le mieux aux sauces parfumées à l'ail, au genièvre ou à l'oignon; pour les sauces plus délicates, à la crème ou aux champignons, on peut aussi choisir un vin franc, de préférence originaire de la même région que le plat. Le foie grillé se marie avec les rouges les plus classiques.

La côte de bœuf figurant sur la page de droite est servie avec un Graves rouge, Château le Tuquet 1970. Il est assez plein pour accompagner cette grande pièce de viande, et cependant subtil et vigoureux à la fois. Le bœuf s'accorde également bien avec les Beaujolais-Villages, les Bourgognes fins, les Côtes du Rhône pas trop puissants, ou des vins rouges de qualité similaire, comme les vins issus des cépages Cabernet-Sauvignon, Shiraz et Grenache, provenant de vignobles du monde entier.

Le vin et la cuisine

Le poulet et la dinde sont souvent rangés dans les viandes blanches, bien que la dernière, qui a de la viande blanche mais aussi brune, soit généralement rôtie avec une farce assez relevée et servie avec une sauce et une garniture riches. Le choix des vins pour la volaille dépend finalement de la farce et de l'accompagnement, mais en général les vins rouges légers conviennent pour les rôtis avec une farce assez simple; lorsque le plat est plus riche, avec des truffes notamment, il faut choisir des vins plus puissants.

Les volailles plus grasses, comme le canard et l'oie, peuvent être accompagnées de vins blancs affirmés et très puissants, comme un grand Riesling d'une année particulière, ou un Gewurztraminer d'une qualité spéciale, afin que le fruit et l'acidité puissent trancher avec la graisse et rafraîchir le palais. Les traditions varient pourtant selon les régions: par exemple, dans le sud de la France, l'oie rôtie est souvent accompagnée d'un vin rouge généreux et puissant, comme de grands Hermitage ou Châteauneuf-du-Pape. Dans l'est de la France, le vin traditionnel est plutôt un bon Bourgogne rouge ou un Côte de Beaune d'une bonne année.

Le classique canard à l'orange est accompagné dans certaines régions d'un Bordeaux ou Bourgogne rouges, bons ou fins; dans d'autres, d'un Bourgogne blanc généreux, d'un Côtes du Rhône blanc, ou encore d'un blanc italien ou espagnol.

Pour les plats de volaille plus élaborés, la méthode de préparation et les sauces ou garnitures accompagnatrices décident du choix. Le poulet au Champagne nécessite évidemment un Champagne brut, alors que les sauces à la crème ou les volailles à la cocotte s'accommodent fort bien d'un Bourgogne blanc corsé, assez robuste, d'un Côtes du Rhône blanc ou d'un Graves blanc et sec.

Si le vin entre dans la préparation, le vin de table sera similaire, bien qu'il soit possible de servir un petit Bordeaux, ou un Beaujolais jeune, un Gamay, un Zinfandel ou un Pinot noir, avec un poulet à la cocotte cuit dans du vin blanc. Mais lorsque l'on utilise des aromates corsés ou des épices, il faut des vins plus robustes, même rudes, blancs ou rouges, ou encore des rosés du Midi, pour marier ces saveurs.

Les plats de volaille froids, servis avec diverses sauces, se marient bien avec des vins ordinaires de n'importe quel type, assez légers mais généreux.

Pour le classique Coq au vin — coq cuit dans du vin avec oignons, champignons et lard — le vin est bien sûr le plus souvent rouge, de préférence du Bourgogne, notamment du Chambertin. Mais le coq au vin est parfois préparé avec du Riesling; quel que soit le vin de la prépara-

Bœuf

Plus le morceau est fin, plus le vin doit l'être. En général, c'est le vin rouge qui convient le mieux au bœuf, et pour les morceaux peu cuits, ou même crus comme le steak tartare, le vin doit être nettement affirmé. Les vins de personnalité moyenne, avec une pointe de puissance, conviennent généralement aux rôtis et grillades. Le Bordeaux, le Bourgogne, le Beaujolais, le Côtes du Rhône, le Rioja rouge et le Chianti vont bien. Les très vieux Bordeaux ou Bourgognes sont parfois trop délicats pour les gros rôtis, mais les steaks et surtout les entrecôtes les accompagnent merveilleusement. Pour le bœuf en sauce au vin, servir le vin qui entre dans la recette ou un Rhône assez léger, ou un rouge moyennement robuste. Pour le bœuf en daube, prendre en considération les ingrédients : poivre, oignon et ail nécessitent un vin robuste. Le bœuf bouilli s'accompagne d'un rouge pas trop puissant, mais un grand blanc sec, comme un Rioja blanc ou un vin issu du Chardonnay ou du Sauvignon, peut convenir.

Veau

Les rôtis peuvent s'accompagner d'un blanc corsé, sec à demi-sec, comme certains Bourgognes blancs, des Riojas blancs ou des vins issus du Chardonnay ou du Sauvignon ; mais un rouge léger à moyennement corsé (je choisirais un Bordeaux) est préférable ; il ne doit pas être trop affirmé pour accompagner cette viande à la saveur assez délicate. Il en est de même pour les côtes ou les escalopes, sauf si une sauce les accompagne. Pour les sauces à la crème, un vin blanc corsé, sec, peut convenir, comme certains vins de Bourgogne ou d'Alsace, notamment si le vin entre dans la préparation. Les sauces brunes s'accompagnent par la plupart des rouges assez légers à pleins, mais si des

tomates entrent dans la recette, il faut un vin plus plein, comme un Côtes du Rhône, pour contrer leur acidité.

Agneau et mouton

Grillé ou rôti, le mouton accompagne merveilleusement les grands rouges fins. On recommande parfois le Bordeaux pour le mouton et le Bourgogne pour le bœuf, mais c'est un choix trop général par rapport à la grande variété de ces vins. Les plus vieux Bordeaux se marient très bien avec l'agneau, en rôti ou en côtelettes. Les côtes sont parfois plus grasses et demandent un vin plus substantiel. Si l'on utilise du romarin, il en faut très peu si l'on sert un rouge délicat, mais les rouges d'Italie ou du Rhône les plus fins acceptent un assaisonnement plus relevé. La douceur de la viande exige une certaine subtilité du vin. Avec les rôtis d'agneau tendres, servez un Bordeaux moyennement corsé, mais pour le mouton, il faut un vin aussi fin mais plus robuste. Les côtelettes bon marché s'accorderont mieux avec des vins plus acides, comme des rouges de la Loire, le Bardolino, le Grignolino, des rouges hongrois ou la plupart des vins issus du Gamay. Les navarins, les ragoûts et la moussaka s'accompagnent de rouges moyens ou de blancs corsés et secs. Le mouton bouilli accompagné d'oignons se contente d'un vin ordinaire et robuste.

Porc

Les rôtis de porc sont riches, et il faut un vin robuste, avec beaucoup de fruit et d'acidité pour l'emporter sur la graisse. Des blancs secs, comme les Riojas, certains Bourgognes, Côtes du Rhône et Rieslings, sont acceptables, mais des rouges moyens à corsés (y compris des Bourgognes) avec une acidité et un fruité moyens conviennent également. Je ne proposerais pas de rouges très délicats ou subtils, mais

les crus bourgeois du Bordelais, des Bourgognes moyens ou des rouges similaires des régions vinicoles du monde entier peuvent convenir. Il faut également un vin robuste, rouge ou blanc, pour les côtes de porc ; les grillades iront bien avec les Valpolicellas italiens ou les Rieslings hongrois, par exemple.
Pour des recettes plus complexes, le vin dépend des autres ingrédients ; par exemple le cassoulet, qui comprend des haricots blancs, s'accorde avec un rouge robuste et direct, comme un vin des Corbières ou du Roussillon.

Jambon et bacon

Tout dépend de la préparation ; si la viande est trop salée, un vin délicat est inutile ; si on l'a fait dessaler avant de le cuire, un jambon acceptera un Bourgogne blanc corsé ou un rouge de personnalité moyenne, issu du Cabernet ou du Gamay. Un Bordeaux de qualité moyenne ou un Bourgogne rouge peut accompagner un jambon braisé ; dans le cas de certaines recettes élaborées, comme le jambon au Chablis ou au Champagne, il faut évidemment servir le même vin. Avec les grillades de jambon ou de bacon, ou les tranches froides, un rouge ordinaire ou un blanc très robuste conviendra. Si on les sert avec des pêches ou de l'ananas, évitez les vins délicats ou subtils mais servez un vin ordinaire et robuste. Servi avec des sauces au vin blanc ou à la crème, le jambon se mariera avec un blanc sec et assez plein, Sancerre, Mâcon ou Saumur. Les sauces à la tomate, l'oignon ou le poivre, exigeront des vins méridionaux robustes, rouges ou blancs.

Abats

Avec des rognons simplement grillés, on peut servir un vin fin de Bourgogne ou Bordeaux, mais avec des rognons flambés un Beaujolais ou un cru bourgeois conviendra mieux. S'ils sont préparés avec des sauces riches, à la crème ou aux champignons, un Beaujolais-Villages ou un Juliénas sera préférable. Avec le cœur farci ou la

queue de bœuf braisée, ou des recettes très relevées, des vins plus directs, comme un Côtes du Rhône franc, conviendront bien. Le foie grillé s'accompagne de vins fermes mais subtils qui compléteront la délicatesse de la viande ; par exemple des vins bons ou fins, Bordeaux, Bourgogne, les meilleurs Beaujolais ou des crus du Nouveau Monde. Les ris de veau à la crème s'accompagneront de Beaujolais ou Bourgogne blancs, d'un Graves sec ou d'un vin issu du Chenin blanc ; à la normande, avec du calvados et des pommes, un vin de la Loire ou un Riesling alsacien conviendra. Les ris de veau braisés se servent généralement avec un vin rouge moyen, ou issu du Cabernet, du Gamay ou du Pinot noir. Ce même vin accompagnera les cervelles au beurre. Si elles sont frites ou à l'oignon, il faut un vin plus puissant, issu du Pinot noir, du Grenache, du Nebbiolo ou du Sangiovese.

Poulet et dinde

Avec ces volailles rôties, je servirais toujours du rouge, Bordeaux, Bourgognes ou autres classiques, mais des vins blancs, Bourgognes, la plupart de ceux de la Loire, les Côtes du Rhône légers, et les vins issus du Chardonnay ou du Sauvignon, peuvent convenir. Les Rieslings, notamment ceux d'Alsace, accompagneront bien les jeunes poulets, surtout s'ils ne sont pas farcis. Pour des volailles rôties plus importantes, il faut tenir compte de la farce et choisir des vins plus puissants que pour celles qui ne sont pas farcies. Les morceaux frits ou grillés seront accompagnés du même type de vin, mais si on les sert avec, par exemple, du riz épicé, il faudra un vin plus puissant, un Beaujolais-Villages, un Rioja, un rouge d'Italie ou issu du Pinot noir. Ces volailles bouillies se marieront avec un blanc robuste, sec à demi-sec, bien qu'il soit possible de servir un rouge de moyen à puissant, de préférence avec une certaine élégance.
Si elles sont préparées au vin, ces volailles doivent être accompagnées du même type de vin que celui de la recette.

Canard et oie

Ce sont des animaux assez gras, souvent garnis de farces relevées ou accompagnés de sauces, et il faut en tenir compte quand on choisit le vin. S'ils sont simplement rôtis et accompagnés de sauces ou de légumes dont la saveur n'est pas trop forte, ce sont les rouges qui équilibreront le mieux le gras de la viande, comme de jeunes crus bourgeois, des années légères de crus classés, certains vins de Pomerol ou Saint-Emilion, des Côte de Beaune, des Bourgognes ou les meilleurs Beaujolais. Les grands rouges italiens, Chiantis Riservas, les bons Barolos ou Bardolinos, sont également très bons. Des vins similaires, mais plus riches en acidité, accompagneront les confits d'oie ou de canard. Les sauces très relevées, à l'ananas ou à l'orange par exemple, gâteront un vin délicat ou subtil, et des blancs secs plus affirmés conviendront mieux.

Saucisses et viandes froides

Le type du vin qui accompagnera les viandes froides dépend de la viande. Par exemple, des saucisses et saucissons s'accorderont merveilleusement avec un Steinwein franconien. Il ne faut pas un vin subtil pour les salades, un vin robuste, rouge, blanc ou rosé, est préférable. Avec les condiments et la moutarde, un rouge ordinaire, d'Afrique du Nord par exemple, conviendra car leur saveur détruirait le goût d'un vin passablement délicat. On sert souvent des vins blancs avec les volailles froides, et des rouges ou rosés avec les viandes rouges froides, mais ce n'est qu'une question de préférence personnelle ; il suffit d'un vin raisonnablement fruité, assez simple, et il peut être rouge, blanc ou rosé, et dans une gamme de prix assez peu élevés. Des mousseux bon marché, secs et fruités, peuvent convenir à la plupart des buffets et, du fait de leur acidité, ils peuvent trancher sur la graisse des nourritures riches, comme les pâtés et les terrines, les viandes accompagnées de mayonnaise, les sauces à base d'œufs.

Le vin et la cuisine

tion, le vin d'accompagnement doit être le même. L'illustration ci-dessus montre un jeune Bourgogne corsé; un Beaujolais, un Côtes du Rhône ou un Chianti de qualité conviendraient également bien pour les plats de volaille méditerranéens.

Choisissez les vins d'après le style et la qualité de la viande : les vins les plus fins avec les gibiers les plus fins. Essayez d'imaginer à l'avance la saveur du plat, en prenant en compte la marinade, les farces, les sauces et les accompagnements de fruits et de légumes. Il n'y a jamais *un* seul vin idéal pour un seul plat; il doit simplement compléter la nourriture avec harmonie.

Dans l'illustration à droite, le faisan rôti est servi avec un Volnay Champans 1972, Marquis d'Angerville, mis en bouteilles au domaine. C'est un Bourgogne rouge de bonne extraction, qui possède les qualités de son climat propre et

d'un millésime particulier. Un bon Margaux d'une grande année conviendrait également bien. Si le faisan avait été cuit à la normande — flambé au Calvados et servi avec une sauce à la crème et des pommes — un vin plus défini, moins subtil, serait mieux approprié, comme un Bourgogne rouge, par exemple un Nuits-Saint-Georges Clos des Porrets 1971, un Chinon nerveux ou un cru classé de Saint-Julien 1966 ou un Saint-Emilion 1964.

Le gibier n'est pas obligatoirement accompagné de vin rouge. Bien que la saveur généreuse de la viande exige un vin puissant, il n'y a aucune raison pour que ce ne soit pas du blanc. Les grands vins allemands, les meilleurs Rieslings alsaciens, certains Bourgognes blancs, le Rioja blanc et le Chardonnay vigoureux conviennent très bien au gibier à plumes rôti et au gibier d'eau. Certains préfèrent même un vin blanc

Gibier

Petits oiseaux

Ortolan, pluvier, pic et bécassine sont généralement rôtis d'une pièce, au four ou à la broche. Un rouge assez ferme, mais pas trop puissant, convient le mieux, un jeune cru bourgeois ou un cru classé d'une année légère de Bordeaux par exemple. On peut aussi choisir un Bordeaux comme Moulis ou Listrac, un Bourgogne rouge restreint ou un rouge de la Loire. Plus généralement, des vins issus du Cabernet franc, du Merlot ou du Bardolino, les rouges italiens moyens et les rouges de la Méditerranée orientale accompagnent ces oiseaux rôtis qui sont souvent des spécialités locales.
Un blanc sec robuste ou un rouge moyennement corsé, par exemple des «petits» Côtes du Rhône rouge ou blanc, peuvent accompagner les pâtés. S'ils sont cuits à la cocotte, n'importe quel rouge de qualité moyenne convient.

Gibier à plume

Coqs de bruyère et bécasses sont généralement rôtis entiers, et traditionnellement accompagnés des grands Bordeaux et Bourgognes rouges. Mais on peut également servir un Côte de

Nuits, un cru de Bourgogne, un Médoc fin, notamment de Margaux ou de Pauillac, un Graves rouge, un Saint-Emilion ou un Pomerol. Les Côtes du Rhône les plus subtils conviennent également. A côté des vins français, on peut également choisir des crus moyennement affirmés, dans les prix élevés. Les vins d'un seul cépage seront ceux du Cabernet, du Gamay, et du Pinot noir s'ils ne sont pas trop lourds.
Pour le faisan, choisissez un Côte de Beaune robuste, un jeune Saint-Emilion ou un Pauillac moyennement puissant. Le gibier faisandé s'accompagne volontiers d'un rouge fruité, un bon Beaujolais, un cru de Morgon, Moulin à Vent, Brouilly et Côte de Brouilly, de 3 à 6 ans d'âge. En Espagne, les rouges les plus fins accompagnent traditionnellement la perdrix. Des rouges du nord du Portugal, d'Italie ou de Sicile, et ceux issus du Cabernet ou

du Pinotage de la province du Cap, se marient bien aux meilleurs gibiers rôtis.

Gibier d'eau

La saveur du gibier d'eau est moins délicate que celle du gibier à plume, et lorsqu'il est préparé avec des farces ou des sauces riches, il demande un rouge affirmé, moyennement corsé. On peut choisir les Bourgognes comme le Mercurey, le Rully et le Santenay, ou des vins de la Côte d'Or, comme le Volnay, Nuits-Saint-Georges, Morey-Saint-Denis et Gevrey-Chambertin ; ou les Bordeaux comme les crus classés de Saint-Estèphe, un Pauillac léger ou un Graves rouge. Sarcelle, canard sauvage et oie sauvage sont tous assez gras ; les vins qui les accompagneront devront être assez affirmés. On peut choisir des vins blancs assez étendus, comme des Chablis Grands Crus ou Premiers Crus, des Rieslings alsaciens de qualité, un bon Anjou, un grand Sancerre, un Côtes du Rhône issu du Viognier, un Châteauneuf-du-

Pape, un Rioja, ou un vin fin de Franconie.
Les bons vins issus d'un seul cépage viennent du Cabernet, du Shiraz, du Pinot noir. D'autres vins sont excellents, les jeunes Côtes du Rhône rouges septentrionaux, les rouges d'Italie du Centre et ceux qui ressemblent au Bourgogne.

Gibier à poil

La saveur du lapin de garenne et du lièvre dépendent en grande partie de leur nourriture. Pour les rôtis, choisissez le même vin que pour le gibier d'eau, les rouges étant préférables aux blancs.
Pour les civets, choisissez un rouge direct et robuste, de préférence du même style que celui qui a été utilisé dans la recette. Les pâtés sont meilleurs avec un rouge plus léger et acide, comme un Chinon.

Gros gibier

Ce groupe comprend chevreuil, cerf, sanglier, daim, et les autres gros animaux. Leur chair, sauf celle du chevreau, est très parfumée et les rouges substantiels lui conviennent. Pour les rôtis, choisissez les

grands Bourgognes rouges, comme les crus de Vosne Romanée, Clos de Vougeot, et pour les Bordeaux, des crus de Pauillac, certains châteaux de Saint-Emilion et Pomerol, des Graves rouges, les plus grands millésimes de Saint-Estèphe, ou encore des Côtes du Rhône rouges, des Riojas ou des Barolos. Les bons vins issus du Cabernet, du Grenache et du Pinot noir conviendront également bien au gibier rôti, comme les Nebbiolos et les Sangioveses. Le Chevreau à la broche sera accompagné des mêmes vins que le gibier à plume ou d'eau. Si l'on ajoute des aromates, il faut prendre un vin plus direct, un rouge italien étendu ou un Côtes du Rhône. A la cocotte, on peut choisir un rouge bon marché des Balkans, si possible qui a vieilli en bouteille, même six mois seulement.

Le vin et la cuisine

robuste avec une assez grande acidité pour équilibrer un riche plat de gibier.

Si le gibier vient d'une région vinicole particulière, ou s'il est préparé suivant une recette régionale, choisissez le vin que l'on servirait dans cette région.

Le vin accompagne merveilleusement le fromage car l'acidité d'un vin fin est complétée par l'alcalinité d'un bon fromage. «Nous achetons sur des pommes et vendons sur du fromage» dit le proverbe des négociants, car le fromage flatte toujours le vin. Le choix des vins qui vont se marier avec différents fromages est une question de goût personnel, mais quand le plateau à fromages se cantonne dans les spécialités régionales, les vins devraient être locaux.

Le fromage est le moyen idéal de terminer les vins qui ont été bus pendant le repas, particulièrement si on y a servi deux types différents de vins, comme le Bordeaux et le Bourgogne rouge ; il est tout à fait admis d'en servir un avec le plat principal — ou les plats principaux — et l'autre avec le fromage. Si l'on a servi plusieurs vins, on peut prendre plaisir à découvrir combien leur goût est amélioré par le fromage à la fin du repas.

Il est peut-être pertinent de parler ici du service de la salade par rapport au plat de viande. Le vinaigre de la sauce risque de gâter un vin délicat. Personnellement, je sers des salades, parfois après le plat de viande et parfois avec le fromage, mais mes dîners sont sans cérémonie et mon menu est toujours composé en fonction des vins que je veux servir. Les sauces de salade qui, comme je les prépare, contiennent cinq ou six cuillerées d'huile pour une de vinaigre de vin ou de citron n'affectent guère la saveur du vin.

Il peut être surprenant de constater — mais ce n'en est pas moins vrai — qu'un fromage fortement parfumé peut tuer les vins délicats. Un bon plateau de fromages devrait comprendre un fromage dur, un fromage frais à la crème, un fromage bleu, un fromage gras et un fromage de chèvre. Lorsque l'on choisit le fromage en fonction du vin, la teneur en matière grasse est très importante ; elle apparaît souvent sur l'étiquette du fromage, et plus il en contient, mieux il s'accordera avec des vins subtils. Les fromages gras de Bourgogne, comme le célèbre époisses, ont souvent 75 % de matière grasse, et la plupart des camemberts français en ont 50 %. Les fromages bleus peuvent être assez forts, ce qui est aussi le cas de certains fromages à pâte molle, comme le brie ; quant aux fromages à pâte dure, les hollandais s'accordent avec les vins rouges, alors que les fromages à pâte dure comme le cheddar par exemple écrasent la plupart des vins. Les amateurs de grands vins rouges choisissent souvent des fromages de chèvre pour les accompagner ; les pays anglo-saxons ont une curieuse

répugnance pour la chèvre alors que son lait donne des fromages élégants et délicats, qui accompagnent merveilleusement les vins fins, rouges ou blancs ; un tel plateau de fromages pourrait constituer un repas en lui-même, et il faut goûter par exemple un grand Barsac avec un excellent fromage de chèvre.

Les fromages industriels, quels que soient les avantages qu'ils offrent pour le consommateur, n'ont guère d'intérêt pour les vins fins ; ce ne sont pas des fromages exceptionnels, et n'importe quel type de vin leur convient.

Il n'est pas indispensable de servir un vin avec le dessert, mais ce peut être très agréable. Si l'on célèbre un anniversaire ou une fête, on portera généralement un toast à ce moment-là.

De nombreux plats doux et sucrés se suffisent à eux-mêmes et n'ont pas besoin d'un vin. Lorsque l'on utilise une liqueur, soit dans la préparation, soit dans une crème, soit pour faire flamber, ce qui est le cas des crêpes, un vin fin est tout à fait superflu, mais on pourrait servir la même liqueur. Les vins mousseux accompagnent traditionnellement les vœux, mais la plupart des gens trouveraient un vin sec beaucoup trop acide en fin de repas ; un mousseux plus

Fromage

Fromages bleus
Ce sont des fromages très forts qui demandent donc des rouges affirmés et corsés d'une certaine puissance. Le stilton, le cheshire, l'edelpilz allemand et le bleu danois en particulier sont très forts, trop pour n'importe quel vin délicat. Les bleus crémeux, plus doux, comme le bleu de Bresse, certains roqueforts, le gorgonzola et le dolcelatte sont moins forts et les vins doivent donc être moins puissants, tout en restant fruités et robustes.

Fromages à pâte dure
Certains grands fromages, comme le cheddar, le wensleydale, le lancashire et le gloucester ont besoin d'un rouge robuste et puissant sans grande subtilité ; les Riojas, les bons Barolos et les Côtes du Rhône conviennent également. Des fromages à pâte dure moins forts, notamment les fromages de chèvre ou de brebis, acceptent un rouge bon ou fin, fruité mais pas trop robuste. Le gruyère, l'emmenthal, les fromages de chèvre allemands et danois ou ceux qui ont la même saveur s'accompagnent de rouges plus délicats. En plats cuisinés, comme les soufflés ou la fondue, ils demandent des vins plus affirmés pour trancher sur la matière grasse qui transparaît même chez un fromage doux. Si on les sert sur des toasts, notamment le rarebit gallois qui contient de la bière, il faut un rouge ordinaire assez plein, puisqu'il ne pourra guère faire beaucoup d'impression du fait de la saveur du fromage.

Fromages à pâte molle
Les grands fromages crémeux, comme le brie, le camembert, le carré de l'Est, le pont-l'évêque et le bel paese, peuvent, tant qu'ils ne sont ni trop mûrs ni trop jeunes, s'accompagner de vins fins, rouges. Avec d'autres fromages à pâte molle, comme le livarot, le fontina et le vacherin suisses, le ricotta italien et le schlosskäse autrichien, des vins moins fins, plus robustes, sont préférables. Des blancs corsés, très secs ou secs, sont également agréables avec ces fromages crémeux ou à pâte molle, notamment lorsque des fruits, comme des pêches ou des raisins, accompagnent le plateau de fromages.

Fromages à la crème
Ils peuvent se marier avec n'importe quel type de vin, des blancs demi-sec ou même légèrement doux, ou des rouges assez légers. Suivant le lait dont ils sont issus — chèvre, brebis, vache ou un mélange — il faut prendre en compte leur saveur spécifique. Les fromages salés, comme le «fromage de Monsieur»

français, le feta grec, et les fromages aux herbes comme le hramsa écossais ou le boursin français, demandent un vin plus robuste que les fromages demi-sel.

Fromages fantaisie
Les fromages fumés et ceux qui sont recouverts de raisins secs, de poivre ou de noix, ne conviennent pas aux vins délicats ou subtils. Cela est également vrai des fromages trop aromatisés, comme ceux qui sont à l'ail, ou la fourme d'Auvergne, ou encore les munster à l'anis. Des vins francs et directs, assez robustes, accompagnent agréablement ce type de fromages, tout comme ceux qui sont plus suaves et dont nous avons parlé précédemment.

Le vin et la cuisine

plein, plus rond est nettement préférable ; ce pourrait être un Champagne doux, un Asti ou un vin mousseux similaire avec une saveur fruitée prononcée. Un vin mousseux peut alléger la richesse d'une crème abondante, mais il doit être assez fruité pour trancher. Les desserts aux œufs, comme la plupart des crèmes renversées, des crèmes caramel, des mélanges à base de crème et d'œuf, ont besoin d'un vin très généreux ; dans les cas extrêmes, comme pour le sabayon, je suggère de boire le vin qui entre dans la préparation. Si on ne dispose pas d'un Marsala convenable, d'un Madère assez doux ou d'un vin doux naturel, je conseille un vin italien ou français, assez doux, principalement ceux qui sont issus du cépage Muscat.

Certains fruits peuvent prendre un goût étrange avec le vin, notamment l'ananas et les fruits particulièrement acides, comme le citron et les groseilles à maquereau. Cependant, comme les fruits sont souvent combinés avec la crème, leur acidité est réduite ; les pommes, de nombreuses baies, des fruits à noyau peuvent se marier avec les vins doux classiques, mais j'estime que si l'on veut servir de grands vins doux allemands, le dessert doit être aussi simple que possible, pour ne pas ternir l'impression que produisent ces vins fins et subtils. Les vins doux de la Loire, de Bordeaux, le Monbazillac, la plupart des vins doux italiens sont suffisamment robustes pour accompagner les desserts aux fruits.

Les vins s'accommodent mal des glaces, contrairement aux liqueurs.

Il faut prendre en compte le sucre qui entrera dans la composition du plat avant de sélectionner un vin de dessert. Si le mets est très sucré, le vin, bien que doux, peut sembler acide et mal équilibré. Une nourriture extrêmement sucrée ne permettra pas d'apprécier les particularités d'un vin fin. Le véritable ennemi du vin quant au dessert est en fait le chocolat, alors que, curieusement, le café ne semble pas affecter le palais. Le chocolat anéantit pratiquement la saveur de n'importe quel vin, sur le moment et longtemps après. On peut servir des liqueurs ou des alcools parfumés au chocolat, au café ou aux fruits, notamment à l'orange, mais il ne faut pas gaspiller un vin fin en le servant avec un dessert au chocolat. La tarte aux fraises de la page de droite est accompagnée d'un Château de Suduiraut 1965, Premier Cru de Preignac, Sauternes.

Desserts

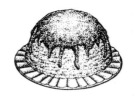

Glaces
Une liqueur est probablement ce qui convient le mieux, bien que l'on puisse servir un vin mousseux ou pétillant. Si la glace n'est qu'un élément d'un dessert qui comprendrait une pâtisserie, de la meringue ou des fruits, on peut offrir un vin doux moyen.

Dessert aux œufs
Des alcools ou des liqueurs entrent souvent dans la préparation, de la même façon que pour les glaces. Si le parfum de l'alcool n'est pas trop fort, on peut servir un vin doux affirmé ; sinon offrez le même type de vin ou d'alcool qui figure dans la préparation.

Gâteaux
Les ingrédients déterminent le vin qui doit être offert. Les gâteaux au chocolat ou parfumés à la liqueur gâteront un vin délicat. On peut servir un vin robuste, mousseux ou pétillant, mais un grand Champagne serait gaspillé avec un tel plat ; un Champagne non millésimé conviendrait, ou encore un

bon mousseux doux si le gâteau est assez simple. Pour les gâteaux riches, comme les mille-feuilles, les profiteroles et les éclairs, ou les petits fours servis à la fin d'un repas, un digestif sera sans doute l'idéal.

Gâteaux aux fruits
On peut servir les meilleurs vins doux si les fruits sont fins et la préparation simple. Des pommes, des poires, des baies ou des fruits à noyau sont les meilleurs fruits pour le vin. Avec les bananes et les ananas, les alcools et surtout le rhum (notamment le rhum de la Martinique) sont préférables. Avec les salades de fruits, dont le sirop comprend du kirsch, du marasquin ou autres, n'offrez pas de vin, mais si le sirop est à base de vin doux, comme un Sauternes restreint, offrez le même type de vin.

Puddings
Ces lourdes pâtisseries ordinaires ne s'accordent généralement avec aucun type de vin. Pour le traditionnel pudding de Noël, qui est souvent flambé, les Britanniques servent habituellement un vin mousseux bon marché ou un vin de dessert après le pudding. Les Malmseys, les Marsalas doux et les Tarragonas sont en général trop riches pour se boire à la fin d'un repas aussi copieux que celui de Noël.

Le vin et la cuisine

Les fruits

La tradition qui veut qu'un repas se termine par un fruit produit généralement une bonne combinaison avec le vin. Raisins, pommes, poires, prunes, cerises, pêches et brugnons sont excellents avec tous les vins de dessert, les vins doux et les vins mutés, et permettent de finir vins rouges ou blancs, bons ou fins. Les noix en hiver paraissent généralement meilleures avec les vins mutés. Les baies, les fraises, les framboises et les mûres sont toutes excellentes, trempées dans du vin rouge. Les cassis et les groseilles à maquereau sont parfois trop acides pour accompagner la plupart des vins, et les agrumes et ananas le sont pour tous, sauf pour les vins de dessert les plus ordinaires. Une banane n'est jamais profitable au vin, ni le vin à une banane. D'excellents fruits à noyau et les poires constituent le meilleur choix pour les bons vins de table doux. Le Porto, le Xérès et le Madère de dessert sont agréables avec la plupart des fruits ; et les raisins accompagnent d'ordinaire tous les vins.

La commande des vins au restaurant

Lorsque vous choisissez le vin dans une carte avec laquelle vous n'êtes pas familiarisé et si vous ne bénéficiez pas des conseils d'un sommelier expérimenté, tenez-vous en au vin en carafe ou au vin le moins cher. Le vin dont le prix est beaucoup plus élevé est habituellement celui que le restaurateur cherche à vendre.

Pour un repas important, commandez le vin à l'avance, car aucun vin, blanc ou rouge, ne peut être préparé pour être à son mieux en cinq ou dix minutes. Commandez le repas avant de vous asseoir et vérifiez que le vin est prêt, sinon le vin du Rhin arrivera avec la viande et le Bordeaux avec le dessert. Précisez bien quels plats vous avez commandés pour que l'on puisse vous conseiller. Demandez de respecter les règles quant au débouchage et à la décantation ; il faut déboucher les vins blancs quelques minutes avant de servir, et les rouges jeunes, qu'ils aient un dépôt ou non, doivent être aérés. La plupart des amateurs de bons vins ne supportent pas la présence d'un panier à bouteille sur la table ; il n'est toléré que lorsque la bouteille vient directement d'un casier à vin, pour une décantation rapide. On préférera la carafe.

Voici les quelques règles fondamentales concernant le service du vin dans un restaurant : on doit vous présenter la bouteille pour que vous vérifiiez que c'est bien ce que vous avez commandé. Le bouchon doit être retiré devant vous, et vous, comme hôte, devez goûter le vin en premier, pour vérifier sa température, voir s'il est en bonne condition et... bénéficier des éventuels morceaux de bouchon ! Même pour le vin le meilleur marché, on devrait vous apporter un verre propre pour goûter chaque bouteille, pour éviter de verser un vin à goût de bouchon sur un bon vin. Pour les vins les plus fins, on devrait apporter à chacun un verre propre à chaque nouvelle bouteille. Le serveur ne devrait pas trop remplir les verres, ni soumettre le vin blanc à des températures glaciales, ni servir un vin rouge qui serait resté longtemps près d'une lampe, ou d'un chauffe-plats.

Les caves

Les caves

Il faut tenir les bouteilles couchées, pour que les bouchons soient en contact avec le vin, qu'ils ne se dessèchent pas et ne laissent pas passer d'air. Il est préférable de placer l'étiquette vers le haut — pour que l'on puisse reconnaître le vin facilement — et si la cave est humide, on peut protéger les étiquettes par des morceaux de tissu.

Les vins ont besoin d'obscurité, de calme, d'une température constante et assez basse, et d'une certaine humidité. Une cave humide conviendra mieux à un long vieillissement; 7 à 9° est la température idéale pour les vins rouges et blancs; à 10° elle conviendra encore, à condition qu'il n'y ait pas de changements rapides et soudains. A de plus hautes températures, le vin vieillit généralement trop vite.

Vérifiez que dans vos caves ou celliers il n'y ait pas de vibrations, de rayons de lumière ou de soleil, de courants d'air ou quoi que ce soit (tuyaux d'eau chaude, de chauffage) qui puisse affecter des vins que vous conservez plus de quelques semaines. Si vous avez le chauffage central, isolez votre cellier; si vous avez une cave chaude, très sèche, il est possible d'installer un humidificateur, comme pour les cigares.

Le type de vin que vous conserverez dépendra principalement de vos besoins et de votre style de vie. Vous pouvez aimer boire en mangeant et/ou entre les repas. Ces repas peuvent être sans cérémonie, et ne nécessiter donc qu'un vin assez bon marché, ou au contraire somptueux et exiger des vins plus rares. Les connaisseurs sérieux voudront des vins sérieux; ceux qui sont moins expérimentés préféreront des vins plus faciles. Vous pouvez avoir un appartement en ville et une maison de campagne, vos besoins ne seront pas les mêmes. Vous pouvez tout simplement préférer le rouge au blanc ou vice versa. Les suggestions que je propose dans les pages suivantes ne le sont qu'à titre indicatif.

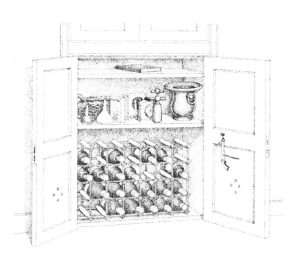

Placard-cellier, avec portes trouées pour la ventilation. Les accessoires comprennent : entonnoir à décantation, filtre, tire-bouchon, bougie ou lampe de bicyclette, panier, entonnoir en plastique et papier-filtre, seau à glace, capsules pour vins mousseux, livre de cave, et plusieurs serviettes propres. Si l'on range les carafes ici, il faut les déboucher pour qu'elles ne prennent pas une odeur de renfermé — couvrez-les d'un papier ou d'un tissu. Rangez les vins blancs au bas, qui est plus froid.

Les différents types de caves

La cave simple

Elle peut être installée dans une très petite maison, même s'il n'y a pas de sous-sol, ou dans un appartement, même un studio. Si vous avez très peu d'espace et, vraisemblablement, le chauffage central, une seule douzaine de bouteilles assorties suffira, car vous en achèterez fré-

quemment et peut-être en laisserez-vous en dépôt chez un négociant. Une «cave» peut même ne comprendre qu'une seule bouteille, mais il est nettement préférable d'en avoir deux — et deux bouteilles de chaque vin — car bien que cela soit rare, vous courez au désastre si vous n'avez rien pour remplacer une bouteille imbuvable. De simples casiers à bouteilles peuvent se ranger dans la partie froide d'une cuisine, dans un placard, un couloir, ou au bas de n'importe quel système de rangement, à condition qu'il n'y ait pas de chauffage à proximité. Ne mettez pas de vin dans un tiroir, car il serait secoué, ni en haut d'un placard, car la chaleur monte. Essayez plusieurs vins bon marché afin d'acquérir de l'expérience, plutôt que de chérir une seule bouteille d'un vin si extraordinaire que l'occasion de le boire ne se présentera peut-être pas — et qui risque de vous décevoir si elle se présente !

La cave modeste

On peut être rassuré en sachant que plusieurs dizaines de bouteilles peuvent se ranger dans un espace relativement limité. On peut improviser un cellier dans un grenier (mais il faut l'isoler pour éviter les modifications de température), un garage (attention aux courants d'air, aux vibrations et éventuellement au vol), sous un escalier (s'il n'y a pas de tuyaux d'eau chaude), au bas d'un garde-manger (attention aux courants d'air) ou simplement dans un couloir peu éclairé. Vous n'avez pas besoin d'en conserver des quantités, mais souvenez-vous, à l'occasion des repas, qu'une bouteille standard ne contient que six verres — ne soyez pas mesquin; il est nettement préférable d'être prodigue d'un vin modeste qu'avare d'un vin précieux. Approvisionnez votre cellier de quelques vins inhabituels ou d'une faible production : vous augmen-

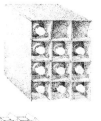

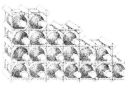

On peut conserver le vin de façon très simple : en empilant les bouteilles les unes sur les autres, ou dans des caisses ; on peut aussi installer des étagères à peu près partout.

terez vos connaissances, vos invités connaisseurs seront intéressés. Même pour votre consommation quotidienne, ne buvez pas toujours le même vin — aussi bon et agréable soit-il; vous élargirez votre champ d'expériences et garderez votre palais alerte grâce à ces changements.

La seconde cave

Si vous avez une résidence secondaire — à la campagne, à l'étranger — il vous faudra sans doute un choix de vins très différents. On peut en ville apprécier les grands dîners, et les repas sans cérémonie à la campagne; ceux qui vivent une partie du temps dans une région vinicole peuvent conserver tous les vins locaux. Pour tous les jours, conservez de nombreux vins qui n'ont pas besoin de trop de préparation préliminaire, et quelques-uns, plus fins, pour les occasions particulières. Si vous aimez préparer un certain type de cuisine, choisissez les vins qui conviennent aux plats que vous servez le plus fréquemment — des blancs pour ceux qui pêchent ou vivent au bord de la mer, des rouges robustes pour ceux qui chassent.

La grande cave

Vous avez une cave en sous-sol — sombre, tranquille, d'une température assez basse, relativement humide — ou sinon vous avez pu construire un cellier qui, grâce à une isolation et un contrôle de température efficaces, conservera

votre vin dans de bonnes conditions. Suivant sa taille, vous pouvez l'utiliser pour le vieillissement des vins ou pour constituer des réserves dans lesquelles vous puisez fréquemment. Si vous pouvez diviser cette cave, la partie la plus petite contiendra les vins de consommation courante, mutés, mousseux et de table, et les vins puissants ou moyens qui sont à maturité.

La plus grande partie de la cave comprendra une sélection de vins classiques, à moins que vous n'habitiez une région vinicole — dans ce cas vous conserverez évidemment plus de vins locaux. Pour certains vins, il n'est pas avantageux — pour une question de place ou d'argent

— d'en conserver de grandes quantités, à moins que vous n'ayez pas ces problèmes. Je n'entreposerais pas de grandes quantités (cinq caisses ou plus) de Champagne non millésimé ou de vins mousseux, ni de vins blancs en général, sauf les meilleurs, surtout pas les blancs que l'on doit boire jeunes et frais (à moins de donner de grandes soirées); il est également inutile de conserver les grands vins de table doux (ou pas) pendant plus de 5 à 10 ans, car on peut généralement les acheter quand on le désire, de vins mutés ordinaires (à moins que vous n'aimiez particulièrement les vieilles bouteilles de Xérès) et tous les vins rouges qui sont à leur sommet quand ils sont assez jeunes. Votre cave sera donc essentiellement composée de 60 à 75 % de rouges classiques, bons à très bons, et d'environ 30 % de blancs classiques.

Le contenu de votre cave

En présentant ces suggestions pour la composition de votre cave, je n'ai pas nommé de vins particuliers; cela ne m'a paru offrir aucun intérêt pour les lecteurs qui ne pourraient pas se les procurer. Je n'ai pas non plus mentionné les vins ordinaires qui sont vendus sous un nom ici et sous la marque du négociant ailleurs. J'ai indiqué des types et des styles, et les références à la Claissification proposeront de multiples choix. En général, la qualité est fonction du prix. Je n'ai pas parlé des demi-bouteilles, qui sont rarement économiques; si vous ne finissez pas une bouteille de vin, conservez-la dans un endroit frais; vous pourrez parfaitement la boire dans les 24 heures.

Dans l'idéal, on devrait composer sa cave en suivant les conseils d'un professionnel.

CAVES	Vins rouges	Vins blancs	Autres
Caves simples et peu onéreuses Une cave qui ne contient pas plus d'une douzaine de bouteilles devrait comprendre un blanc sec moyennement fruité. Il peut se boire entre les repas, en apéritif, accompagner des plats ordinaires, le poisson et des mets légers. Il pourrait même être le seul vin d'une cave.	1 ou 2 bouteilles de : VIN non millésimé, peut-être de marque ; ROUGE de personnalité moyenne, comme ceux issus du Gamay.	1 ou 2 bouteilles de : BLANC sec moyennement fruité, issu du Riesling, Chardonnay, Sauvignon ou Chenin blanc ; VIN régional sec ou demi-sec.	1 bouteille de chaque : VERMOUTH SEC ; XÉRÈS AMONTILLADO ou un apéritif demi-sec ; CHAMPAGNE, non millésimé, pour célébration ou consolation
Caves modestes, prix moyen Une cave plus ambitieuse (30 à 60 bouteilles) devrait comprendre des apéritifs, des mousseux, une douzaine de vins ordinaires, autant de vins moyens, rouges et blancs. On pourrait avoir quelques classiques et des vins d'un intérêt particulier.	6 bouteilles de : VINS francs, ordinaires et moyens ; VINS régionaux, peut-être millésimés comme des Beaujolais-Villages ; ROUGES classiques, Bordeaux (crus bourgeois), Côtes-du-Rhône, Bourgogne de personnalité moyenne, d'un millésime intéressant.	6 bouteilles de : BLANCS secs ou demi-secs, ordinaires ou moyens ; BLANCS secs, moyens ou bons, Rieslings, vins de la Loire ou Bourgognes moyens ou fins. 1 ou 2 bouteilles de : BLANC doux, bon ou fin.	2 bouteilles de chaque : XÉRÈS FINO ou AMONTILLADO ; SERCIAL ; VERMOUTH sec ; MOUSSEUX, assez sec, non millésimé ; CHAMPAGNE, millésimé ; PÉTILLANT, blanc ou rosé. 1 bouteille de chaque : PORTO TAWNY ; VERMOUTH de CHAMBÉRY ; MANZANILLA ; XÉRÈS FINO.
Grandes caves Leur taille peut varier, aussi ne donnerai-je pas d'indications sur la quantité. Inspirez-vous des indications précédentes et ajoutez ce dont vous avez besoin. Vous pouvez augmenter l'intérêt de votre stock tout en conservant l'équilibre avec les vins plus courants.	CRUS des régions classiques et autres, qui vieillissent bien en bouteilles. Choisissez ces vins en fonction du millésime, du cru, du viticulteur et du négociant. Cherchez également des vins inhabituels et des vins de pays.	Comme pour les vins rouges choisissez des crus de régions classiques et autres à condition qu'ils vieillissent bien. Souciez vous de leur intérêt. Vous pouvez y ajouter Tokay et Sauternes très doux, Vouvray, Quart-de-Chaume, et les meilleurs vins doux allemands.	MONTILLA ; VERMOUTH BLANC ; Divers XÉRÈS ; PORTO, blanc, vieux Tawny et Vintage ; MARSALA sec ; MOUSSEUX, blancs et rosés ; CHAMPAGNE, millésimé ou de luxe, quelques magnums. Des vins rares comme : Vieux Madères, vins doux naturels et vieux Commandarias.

Le livre de cave

Il est important de tenir un registre des vins que vous conservez, plus important encore si vous ne les stockez pas tous chez vous. Il est indispensable de savoir ce que vous possédez. On utilise encore beaucoup le livre de cave ancien modèle, mais ceux qui achètent par douzaines de douzaines utilisent souvent un livre de stock. Si vous le pouvez, ajoutez à votre registre des vins un livret de dégustation. A vous de choisir le format qui sera le plus pratique.

Le livret de dégustation, que l'on doit pouvoir emporter avec soi, ne peut pas toujours se combiner avec le livre de cave. Certains amateurs remplissent des fiches avec les notes qu'ils prennent aux dégustations auxquelles ils assistent, ou lorsqu'ils voyagent dans des régions vinicoles. Il est utile de noter le comportement des vins lors des repas, et cela vous évitera de servir les mêmes vins (ou les mêmes plats) aux mêmes amis.

Si vous possédez d'importantes réserves, il faut connaître leur valeur : un négociant peut vous en donner une approximation, et cette évaluation peut être indispensable pour souscrire une assurance. Les informations de base contenues dans le livre de cave devraient comporter : le nom du vin, et toutes ses particularités ; la date et le lieu de l'achat ; le prix d'achat. Si possible, gardez de la place pour les notes de dégustation et notez toujours la date à laquelle elle a eu lieu.

La conservation

Depuis peu, le vin est devenu l'objet de spéculations et d'investissement à long terme. Pour tous ceux qui n'ont pas des connaissances étendues et beaucoup d'expérience, ce jeu est risqué car il s'agit d'une denrée périssable, et comme la spéculation sur le vin fait varier artificiellement les cours, ceux qui investissent peuvent souvent y perdre de l'argent.

En revanche, acheter pour constituer une réserve personnelle est une très bonne idée : de ce fait on peut disposer de grands vins classiques, en faisant des économies puisqu'on se les procure jeunes, et en prenant plaisir à surveiller leur évolution. Même les vins rouges les meilleur marché et le Champagne non millésimé gagneront à une période de vieillissement supplémentaire après l'achat ; six à douze mois passés dans une cave amélioreront grandement leur qualité. On peut également conserver les plus grands Bourgognes blancs et certains vins allemands de qualité supérieure, mais ils vieillissent moins longtemps que les grands rouges.

Les crus classés de Bordeaux et les meilleurs Bourgognes rouges sont évidemment les vins que l'on doit choisir pour un long vieillissement, bien que les amateurs de vins fins, rouges, d'autres régions puissent prendre grand plaisir à voir leurs vins favoris se développer lentement dans des conditions idéales. Si vous devez revendre vos vins, il faut les ranger en caisses de douze bouteilles identiques. Vous pouvez vous constituer une bonne cave en mettant de côté une certaine somme, même modeste, chaque mois ou chaque année. Si vous buvez vos vins rapidement et tirez souvent sur vos réserves, il faut acheter des vins qui conviennent à cette utilisation. Si vous préférez conserver des vins pendant 10 à 20 ans, il vaut mieux les entreposer dans une cave donnant toutes garanties. N'importe quel bon négociant exécutera votre commande même si vous êtes à l'autre bout du monde.

Les régions
vinicoles du monde

Les régions vinicoles du monde

La vigne peut pousser en des endroits où peu d'autres cultures prospéreraient; elle fleurit sous les climats chauds ou tempérés et donne des vins de qualité aux limites de ces régions, où elle est à la merci des variations de climat et peut subir de très grands froids ou de très grandes chaleurs. Lorsque la vigne doit lutter pour survivre, elle donne de grands vins.

Les régions où le climat est constant donnent plutôt des vins de qualité constante, qui n'excellent guère dans un domaine précis. Les vignobles généralement chauds donnent des vins rouges pleins et des blancs doux. Les vignobles froids donnent des blancs riches en acidité et des rouges généralement peu fruités. Il en ressort que les meilleurs rouges, d'une part, et les meilleurs blancs, d'autre part, proviennent souvent de régions différentes, et il est plus rare qu'une même région donne à la fois des rouges et des blancs excellents.

L'histoire et la production actuelle s'accordent à reconnaître que les plus importantes régions vinicoles se trouvent autour de la Méditerranée et en Europe occidentale, l'Italie et la France produisant les plus grandes quantités. Les vignobles des deux Amériques, de l'Australasie et de l'Afrique sont plus récents mais ils progressent en importance.

La vigne est en fait cultivée dans de nombreux endroits et le vin est produit en quantités commercialisables dans des pays aussi différents que l'Inde et la Grande-Bretagne, le Canada et l'Egypte, pour ne pas citer ceux dont le nom est étroitement associé avec la production du vin. Sa culture s'est cependant répandue essentiellement dans les parties du monde qui sont (ou ont été) fortement soumises à l'influence européenne.

Avertissement de l'éditeur : toutes les appellations, les villes et les régions indiquées sur les cartes qui suivent sont orthographiées dans la langue d'origine.

Production annuelle
(en milliers d'hl)

jusqu'à 200

200-400

400-600

600-800

800-1.000

1.000-5.000

5.000-10.000

10.000-15.000

15.000-30.000

plus de 30 000

Consommation de vin
Les 21 premiers pays consommateurs de vin, en litres par personne et par an. La France est en deuxième position, juste après l'Italie.

Pays	Litres
Italie	109,5
France	106,4
Portugal	88,3
Argentine	73,1
Espagne	67,3
Chili	44
Suisse	42,7
Hongrie	38,5
Grèce	37
Autriche	35
Roumanie	32,6
Yougoslavie	27,1
Allemagne fédérale	22,6
Belgique	15,3
Afrique du Sud	10,7
Australie	9,9
Pays-Bas	8,8
Etats-Unis	6,3
Canada	6,1
Grande-Bretagne	5,2
Norvège	2,4

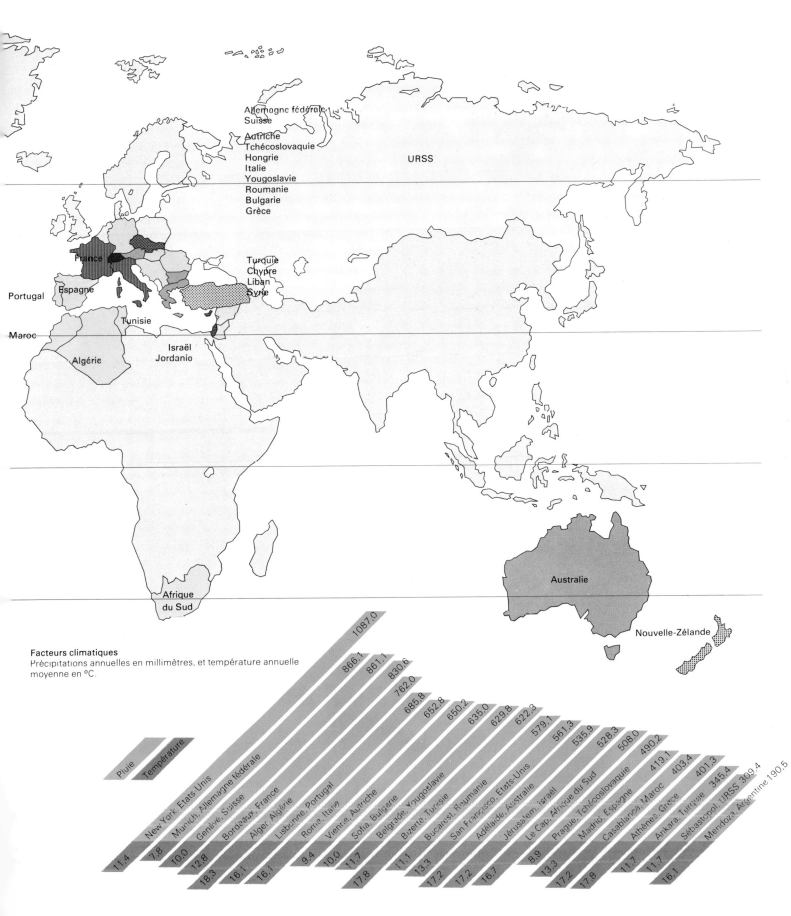

Facteurs climatiques
Précipitations annuelles en millimètres, et température annuelle moyenne en °C.

137

France

On dit que la France peut fournir tous les vins nécessaires à l'agrément de la vie.

Elle produit le meilleur vin mousseux, les deux plus grands vins rouges, et certains des plus grands vins doux; aussi est-il naturel de proposer des vins français dans la plupart des dégustations, et impossible de parler du vin sans mentionner d'abord la France.

Personne ne peut connaître tous les vins français, mais chaque amateur devrait essayer d'en connaître quelques-uns. Heureusement, on en trouve dans le monde entier. Il y a de bons et même de très bons vins dans de nombreux autres pays, mais dans quelques vignobles français certains vins atteignent une qualité et un intérêt qui font de leur étude un sujet fascinant.

Appellation contrôlée

La production française du vin est strictement contrôlée par l'Institut national des appellations d'origine des vins et eaux-de-vie (INAO), créé par le gouvernement. En général, l'INAO décerne une AOC (appellation d'origine contrôlée) ou AC (appellation contrôlée) en liaison avec les associations professionnelles des diverses régions vinicoles. La réglementation définit: le cépage; la méthode de taille et de culture des vignes; le nombre de ceps à l'hectare; la quantité maximale de vin produite à l'hectare; la quantité minimale de sucre dans le moût; le degré minimal d'alcool dans le vin et, bien sûr, les limites géographiques de culture.

L'appellation contrôlée peut s'appliquer à une région entière (Beaujolais, Bordeaux), ou à une zone plus limitée (Côtes du Rhône, Saint-Emilion), éventuellement au type de vin de cette région — rouge, blanc ou rosé — qui bénéficie de l'appellation. Elle s'applique ensuite aux communes à l'intérieur de ces régions. Les appellations contrôlées s'imbriquent donc les unes dans les autres. Par exemple, Château Lascombes est une AC Margaux, puisque situé dans la commune de Margaux; il n'a pas besoin de préciser autre chose sur son étiquette, mais Margaux se trouve également à l'intérieur de l'AC Médoc, et le Médoc à son tour est compris dans les AC Bordeaux supérieur et simple Bordeaux.

Une étiquette qui porte l'AC d'une vaste région sera généralement signe d'une qualité inférieure par rapport à une étiquette qui porte une AC plus réduite. A l'autre extrême, il existe une minuscule propriété dans le vignoble des Côtes du Rhône, Château-Grillet, qui possède sa propre appellation contrôlée. Le seul grand vin français qui n'ait pas l'obligation d'indiquer son AC est le Champagne, qui préfère l'appellation traditionnelle «vin de Champagne». L'AC peut être utile pour distinguer des vins qui ont une dénomination similaire: il n'y a qu'un seul Château Latour AC Pauillac, mais six autres crus de Bordeaux portent la mention «Latour» sur leurs étiquettes.

Il faut savoir que les contrôles d'AC concernent uniquement les endroits où le vin est fait, et la méthode de vinification. Aucune n'est (et ne peut être) plus qu'une simple indication de qualité. Un vin peut parfaitement répondre aux exigences d'un AC sans vous donner la satisfaction attendue.

Tous les bons vins français sont maintenant classés AC, et l'INAO s'emploie toujours à corriger les anomalies: les vins secs de la région du Sauternais peuvent porter seulement l'AC Bordeaux supérieur, car quand les règles furent établies, tous les Sauternes étaient doux.

Après les *vins d'appellation contrôlée* viennent les *vins délimités de qualité supérieure* (VDQS), également soumis à des contrôles, quoique moins rigoureux. Leur importance s'accroît, et grâce aux techniques modernes, ce sont souvent de très bons vins simples. On peut parfois ne trouver qu'une *appellation d'origine* sur un vieux «petit» vin, mais cette appellation, inférieure à l'appellation contrôlée, est désuète. *Vin de pays* et *vin de table* sont les catégories suivantes. Les *vins de marque* sont coupés, et produits par des sociétés qui offrent une qualité constante à des prix modérés. Il ne faut les confondre ni avec les *vins ordinaires*, ou *vins de consommation courante*, ni avec les *vins de pays*.

Production régionale de vin

Région	%
Languedoc-Roussillon	40%
Bordeaux	9 ½%
Vallée de la Loire	9%
Provence	6 ½%
Côtes du Rhône	6%
Bourgogne	3 ½%
Dordogne	2%
Pyrénées	2%
Corse	moins de 2%
Alsace	moins de 2%
Champagne	moins de 1%
Jura	moins de 1%
Alpes	moins de 1%
Reste de la France	18%

Production annuelle (en milliers d'hl)

1965	66568
1966	60935
1967	60993
1968	65120
1969	49803
1970	74373
1971	61331
1972	58498
1973	82425
1974	75482

Exportations mondiales

Pays	%
Allemagne fédérale	33%
Belgique/Luxembourg	14%
Grande-Bretagne	12%
Suisse	8%
Pays-Bas	6%
Etats-Unis	5%
Italie	4%
Reste du monde	18%

Exportations à l'intérieur du Marché commun

Pays	%
Allemagne fédérale	46%
Belgique/Luxembourg	20%
Grande-Bretagne	17%
Pays-Bas	8%
Italie	6%
Danemark	2%
Irlande	1%

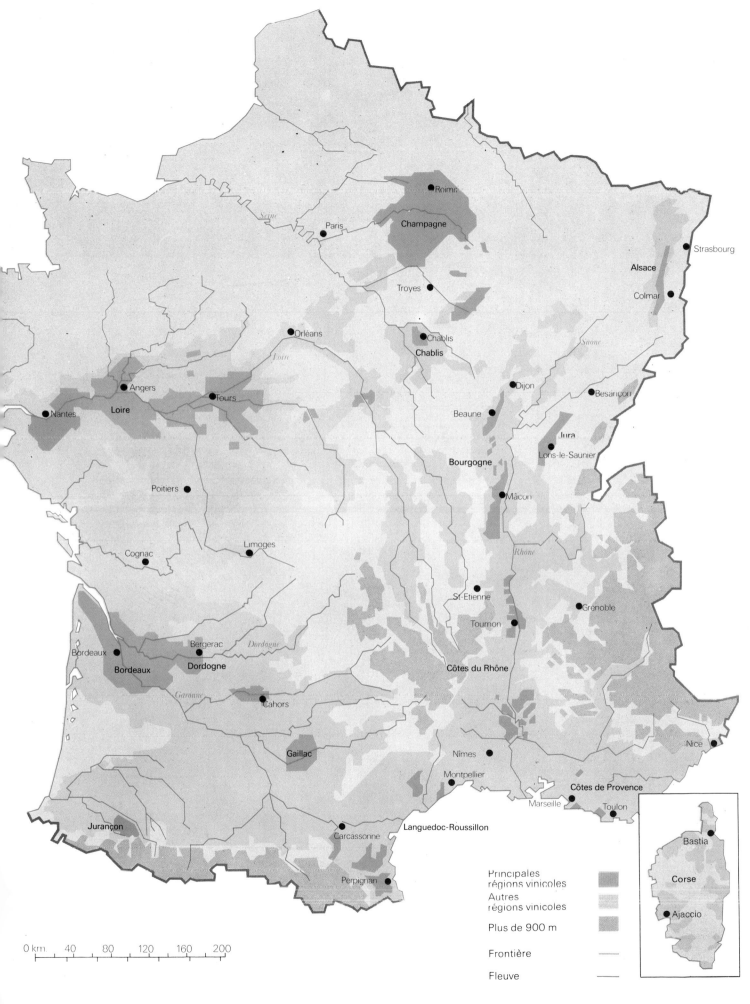

Reims

Paris

Champagne

Strasbourg

Alsace

Troyes

Colmar

Orléans

Chablis

Chablis

Dijon

Besançon

Angers

Tours

Beaune

Loire

Jura

Nantes

Bourgogne

Lons-le-Saunier

Poitiers

Mâcon

Cognac

Limoges

St-Etienne

Grenoble

Bordeaux

Bergerac

Tournon

Bordeaux

Dordogne

Côtes du Rhône

Cahors

Gaillac

Nice

Nîmes

Montpellier

Côtes de Provence

Marseille

Toulon

Jurançon

Bastia

Carcassonne

Languedoc-Roussillon

Corse

Perpignan

Ajaccio

Principales
régions vinicoles

Autres
régions vinicoles

Plus de 900 m

Frontière

Fleuve

0 km. 40 80 120 160 200

139

France : Bourgogne

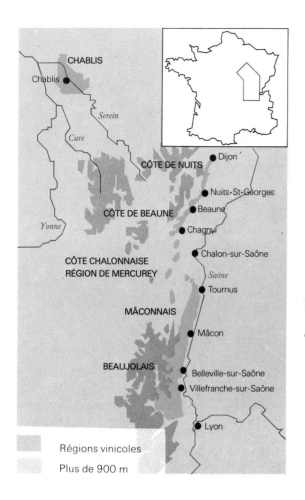

Régions vinicoles

Plus de 900 m

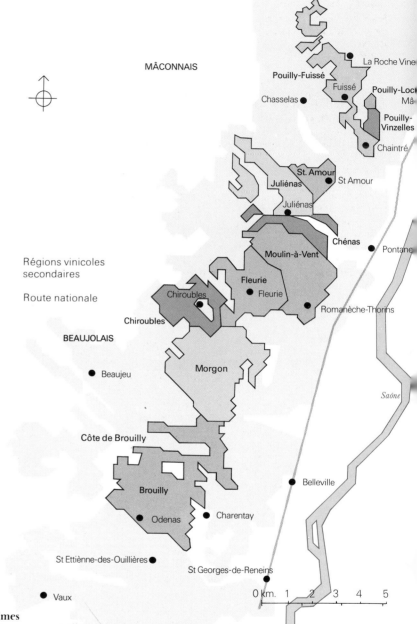

MÂCONNAIS

Régions vinicoles
secondaires

Route nationale

BEAUJOLAIS

Nomenclature

En Bourgogne, on distingue d'abord les vignobles, comme Côte de Nuits ; subdivisés en communes, comme Nuits-Saint-Georges, qui se composent elles-mêmes de climats comme Les Saint-Georges, Les Vaucrains ; et à l'intérieur des climats, les parcelles ou les propriétés particulières, qui peuvent porter un nom propre, ou simplement le nom du viticulteur-exploitant. La réputation de l'exploitant est aussi importante que celle des parcelles. Si l'on sait que de nombreux vignerons peuvent posséder une parcelle dans une même commune, ou dans un même climat, que chacun la cultivera et fera son vin à sa façon (Clos de Vougeot a environ 100 propriétaires), on se rendra compte qu'il est impossible de généraliser en parlant de la Bourgogne. Habituellement, un grand vignoble — par exemple, Le Chambertin — aura son nom attaché à celui de la commune — Gevrey-Chambertin. Dans la Côte de Beaune, le Corton-Charlemagne blanc est supérieur au Corton blanc.

On peut donc comprendre que, soit que les vins soient mis en bouteilles au domaine, soit que l'opération ait lieu ailleurs, chez le négociant par exemple, ils varient grandement de l'un à l'autre : de plus le millésime est une indication capitale. On comprend mieux les variations considérables des prix, et parfois de qualité. Le consommateur se doit de juger par lui-même pour découvrir ce qu'il préfère.

Millésimes

Le Bourgogne vieillit généralement plus vite que le Bordeaux, mais c'est souvent fonction de la façon dont les négociants prennent soin de leurs vins. Certains distributeurs exigent aussi qu'ils soient décantés, ce qui raccourcit évidemment la vie du vin. Les Bourgognes du Sud varient moins d'année en année que ceux de la Côte d'Or, et une bonne année pour les rouges ne l'est pas nécessairement pour les blancs.

Bourgognes blancs

1970 bons, doux, fruités ; 1971 qualité variable, vins pleins et affirmés quand ils sont bons, grands Chablis ; 1972 modérés, agréables, boire maintenant ou bientôt ; 1973 très bons, du style, excellents maintenant, s'amélioreront certainement ; 1974 qualité médiocre ; 1975 année humide, mauvaise qualité ; 1976 superbes, millésime classique — à conserver si possible ; 1977 agréables, lents à se développer, d'ex-

Cépages

Vins blancs
Chardonnay pour les vins de qualité (appelé Beaunois à Chablis), Aligoté pour les autres vins.
Vins rouges
Pinot noir pour les Bourgognes de qualité. Gamay pour le Beaujolais. (Le Bourgogne Passe-tout-Grains est un mélange d'environ un tiers de Pinot noir et deux tiers de Gamay.)
Vins rosés
On en fait également, et ceux de Marsannay-la-Côte sont les plus connus.

cellents Chablis et de bons Côte chalonnaise; 1978 bonne année, de la prudence dans le choix, les meilleurs vins sont équilibrés, agréables, distingués; 1979 agréables, à boire assez vite.

Bourgognes rouges

1969 grande année, style et finesse; 1970 assez légers, agréables; 1971 très variables à cause du temps, les meilleurs sont exceptionnels — à conserver; 1972 agréables, conserver certains vins; 1973 production considérable donc qualité variable, les meilleurs sont pleins, aimables, et peuvent se conserver quelque temps; 1974 quelconques; 1975 année pluvieuse — inintéressants; 1976 nombreux grands vins classiques, pleins, mûrs, à conserver quelque temps; 1977 agréables, un peu légers, année prolifique comme 1976; 1978 petite récolte mais grands vins; 1979 énorme récolte de vins assez légers mais aimables, bons à boire maintenant.

Beaujolais

Très agréable de 2 à 5 ans, mais le Beaujolais ordinaire et le Beaujolais-Villages sont meilleurs jeunes. Le Beaujolais nouveau se boit généralement quelques mois après les vendanges. Certains crus peuvent vieillir plus longtemps, comme le Brouilly, le Côte de

Principales régions vinicoles

Régions vinicoles secondaires

Route nationale

Limite de commune

Beaujolais. La plus grande partie du vin est rouge, issue du Gamay, bien qu'il y ait actuellement un peu de blanc, issu de l'Aligoté. En ordre croissant de qualité, les vins sont: Beaujolais, Beaujolais supérieur, Beaujolais-Villages (les vins de 30 communes qui ont le droit de joindre leur nom à celui de Beaujolais) et les crus: Saint-Amour, Juliénas, Chénas, Moulin-à-Vent, Fleurie, Chiroubles, Morgon, Brouilly et Côte de Brouilly.

Chablis. Il comprend les grands crus, les premiers crus, simplement appelés Chablis, et les petits Chablis. Le sol est clair, et le climat peut être humide et froid.

Côte d'Or. Côte de Nuits (meilleurs rouges) et Côte de Beaune (meilleurs blancs).

Brouilly, le Morgon et le Moulin-à-Vent, qui profitent généralement d'un vieillissement en bouteilles.

Vignobles

Côte chalonnaise/Région de Mercurey. La partie centrale de la Bourgogne est le prolongement naturel de la Côte de Beaune, et elle est similaire quant au sol et au climat. Les régions de Mercurey, Rully, Givry, Buxy et Montagny sont les principales; on y produit des vins blancs et rouges.

Mâconnais. Son climat est plus doux que celui de la Côte d'Or, et les sols légers, souvent pierreux, produisent une grande variété de vins rouges et blancs. Les Pouillys blancs: Fuissé, Solutré, Vergisson, Loché et Vinzelles, et les Mâcons blancs, notamment ceux de Clessé, Chardonnay, Lugny et Viré méritent tous l'attention. Saint-Véran a reçu une appellation en 1971.

Maisons bourguignonnes
Voici quelques-uns des établissements de Bourgogne les plus connus. Chacun possède son style propre. Chanson, Louis Latour, Patriarche, Bouchard Père, Bouchard Aîné, Marcel Amance, Bocion, Coron, Doudet-Naudin, Louis Jadot, Piat, Thorin, Joseph Drouhin, Sichel, Prosper Maufoux, Dépagneux, Georges Dubœuf, Ropiteau, Viénot, Albert Thierry, Remoissenet.

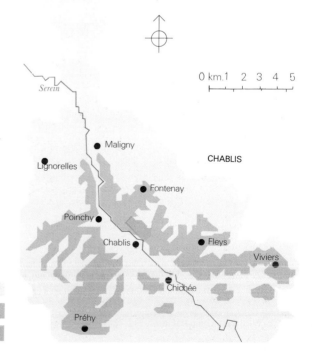

Petit Chablis

Chablis

Chablis Grand Cru

France : Bordeaux

Aucun amateur passionné de Bordeaux — et ils furent nombreux dès avant le Moyen Age — ne peut décrire ces vins en quelques mots. Chaque château bordelais, y compris les crus bourgeois, possède son individualité. Cependant, si l'on admet qu'il peut y avoir des exceptions, ces commentaires sur les appellations bordelaises indiquent des généralités :

Bourg & Blaye. Rouges robustes et blancs moyens. Les bonnes années, les rouges ont un goût de terroir, plein, très séduisant.

Fronsac. Ces rouges peuvent avoir une légèreté et une élégance attirantes.

Graves de Vayres. Rouges presque élégants, parfois légers.

Entre-deux-mers. Agréables vins blancs.

Premières Côtes de Bordeaux. Quelques blancs distingués et d'agréables rouges.

Cérons. Blancs assez vifs, légèrement doux.

Sainte-Croix-du-Mont. Quelques blancs doux.

Loupiac. Blancs avec une pointe d'épices.

Sauternes. Blancs pleins, liquoreux, d'une douceur persistante, mais avec beaucoup de profondeur (quelques blancs secs mais pleins n'ont pas droit à l'AC Sauternes, réservée aux vins doux).

Barsac. Doux, mais avec un étrange et séduisant arrière-goût sec (quelques vins secs, comme pour les Sauternes).

Graves. Les Graves blancs des grands châteaux ont délicatesse et profondeur, les rouges beaucoup de charme, de subtilité — ce ne sont pas des vins pour débutants, ils rappellent la nature du sol.

Saint-Emilion. Rouges pleins, puissants, parfois appelés les « Bourgognes du Bordelais », qui pour moi ont toujours un arrière-goût de terroir, un attrait immédiat une grande persistance fruitée.

Pomerol. Le sol change et donne au vin sa sève particulière ; il combine souvent délicatesse et fermeté.

Haut-Médoc. Il est impossible de regrouper d'aussi nombreux vins provenant d'une région aussi étendue — mais certains sont très bons.

Moulis et Listrac. Ils méritent plus d'attention — quoique gardant leur individualité, tous deux montrent légèreté et élégance potentielle.

Margaux. Vins avec fruité, charme, subtilité et grâce — ils peuvent être très étendus, et ce sont des classiques intéressants pour le débutant.

Saint-Julien. Bouquet dense, vins veloutés, idéaux pour le débutant en Bordeaux, car leur charme est évident.

Pauillac. Noblesses multiples : charme, réserve, magnificence, ou, quand ils sont jeunes, une rudesse et une intransigeance qui ne sont pas toujours faciles à comprendre. Ne servez pas un grand Pauillac à un repas ordinaire — vous ne l'apprécieriez pas.

Saint-Estèphe. Pour ceux qui ont un peu d'expérience, car ils ont tendance à être durs et arrogants avant de vieillir, mais ils peuvent avoir fermeté et finesse des grandes années ; les petits vins sont robustes et agréables.

Crus classés

Termes employés pour certains vins du Médoc et un Graves rouge (Haut-Brion) qui furent classés en 1855. Les vins de Sauternes et de Barsac furent classés la même année, les Graves rouges en 1953, ceux de Saint-Emilion en 1955 et les Graves blancs en 1959 (Haut-Brion blanc ne le fut pas à la demande de son

propriétaire). Mouton-Rothschild, classé second cru à l'origine, fut reclassé premier cru en 1973. Un château n'est pas obligé d'indiquer sa classification sur l'étiquette : Latour l'indique, mais pas Lafite.

Il faut se souvenir que cette classification était basée sur les prix des vins et ne donnait donc pas une indication exclusive de qualité. En dépit des efforts de révision, l'ancienne classification est toujours valable et la plupart des crus classés sont de grands vins — ou capables de l'être. La nette amélioration en qualité des crus bourgeois ou artisans a amené quelques propositions tendant à faire inclure leurs meilleurs châteaux dans une future classification.

CRUS CLASSES

Médoc
Premiers Crus Ch. Lafite, Latour et Mouton Rothschild de Pauillac ; Ch. Margaux de Margaux ; Ch. Haut-Brion de Pessac (Graves).
Deuxièmes Crus de Margaux : Ch. Rausan-Ségla, Rauzan-Gassies, Durfort-Vivens, Lascombes ; de St-Julien : Ch. Léoville-Las-Cases, Léoville-Poyferré, Léoville-Berton, Gruaud-Larose, Ducru-Beaucaillou ; de Pauillac : Ch. Pichon-Longueville, Pichon-Longueville-Lalande ; de Cantenac : Ch. Brane-Cantenac ; de St-Estèphe : Ch. Cos-d'Estournel, Montrose.
Troisièmes Crus de Cantenac : Ch. Kirwan, Issan, Cantenac-Brown, Palmer ; de St-Julien : Ch. Lagrange, Langoa ; de Labarde : Ch. Giscours ; de Margaux : Ch. Malescot-St-Exupéry, Desmirail, Ferrière, Marquis-d'Alesme-Becker, Boyd-Cantenac ; de Ludon : Ch. Grand La Lagune ; de St-Estèphe : Ch. Calon-Ségur.
Quatrièmes Crus de St-Julien : Ch. St-Pierre-Sevaistre, St-Pierre-Bontemps. Branaire-Ducru, Talbot, Beychevelle ; de Pauillac : Ch. Duhart-Milon ; de Cantenac : Ch. Poujet, Le Prieuré ; de St-Laurent : Ch. La Tour Carnet ; de St-Estèphe : Ch. Rochet ; de Margaux : Ch. Marquis de Terme.
Cinquièmes Crus de Pauillac : Ch. Pontet-Canet, Batailley, Haut-Batailley, Grand-Puy-Lacoste, Grand-Puy-Ducasse, Lynch-Bages, Lynch-Moussas, Mouton-Baron-Philippe, Haut-Bages-Libéral, Pédesclaux, Clerc-Milon, Croizet-Bages ; de Labarde : Ch. Dauzac ; d'Arsac : Ch. Le Tertre ; de St-Laurent : Ch. Belgrave, Camensac ; de St-Estèphe : Ch. Cos-Labory ; de Macau : Ch. Cantemerle.

Graves Rouges
De Cadaujac : Ch. Bouscaut ; de Léognan : Ch. Haut-Bailly, Domaine de Chevalier, Carbonnieux, Fieuzal, Malartic-Lagravière, Olivier ; de Martillac : Ch. Latour-Martillac, Smith-Haut-Lafitte ; de Pessac : Ch. Haut-Brion, Pape-Clément ; de Talence : Ch. La Mission-Haut-Brion, Latour-Haut-Brion.

Saint-Emilion
Premiers Grands Crus Classés Ch. Ausone, Beauséjour, Cheval-Blanc, Bélair, Canon, Figeac, La Gaffelière-Naudes, Magdelaine, Pavie, Trottevieille, Clos Fourtet.
Grands Crus Classés Ch. L'Arrosée, l'Angélus, Balestard-la-Tonnelle, Bellevue, Bergat, Cadet-Piola, Cadet-Bon, Canon-la-Gaffelière, Cap-de-Mourlin, Chapelle-Madeleine, Chauvin, Corbin, Coutet, Croque-Michotte, Curé-Bon, Fonplégade, Fonroque, Franc-Mayne, Grand-Barrail, Grand-Corbin-d'Espagne, Grand-Corbin-Pécresse, Grand-Mayne, Grand-Pontet, Grandes-Murailles, Guadet-St-Julien, Jean-Faure, La Carte, La Clotte, La Cluzière, La Couspaude, La Dominique, Larcis-Ducasse, Lamarzelle, Lamarzelle-Figeac, Larmande, Laroze, Lasserre, La Tour-du-Pin-Figeac, La Tour-Figeac, Le Châtelet, Le Prieuré, Le Couvent, Mauvezin, Moulin du Cadet, Pavie-Décesse, Pavie-Macquin, Pavillon-Cadet, Petit-Faurie-de-Souchard, Faurie-de-Soutard, Ripeau, Sansonnet, St-Georges-Côte-Pavie, Soutard, Terte-Daugay, Trimoulet, Trois-Moulins, Troplong-Mondot, Villemaurine, Yon-Figeac, Clos des Jacobins, Clos la Madeleine. Clos Saint-Lartin.

Sauternes et Barsac
Grand Premier Cru Ch. Yquem, de Sauternes.
Premiers Crus de Bommes : Ch. La Tour-Blanche, Peyraguey (Clos Haut-Peyraguey, Lafaurie-Peyraguey), Rayne-Vigneau, Rabaud (Rabaud-Promis, Sigalas-Rabaud), Peixotto ; de Preignac : Ch. de Suduiraut, De Malle ; de Barsac : Ch. Coutet, Climens, De Myrat, Doisy (Doisy-Dubroca, Doisy-Daëne, Doisy-Védrines), Broustet, Nairac, Caillou, Suau ; de Fargues : Ch. Guiraud, Raymond-Lafon ; de Sauternes : Ch. d'Arche (D'Arche-Lafaurie), Filhot, Lamothe (Lamothe-Bergey, Lamothe-Espagnet).

Graves Blancs
De Cadaujac : Ch. Bouscaut ; de Martillac : Ch. Latour-Martillac ; de Talence : Ch. Laville-Haut-Brion ; de Villenave-d'Ornon : Ch. Couhins ; de Léognan : Ch. Carbonnieux, Olivier, Domaine de Chevalier, Malartic-Lagravière.

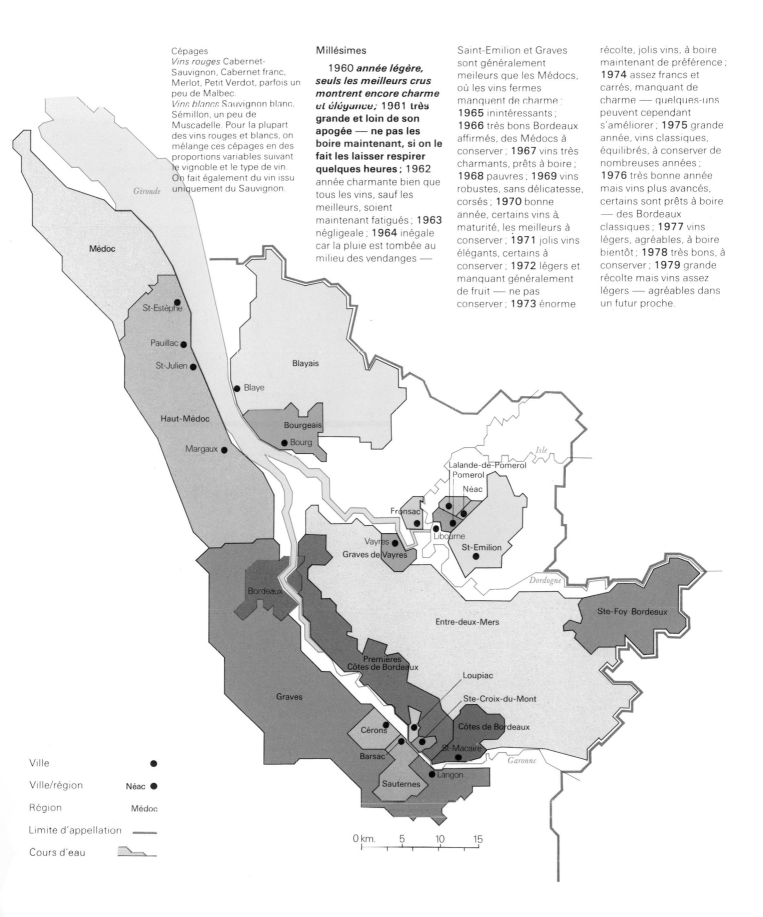

Cépages
Vins rouges Cabernet-Sauvignon, Cabernet franc, Merlot, Petit Verdot, parfois un peu de Malbec.
Vins blancs Sauvignon blanc, Sémillon, un peu de Muscadelle. Pour la plupart des vins rouges et blancs, on mélange ces cépages en des proportions variables suivant le vignoble et le type de vin. On fait également du vin issu uniquement du Sauvignon.

Millésimes

1960 *année légère, seuls les meilleurs crus montrent encore charme et élégance;* 1961 **très grande et loin de son apogée — ne pas les boire maintenant, si on le fait les laisser respirer quelques heures;** 1962 année charmante bien que tous les vins, sauf les meilleurs, soient maintenant fatigués; 1963 négligeale; 1964 inégale car la pluie est tombée au milieu des vendanges —

Saint-Emilion et Graves sont généralement meilleurs que les Médocs, où les vins fermes manquent de charme; 1965 inintéressants; 1966 très bons Bordeaux affirmés, des Médocs à conserver; 1967 vins très charmants, prêts à boire; 1968 pauvres; 1969 vins robustes, sans délicatesse, corsés; 1970 bonne année, certains vins à maturité, les meilleurs à conserver; 1971 jolis vins élégants, certains à conserver; 1972 légers et manquant généralement de fruit — ne pas conserver; 1973 énorme

récolte, jolis vins, à boire maintenant de préférence; 1974 assez francs et carrés, manquant de charme — quelques-uns peuvent cependant s'améliorer; 1975 grande année, vins classiques, équilibrés, à conserver de nombreuses années; 1976 très bonne année mais vins plus avancés, certains sont prêts à boire — des Bordeaux classiques; 1977 vins légers, agréables, à boire bientôt; 1978 très bons, à conserver; 1979 grande récolte mais vins assez légers — agréables dans un futur proche.

Ville ●

Ville/région Néac ●

Région Médoc

Limite d'appellation

Cours d'eau

0 km. 5 10 15

France: Rhône et Loire

Rhône

Dans toute cette région, on fait des vins rouges ou blancs, parfois mousseux (méthode champenoise) comme à Saint-Peray et à Die (Clairette), et de nombreux vins rosés, notamment dans le Sud. La vigne est cultivée dans cette région depuis 600 av. J.-C. sans doute, époque à laquelle on pense que les Phéniciens ont introduit la vigne en Provence.

Les vins ont la saveur que l'on peut attendre d'un vignoble si différent du nord au sud : les rouges sont généreux et chauds, les blancs pleins, avenants, variant du sec au plein, avec quelques vins doux dans le Sud. Au nord, les vignes s'étagent sur les collines au-dessus du fleuve ; puis vers Tain et Tournon, des terrasses s'étendent de chaque côté. Plus au sud, la vallée s'élargit et le paysage change. Les terrains de Châteauneuf-du-Pape, par exemple, sont un mélange de graviers et de sable, avec quelques énormes pierres, comme de monstrueuses pommes de terre, qui gardent la chaleur du soleil.

On fait des rouges, des blancs, des rosés, quelques mousseux, et certains vins fins de dessert, des Muscats, comme ceux de Beaumes-de-Venise.

On utilise de nombreux cépages. Le Viognier blanc est peut-être le cépage le plus curieux de la région, donnant le vin blanc auquel il prête son nom dans le nord de la région, et aussi celui de Château-Grillet, le seul domaine en France qui ait sa propre AOC pour une superficie d'environ 2 hectares.

Dans le fond des vallées, les vignes de la partie orientale sont partiellement protégées par les montagnes et les vins gardent une certaine fraîcheur intérieure. Ceux de l'ouest sont plus exposés au soleil. Les rosés de Tavel, célèbres dans le monde entier, sont peut-être les seuls rosés à s'améliorer en vieillissant ; la plupart sont faits par des coopératives, mais il reste quelques domaines privés.

Les vins de la région centrale sont très fermes, mais ils ne méritent pas le terme « bien découplé » que certains leur décernent. Il n'y a que peu de viticulteurs, mais certains sont renommés ; la plupart font des vins rouges et blancs. On produit des vins blancs dans plusieurs domaines de Châteauneuf-du-Pape, comme à Château Rayas, et aussi dans des vignobles plus connus pour leurs rouges, comme l'Hermitage. De nombreux Côtes du Rhône blancs ont une couleur qui rappelle la paille. Les rouges ont tendance à être très foncés, même en vieillissant ; mais actuellement, pour des raisons économiques, peu sont faits pour durer autant que les grands rouges classiques, qui hélas ! commencent aussi à subir ces malheureux changements ; cependant vous pouvez laisser vieillir quelque peu tous les bons Côtes du Rhône.

A.O.C.
Côte-Rôtie, Condrieu, Château-Grillet, St-Joseph, Crozes-Hermitage, Hermitage, Cornas, St-Péray, Châteauneuf-du-Pape, Tavel, Lirac, Côtes du Rhône, et Côtes du Rhône plus le nom des communes de : Rochegude, St-Maurice-sur-Eygues, St-Pantaleon-les-Vignes, Vinsobres, Cairanne, Gigondas, Rasteau, Roaix, Séguret, Vacqueyras, Valréas, Visan, Chusclan, Laudun.

V.D.Q.S.
Côtes du Ventoux, Côtes du Lubéron, Haut-Comtat, Châtillon-en-Diois.

Cépages
On trouve une grande variété de cépages noirs et blancs, 13 étant autorisés à Châteauneuf-du-Pape, et les raisins blancs et noirs sont souvent mélangés. Les principaux cépages noirs sont : Grenache, Syrah, Cinsault, Mourvèdre, et Terret noir. Cépages blancs : Marsanne, Roussanne, Viognier, Clairette, Ugni blanc, Bourboulenc, Picpoul, et Muscat de Beaumes (qui donne le Muscat de Beaumes-de-Venise).

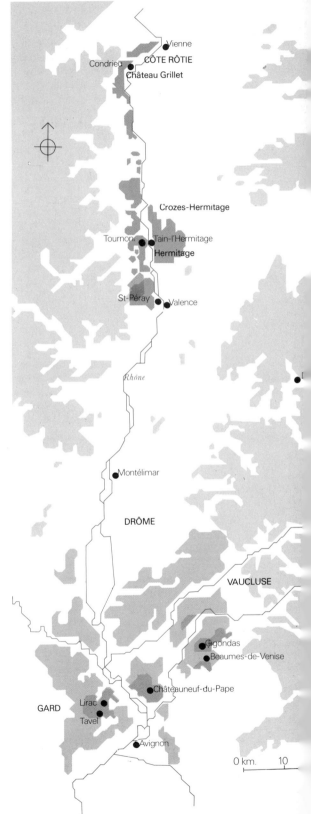

Principales régions vinicoles

Autres régions vinicoles

Plus de 450 m

Loire

On fait des rouges, des blancs, des rosés, des mousseux et des vins pétillants dans la région centrale. La méthode champenoise est utilisée pour les vins mousseux, dont les plus connus sont le Saumur et le Vouvray; Vouvray fait également des vins pétillants et tranquilles. Les vignobles s'étendent essentiellement sur les berges de la Loire et de ses affluents et, dans le cours supérieur, ils touchent presque à la Bourgogne.

La vigne est cultivée dans cette région depuis des siècles, et au XIIᵉ siècle, ce fut le Comte d'Anjou, plus tard Henri II d'Angleterre, qui par son mariage avec Aliénor, duchesse d'Aquitaine, rangea le sud-ouest de la France sous la couronne d'Angleterre. Rabelais, Ronsard et Balzac, parmi beaucoup d'autres écrivains, aimaient les vins de la Loire, tout comme le célèbre Clemenceau, «le Tigre». D'autres sans doute ont dû en boire, comme Marie Stuart et les compagnons de Jeanne d'Arc — puisque c'est à Chinon qu'elle reconnut le Dauphin déguisé.

La Loire, le plus long fleuve de France, coule ici d'est en ouest, dans un paysage paisible, où les hautes collines sont peu nombreuses (comme celles de Sancerre et Saumur où l'on fait des vins blancs magnifiques). Le vin ressemble au paysage — beaucoup de charme et de délicatesse. C'est également une région fraîche, et le vin reflète cette fraîcheur — on y trouve de nombreux vins blancs vifs et quelques blancs doux qui possèdent une fraîcheur intérieure, de très bons ou d'excellents vins mousseux, et des rouges frais et fruités. Il est important, lorsque l'on goûte les vins de la Loire, de distinguer entre les produits des vastes vignobles, et ceux des petits domaines qui ont naturellement une plus grande individualité.

La plupart des vins de la Loire peuvent maintenant vieillir longtemps en bouteilles, qu'ils soient rouges ou blancs, à condition d'avoir été faits pour cela, mais dans leur majorité ces vins doivent se boire jeunes ou assez jeunes. Ils portent rarement un millésime simplement parce que le producteur préfère, à l'exception des grands domaines, maintenir une qualité constante, ce qui suppose parfois des coupages. Le viticulteur a une grande importance pour les crus qui portent un nom précis, car le vin prend le caractère particulier du domaine.

Le *Muscadet sur lie* est conservé sur ses lies et mis en bouteilles directement de son fût; il garde quelque chose de la vivacité de la jeunesse, mais il doit être bu rapidement (un an ou deux), ce qui est parfois précisé sur l'étiquette pour qu'on ne le mette pas à vieillir.

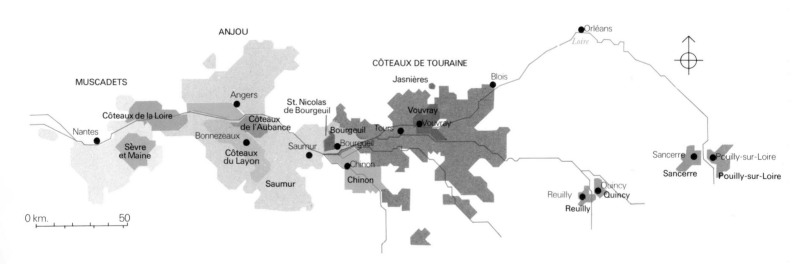

A.O.C. et V.D.Q.S.

Muscadet (Muscadet de Sèvre et Maine, Muscadet des Côteaux de la Loire, et Muscadet), Gros-Plant du pays nantais, Coteaux d'Ancenis, Anjou, Coteaux du Layon (Quarts-de-Chaume, Bonnezeaux, Savennières), Coteaux de l'Aubance, Anjou-Coteaux de la Loire, Saumur, Saumur-Champigny, Coteaux de Touraine, Bourgueil, St-Nicolas-de-Bourgueil, Chinon, Vouvray, Montlouis, Coteaux du Loir, Jasnières, Reuilly, Quincy, Sancerre, Pouilly-sur-Loire, Menetou-Salon, Coteaux du Giennois, Orléanais.

Cépages

Vins rouges et rosés: Le Cabernet franc pour les vins de qualité, un peu de Gamay dans la région de Sancerre, un peu de Pinot noir, utilisé principalement pour les rosés, et du Groslot en Anjou pour les rosés bon marché. Les rosés d'Anjou issus du Cabernet franc sont appelés Rosé du Cabernet.

Vins blancs: Le Gros Plant et le Muscadet et, pour les vins de qualité des régions centrales, le Chenin blanc, parfois appelé Pineau de la Loire, qui donne aussi des vins mousseux. Mais à Sancerre et Pouilly-sur-Loire, les vins de qualité sont issus du Blanc fumé (nom local du Sauvignon), alors que les autres proviennent du Chasselas blanc. C'est pour cela que les vins de qualité de Pouilly s'appellent Blanc fumé de Pouilly ou Pouilly fumé.

Alsace

L'Alsace est une des régions viticoles de France les plus pittoresques. Les vignobles, au pied des Vosges, sont presque tous tournés vers la frontière, que marque le Rhin; les villages sont enchanteurs avec leurs maisons ornées de fleurs, leurs fontaines jaillissant dans la plupart des rues et des places, et les trois villes principales — Mulhouse, Colmar et Strasbourg — sont riches en œuvres d'art. L'Alsace est également un paradis pour les fins gourmets.

L'Alsace produit du vin depuis des temps très reculés et, au Moyen Age, les vignobles des grands monastères et des domaines seigneuriaux étaient déjà importants. Mais ce sont essentiellement des viticulteurs-propriétaires, habitant près des vignobles et faisant leur vin, qui produisent les vins d'Alsace.

Lorsque l'Alsace était sous domination allemande, de la guerre de 1870 à la Première Guerre mondiale, les vins d'Alsace servirent principalement aux coupages, aussi les grandes traditions vinicoles déclinèrent-elles inévitablement. Elles ne furent pas perdues cependant, et malgré les ravages de la Seconde Guerre mondiale les progrès furent réguliers, et aujourd'hui les vins sont remarquables pour leur qualité et leur variété. Si un négociant ne possède pas de vin blanc de son chef, c'est un Alsace qu'il commandera, et je n'en ai jamais bu un seul qui était mauvais.

La majorité des vins d'Alsace sont blancs, bien qu'actuellement on trouve un peu de vin rouge et très peu de rosé. Mais ce sont les blancs qui font la gloire de la région; on range dans cette catégorie les « Crémants d'Alsace », vins mousseux faits selon la méthode champenoise et dont la qualité est strictement contrôlée. En général, le vin porte le nom de son cépage. S'il est issu de plusieurs cépages, le nom « Zwicker » apparaîtra sur l'étiquette ou, s'il ne s'agit que de cépages « nobles », « Edelzwicker ». On trouve quelques noms de vignobles, le long de la chaîne de villages qui constitue la « Route du Vin »: Zahnacker à Ribeauvillé, Sporen de Riquewihr, Mamberg de Sigolsheim, Kaefferkopf d'Ammerschwihr, Rangen de Thann, Kanzlerberg de Bergheim, Wannen de Guebwiller et Brand de Turckheim. Ces vignobles appartiennent à plusieurs propriétaires qui y cultivent différentes variétés de raisins et, si chaque vin garde donc les caractéristiques locales, son style peut être différent de celui d'un autre vin qui porterait le même nom de vignoble mais serait fait par un autre propriétaire. De la même façon, le Riesling d'un établissement et d'un millésime particulier peut être très différent du Riesling d'une société voisine, établie dans le même village. Chaque établissement vinicole a sa propre individualité, et les séances de dégustation y sont des plus agréables.

Le Riesling d'Alsace est le raisin qui produit les vins les plus « nobles », au bouquet aristocratique, au fruité évident et, certaines années, capables de bien vieillir et de s'améliorer progressivement. On pense généralement que le Rheinriesling est le même cépage. Le Sylvaner, très léger et frais, peut, certaines années et grâce à certaines vinifications, atteindre une certaine noblesse lui aussi. Le Gewurztraminer ou Traminer « épicé » donne le vin d'Alsace que l'on peut commander quand on hésite, car il possède un charme immédiat dû à son bouquet affirmé et séduisant, à sa saveur pleine et dense. Le Muscat donne un vin très particulier — soit on l'aime, soit on ne peut le supporter ! Le bouquet, évident, évoque le raisin, le vin

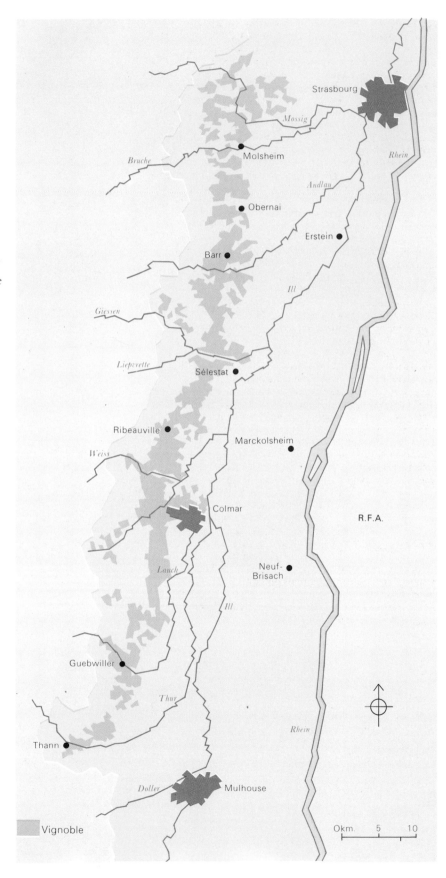

Jura

est corsé et plus sec que ne le laisserait penser son odeur. Le cépage Tokay est en fait le Pinot gris, et la statue du mercenaire alsacien, le comte Schwendi, à Colmar, le montre tenant un cep de vigne que, suppose-t-on, il rapportait de ses campagnes en Hongrie ; cependant, certains Hongrois pensent que l'emprunt se fit dans l'autre sens et que Schwendi apporta la vigne en Hongrie. Le Tokay donne un vin léger, sec mais très ferme. Le Pinot blanc donne un vin sec, moyennement corsé. Parmi les autres cépages utilisés, notons le Chasselas et le Knipperlé.

Tous les vins fins d'Alsace sont aujourd'hui mis en bouteille dans la région de production, et l'on utilise la « flûte d'Alsace », bouteille verte et élancée. Le C.I.V.A. contrôle en permanence la qualité, et la Confrérie Saint-Etienne sélectionne chaque année certains vins parmi tous ceux qui sont présentés à la Foire du Vin de Colmar ; ces bouteilles sélectionnées servent de modèle pour toutes les autres. C'est un grand honneur pour un vin que de recevoir le sceau de la Confrérie, sceau qu'il peut imprimer sur son étiquette.

L'utilisation de certains termes (relatifs aux vendanges tardives, au style, à la douceur ou à la qualité supérieure d'un vin particulier à l'intérieur de sa catégorie) est strictement contrôlée, et l'on peut noter que les règlements se sont préoccupés d'éviter toute confusion avec les vins allemands en interdisant l'utilisation de termes allemands sur les étiquettes. En fait, les vins alsaciens ne ressemblent que très superficiellement aux vins allemands, et leur différence de style est évidente : ils me semblent toujours plus directs — ils sont en cela excellents pour les débutants, qui y prendront grand plaisir et chercheront à y retrouver les cépages — et, comme ils ne sont que rarement chaptalisés (seulement très peu, et toujours avec des contrôles rigoureux), leur sécheresse et leur vivacité les rendent très attirants et faciles à boire, même en quantité. Les Allemands ne s'y sont pas trompés, qui en achètent de grandes quantités. L'Alsace est aussi une région très importante pour la production d'alcools blancs ; il y a plusieurs producteurs importants et de très nombreux autres qui font ces spiritueux sur une plus petite échelle. Le kirsch est sans doute le plus connu, mais on fait des eaux-de-vie avec d'autres fruits (framboise, fraise, mirabelle, coing, reine-claude, mûre, myrtille, prunelle sauvage et quetsch) et même du houx !

La plupart des sols de cette belle région sont de type calcaire, avec un peu d'argile, et ils donnent aux vins blancs son intérêt et sa distinction. Les vignobles n'ont jamais retrouvé la superficie qu'ils occupaient avant le phylloxéra et, comme la demande locale est considérable, il est difficile de trouver les vins du Jura ailleurs. On fait des vins de table tranquilles, les blancs et les rosés étant les plus appréciés, mais les rouges sont agréables et il existe un peu de mousseux produit suivant la méthode champenoise ; celui-ci, le Vin Fou, tire son effervescence « folle » au fait d'être mis en bouteille à l'apogée de la première fermentation.

Parmi les cépages spécifiques à la région on trouve le Savagnin blanc, le Trousseau et le Poulsard noirs ; d'autres variétés sont également cultivées, comme le Chardonnay, appelé ici le Melon d'Arbois, et le Pinot noir, localement appelé Gros Noirien.

Les régions importantes sont : Arbois, où naquit Louis Pasteur, Château-Chalon, qui est une ville et une région et non pas un domaine, et l'Etoile. Cette dernière produit tous les vins blancs du Jura, les mousseux, et les curieux vins de paille et vins jaunes, qui sont les plus célèbres, les plus rares et les plus chers de la région.

Le vin jaune est issu du seul Savagnin ; on pense parfois que ce raisin est d'origine hongroise, et il est curieux de constater que certains des procédés de la vinification ressemblent quelque peu à ceux du Tokay. Les vendanges sont tardives, quand le raisin est tout à fait mûr, et la fermentation est très lente. Le vin est rangé dans de petits fûts qui sont placés dans des caves profondes pendant au moins six ans et souvent plus longtemps ; on ne compense pas l'évaporation pendant ce temps, et un voile peut se former à la surface ; il s'agit de *mycoderma vini* qui agit sur le vin comme la « fleur » le fait sur le Xérès. C'est la connaissance de ce phénomène, unique en France, qui permit à Pasteur d'élaborer ses théories sur l'action des bactéries. Le vin jaune présente quelques similitudes avec le Xérès du fait de sa vinification ; contrairement aux autres vins, il est très aromatique et d'une sécheresse franche. On peut le boire en apéritif ou avec la nourriture, car sa teneur alcoolique n'est pas modifiée par l'adjonction d'eau-de-vie ; les cuisiniers l'apprécient beaucoup — pour les pâtés, les sauces, et l'affinité particulière qu'il semble avoir avec le poulet. Il est vendu en « clavelin », bouteille courtaude et épaulée qui contient environ 63 cl.

Le vin de paille est ainsi appelé parce que les raisins — traditionnellement le Pulsard et le Trousseau — sèchent pendant des semaines ou des mois sur des clayons de paille avant d'être pressés. Les peaux ne vont pas dans la cuve et la fermentation se poursuit pendant quelque temps ; le résultat en est un vin blanc de dessert dont la teneur alcoolique est supérieure à celle d'un vin de table. On comprend que ce processus, long et coûteux, rende ce vin très rare de nos jours — et fort cher quand on réussit à le trouver.

France : Champagne

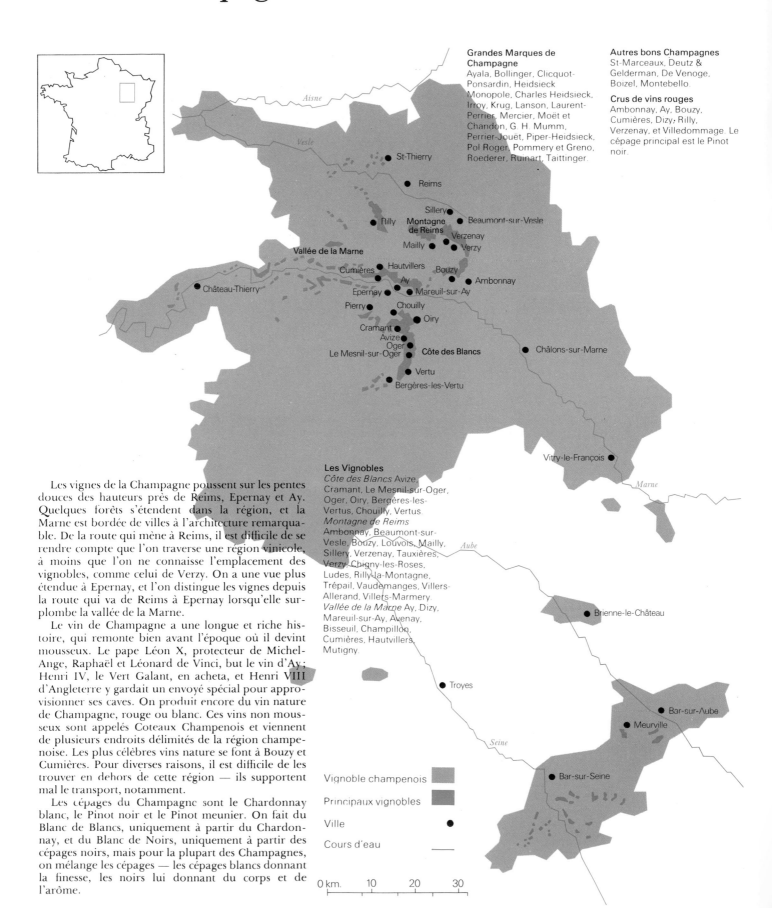

Grandes Marques de Champagne
Ayala, Bollinger, Clicquot-Ponsardin, Heidsieck Monopole, Charles Heidsieck, Irroy, Krug, Lanson, Laurent-Perrier, Mercier, Moët et Chandon, G. H. Mumm, Perrier-Jouët, Piper-Heidsieck, Pol Roger, Pommery et Greno, Roederer, Ruinart, Taittinger.

Autres bons Champagnes
St-Marceaux, Deutz & Gelderman, De Venoge, Boizel, Montebello.

Crus de vins rouges
Ambonnay, Ay, Bouzy, Cumières, Dizy, Rilly, Verzenay, et Villedommage. Le cépage principal est le Pinot noir.

Vesle

St-Thierry

Reims

Sillery
Beaumont-sur-Vesle
Rilly
Montagne de Reims
Verzenay
Mailly
Verzy

Vallée de la Marne
Cumières
Hautvillers
Bouzy
Ay
Ambonnay
Château-Thierry
Epernay
Mareuil-sur-Ay
Pierry
Chouilly
Oiry
Cramant
Avize
Oger
Côte des Blancs
Châlons-sur-Marne
Le Mesnil-sur-Oger
Vertu
Bergères-les-Vertu

Vitry-le-François

Marne

Les Vignobles
Côte des Blancs Avize, Cramant, Le Mesnil-sur-Oger, Oger, Oiry, Bergères-les-Vertus, Chouilly, Vertus.
Montagne de Reims Ambonnay, Beaumont-sur-Vesle, Bouzy, Louvois, Mailly, Sillery, Verzenay, Tauxières, Verzy, Chigny-les-Roses, Ludes, Rilly-la-Montagne, Trépail, Vaudemanges, Villers-Allerand, Villers-Marmery.
Vallée de la Marne Ay, Dizy, Mareuil-sur-Ay, Avenay, Bisseuil, Champillon, Cumières, Hautvillers, Mutigny.

Aube

Brienne-le-Château

Troyes

Bar-sur-Aube
Meurville

Seine

Bar-sur-Seine

Vignoble champenois

Principaux vignobles

Ville •

Cours d'eau

0 km.   10   20   30

Les vignes de la Champagne poussent sur les pentes douces des hauteurs près de Reims, Epernay et Ay. Quelques forêts s'étendent dans la région, et la Marne est bordée de villes à l'architecture remarquable. De la route qui mène à Reims, il est difficile de se rendre compte que l'on traverse une région vinicole, à moins que l'on ne connaisse l'emplacement des vignobles, comme celui de Verzy. On a une vue plus étendue à Epernay, et l'on distingue les vignes depuis la route qui va de Reims à Epernay lorsqu'elle surplombe la vallée de la Marne.

Le vin de Champagne a une longue et riche histoire, qui remonte bien avant l'époque où il devint mousseux. Le pape Léon X, protecteur de Michel-Ange, Raphaël et Léonard de Vinci, but le vin d'Ay; Henri IV, le Vert Galant, en acheta, et Henri VIII d'Angleterre y gardait un envoyé spécial pour approvisionner ses caves. On produit encore du vin nature de Champagne, rouge ou blanc. Ces vins non mousseux sont appelés Coteaux Champenois et viennent de plusieurs endroits délimités de la région champenoise. Les plus célèbres vins nature se font à Bouzy et Cumières. Pour diverses raisons, il est difficile de les trouver en dehors de cette région — ils supportent mal le transport, notamment.

Les cépages du Champagne sont le Chardonnay blanc, le Pinot noir et le Pinot meunier. On fait du Blanc de Blancs, uniquement à partir du Chardonnay, et du Blanc de Noirs, uniquement à partir des cépages noirs, mais pour la plupart des Champagnes, on mélange les cépages — les cépages blancs donnant la finesse, les noirs lui donnant du corps et de l'arôme.

Allemagne : Moselle, Sarre et Ruwer

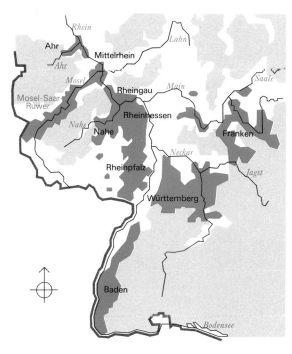

Régions vinicoles ▓

Plus de 450 m ░

Cours d'eau ——

Frontière ═══

Cépages
On trouve de nombreux cépages, mais c'est le Riesling qui donne les meilleurs vins du Rhin, de la Moselle, de la Sarre et de la Ruwer. Le Müller-Thurgau est aussi très répandu. Dans d'autres régions, on trouve le Sylvaner, le Ruländer, le Traminer et le Scheurebe. Le Spätburgunder (en fait le Pinot noir), le Blauer Portugieser et le Trollinger donnent des vins rouges, notamment dans les régions méridionales.

L'Allemagne est essentiellement connue pour ses vins blancs, originaires de trois régions principales : celle de la Moselle, et ses affluents, Sarre et Ruwer ; celle du Rhin, comprenant Rheingau, Palatinat rhénan et Hesse rhénane ; et celle qui comprend Bade-Wurtemberg et Franconie.

On fait un peu de vin rouge — beaucoup dans le Bade-Wurtemberg — mais c'est le rouge d'un pays froid. La situation géographique de l'Allemagne, si nordique, oblige les vignerons à recourir à l'assistance des scientifiques, capables de faire ressortir les caractéristiques d'un vin, de l'aider à se développer, même dans des conditions difficiles.

En conséquence, l'importance du viticulteur est prépondérante. Pour la plupart des experts, le nom du viticulteur est plus important que le millésime, sauf dans les très grandes années et pour les meilleurs vins.

On produit de grandes quantités de vin mousseux, la plupart selon la méthode de la cuve close, et un peu d'après la méthode champenoise. Les Allemands appellent généralement ce vin mousseux *sekt* sans que l'origine de ce nom soit très claire. Le meilleur sekt est toujours issu du seul cépage Riesling.

Moselle, Sarre, Ruwer

La plus surprenante région vinicole d'Allemagne est sans doute celle qui borde la Moselle et ses affluents, Sarre et Ruwer. La Moselle serpente dans son cours supérieur et offre un spectacle fascinant avec ses rives abruptes, ses villes et villages pittoresques, et les châteaux en ruine au sommet des montagnes. Trèves est une des plus anciennes villes du vin et d'un grand intérêt historique.

Le sol schisteux des meilleurs vignobles et le cépage Riesling donnent aux vins de cette région leur délicatesse et leur personnalité. Les sinuosités de la rivière forment des abris naturels, cependant, du fait de leur situation septentrionale, les vignobles donnent des vins d'une faible teneur alcoolique, ce à quoi les spécialistes essaient de remédier.

Il y a des centaines de noms différents que l'on retrouve sur les étiquettes des différents vignobles et des différentes régions. La région Moselle-Sarre-Ruwer et celle de Bernkastel ne comprennent pas moins de 10 *Grosslagen*, ou principaux districts vinicoles, et dans le *Grosslage* de Kurfürstlay, qui comprend Bernkastel-Kues, il y a 11 *Weinbauorten*, ou vignobles principaux, et 42 *Einzellagen*, ou vignobles de particuliers. C'est sans doute une bonne chose, car le consommateur devra s'en rapporter au vin, à sa région, et au nom du viticulteur ou du négociant.

0 kms.   25

Allemagne: Rhin, Nahe et Palatinat

Le Rhin, la Nahe et le Palatinat

Le Rhin est un fleuve très fréquenté, au trafic important, mais aussi le centre de quelques vignobles parmi les plus célèbres d'Allemagne. Les vignobles sont relativement petits car leur position septentrionale pose des problèmes climatiques.

Les plus grands vignobles sont dans la région du Rheingau, entre Lorch et Hochheim. Ils s'étendent sur la rive nord, face au sud, surplombant légèrement le fleuve, en pente douce. La Hesse rhénane, après le coude du fleuve, est plus escarpée; son sol brun rougeâtre est caractéristique, qui donne parfois sa plénitude aux vins. La vallée où la Nahe sinue est très ouverte, et les vignes y donnent des vins agréables qui, quand ils sont bien faits, peuvent être très bons.

Au sud, le Palatinat est géographiquement le prolongement de la région vinicole alsacienne; c'est une région charmante, avec ses villages à mi-pente entourés par les vignes. Les autres régions vinicoles du Rhin sont l'Ahr (rouge et blanc) et le Rhin moyen.

Franconie, Bade-Wurtemberg

La Franconie (Franken) produit des vins blancs et rouges. Elle est essentiellement connue pour les vins de la région de Wurtzbourg, ville pittoresque ornée de deux hospices et d'un palais remarquable. Les vins Würzburger Stein proviennent des collines qui dominent la ville et dont le sol est calcaire. Ces *Steinweine,* dans leur *Bocksbeutel* — bouteille trapue — sont typiques des vins franconiens, mais d'autres sont produits, principalement le long du Main, à l'ouest de Wurtzbourg.

La région vinicole de Bade-Wurtemberg est également pittoresque, avec de belles forêts. Cette région, au sud de l'Allemagne, produit de grandes quantités de vin, blanc, rosé et rouge. Les meilleurs vignobles de cette région se trouvent près de Baden-Baden. On y trouve quelques domaines privés, dont le célèbre Schloss Staufenberg.

Le vin *Weissherbst* est une spécialité du pays de Bade; c'est un vin très pâle obtenu en pressant les raisins bleuâtres dès qu'ils sont vendangés.

Liebfraumilch

Le plus connu des vins allemands, fut créé pour l'exportation et on le trouve rarement en Allemagne. C'était à l'origine le vin du vignoble qui entourait l'église Notre-Dame (Liebfrauenstift) à Worms, mais la législation interdit par la suite l'emploi de ce nom pour les vins de Liebfrauenstift. C'est en général un vin du Rhin qui atteint une qualité moyenne.

Législation vinicole

La législation que le gouvernement allemand a élaborée diffère de celle de la France. On distingue trois qualités de vins.

Tafelwein est un vin de table ordinaire qui doit provenir d'une des régions du Rhin supérieur, de la Moselle, du Main et du Neckar. Les vins de cette catégorie ne portent pas de noms de crus.

Qualitätswein bestimmter Anbaugebiete (QbA), c'est-à-dire vin de qualité provenant d'une région déterminée, originaire d'une des onze régions suivantes: Ahr,

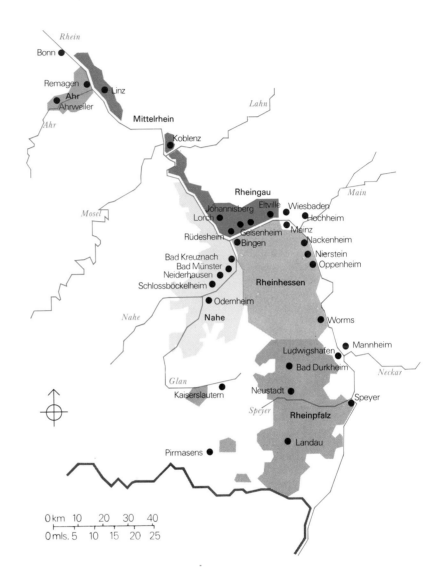

Régions	Hectares de vignes	Production en pourcentage
Moselle-Sarre-Ruwer	11 500	23%
Ahr	500	1%
Rhin moyen	1 000	2%
Rheingau	3 000	3%
Nahe	4 500	7%
Palatinat	20 000	22%
Hesse rhénane	20 000	24%
Franconie	3 000	3%
Bade-Wurtemberg	19 000	15%

Cépages
Principalement le Riesling, mais aussi le Müller-Thurgau, dans le Palatinat, le Sylvaner et le Scheurebe. Le Spätburgunder pour les vins rouges de l'Ahr.

Allemagne : Franconie et Bade-Wurtemberg

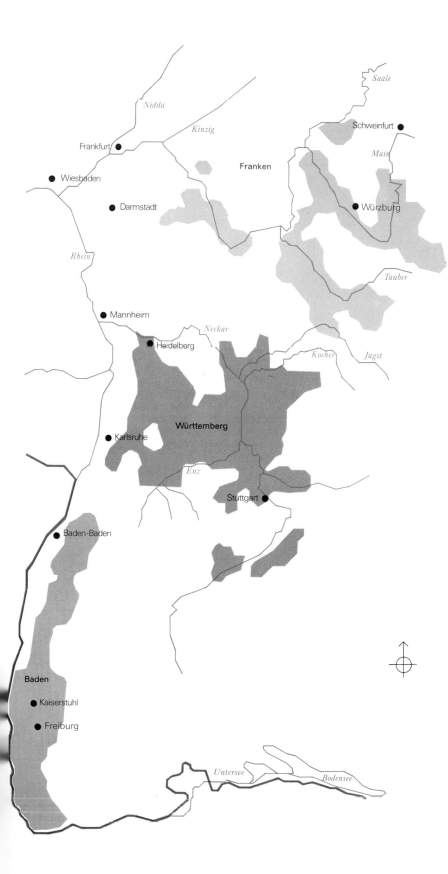

Bergstrasse hessoise, Rhin moyen, Moselle-Sarre-Ruwer, Nahe, Rheingau, Hesse rhénane, Palatinat, Franconie, Wurtemberg, Bade.

Qualitätswein mit Prädikat (QmP) c'est-à-dire vin de qualité avec dénomination, comme *Kabinett, Spätlese...* Les vins QmP ne doivent pas être sucrés, mais le mot *Naturrein,* qui servait autrefois à le préciser, n'apparaît plus sur les étiquettes. Les vins QbA et QmP portent un numéro, *Amtliche Prüfungsnummer* (AP), sur les étiquettes ; ce détail est important, car seul ce numéro explique maintenant pourquoi des vins portant exactement le même nom et provenant du même vignoble et du même viticulteur peuvent varier en qualité — et parfois en prix. Le terme *Original-Abfüllung* n'est plus utilisé, et l'expression *Erzeuger-Abfüllung* signifie que le vin est mis en bouteilles par le viticulteur.

Dans la catégorie QmP, certains vins portent les appellations : *Spätlese* (vendange tardive) ; *Auslese* (raisins sélectionnés) ; *Beerenauslese* (raisins choisis individuellement) ; *Trockenbeerenauslese* (raisins très mûrs choisis individuellement).

En ce qui concerne les meilleurs vins, leurs étiquettes donnent le plus grand nombre possible d'informations ; ils sont faits fût par fût, il n'y a pas de coupage entre les barriques, chaque bouteille provient d'un seul fût qui porte un numéro ; c'est celui-ci qui apparaîtra sur l'étiquette. Les noms du viticulteur et du négociant-éleveur prennent de plus en plus d'importance actuellement — et il est vrai que dans ces vignobles septentrionaux les millésimes ont une importance moindre — sauf pour les années exceptionnelles — que la façon dont le vin a été soigné.

On peut également trouver sur les étiquettes les termes *Kabinett* (réserve spéciale), *Eiswein* (vin de raisins gelés), et le nom des cépages. Ces derniers varient naturellement suivant les régions concernées, mais en général si le Riesling sert à faire des vins rangés dans les qualités moyenne ou inférieure, il sera mentionné sur l'étiquette. Actuellement, certains vins portent la mention de plusieurs cépages.

Cépages
En Franconie, le Sylvaner ; dans le sud du Bade, le Ruländer et le Traminer. Pour les rouges, le Spätburgunder, le Blauer Portugieser et le Trollinger.

Italie et Suisse

Vallée d'Aoste
Donnaz
Enfer d'Arvier
Piémont
Moscato Naturale d'Asti
Moscato d'Asti Spumante
Asti Spumante or Asti
Carema
Gattinara
Barolo
Barbaresco
Erbaluce di Caluso
Caluso Passito Liquoroso
Malvasia di Casorzo d'Asti
Sissano
Boca
Fara
Ghemme
Rubino di Cantanavenna
Barbera del Monferrato
Barbera d'Asti
Brachetto d'Acqui
Barbera d'Alba
Nebbiolo d'Alba
Dolcetto d'Ovada
Freisa d'Asti
Grignolino d'Asti
Malvasia di Castelnuovo Don Bosco
Freisa di Chieri
Grignolino del Monferrato Casalese
Dolcetto d'Acqui
Colli Tortonesi
Dolcetto de Diano d'Alba
Dolcetto d'Asti
Dolcetto delle Langhe Monregalesi
Dolcetto d'Alba
Dolcetto di Dogliani
Gavi or Cortese di Gavi

Trentin-Haut-Adige
Valle Isarco
Casteller
Santa Maddalena
Trentino
Meranese di Collina
Caldaro or Lago di Caldaro
Frioule
Collio Goriziano or Collio
Grave del Friuli
Colli Orientale del Friuli
Lombardie
Franciacorta Rosso
Franciacorta Pinot
Lugana
Riviera del Garda
Botticino
Cellatica
Valtellina
Valtellina Superiore
Oltrepo Pavese
Tocai di S Martino della Battiglia

Emilie-Romagne
Sangiovese di Romagna
Gutturnio dei Colli Piacentini
Albano di Romagna
Lambrusco Gasparossa di Castelvetro
Labrusco Salamino di S Croce
Lambrusco di Sorbara
Lambrusco Reggiano
Trebbiano di Romagna
Ligurie
Rossese di Dolceacqua or Dolceacqua
Cinque Terre
Cinque Terre Sciacchetra

Emilie
Monterosso Val d'Arda
Ombrie
Torgiano
Orvieto
Colli del Trasimeno

Toscane (Toscana)
Vernaccia di S. Gemignano
Brunello du Montalcino
Bianco di Pitigliano
Vino Nobile di Montepulciano
Elba Bianco
Elba Rosso
Chianti
Rosso delle Colline Lucchesi
Montecarlo Bianco
Parrina
Bianco Vergine Val di Chiana

Latium (Lazio)
Frascati
Trebbiano di Aprilia
Merlot di Aprilia
Sangiovese di Aprilia
Est! Est!! Est!!! di Montefiascone,
Colli Albani
Colli Lanuvini
Velletri
Cori
Montecompatri Colonna
Zagarolo
Cesanese del Piglio or Piglio
Cesanese di Olevano Romano
Cesanese di Affile or Affile
Marino
Aleatico di Gradoli
Abruzzes
Montepulciano d'Abruzzo
Trebbiano d'Abruzzo

Campanie
Ischia Bianca
Ischia Rosso
Ischia Bianco Superiore
Taurasi
Greco di Tufo
Solopaca
Calabre
Cirò
Basilicate
Aglianico del Vulture

Sardaigne (Sardegna)
Nasco di Cagliari
Vernaccia di Oristano
Moscato di Sorso-Sennori
Monica di Cagliari
Moscato di Cagliari
Malvasia di Bosa
Cannonau di Sardegna
Malvasia di Cagliari
Giro' di Cagliari
Monica di Sardegna

Sicile (Sicilia)
Moscato di Noto
Cerasualo di Vittoria
Moscato di Siracusa
Malvasia delle Lipari
Moscato di Pantelleria
Moscato Passito di Patelleria
Alcamo or Bianco Alcamo
Marsala
Etna

La liste des D.O.C., réparties
en régions, entoure la carte.

Italie

L'Italie et ses îles produisent d'énormes quantités de vins de tous les types. Pratiquement toutes les régions ont une gamme étendue de vins, mais il faut se souvenir que la plupart sont bien souvent produits par les viticulteurs pour une consommation purement locale, contrairement aux grandes entreprises qui fournissent les marchés internationaux. Ces vins locaux sont souvent riches d'intérêt pour le voyageur.

Parmi les régions vinicoles les plus célèbres, Turin est la capitale du vermouth, le Piémont fait les mousseux les plus connus et quelques rouges remarquables, et la Toscane produit le rouge italien le plus célèbre — le Chianti.

Le paysage de la région donne une bonne indication sur le caractère du vin — sol blanc pour les vins blancs assez légers, collines douces pour les bons rouges, et vignobles en terrasses au bord des lacs septentrionaux pour les vins très légers, essentiellement des blancs. Les meilleurs vins blancs viennent généralement des régions du centre et du nord.

D.O.C.

En 1963, une loi institua la *Denominazione di Origine Controllata* ou D.O.C., pas tout à fait identique à l'A.O.C. française, qui voulait stimuler la production de qualité. Les contrôles sont exercés par le Ministère de l'agriculture à Rome, en collaboration avec les associations locales. Elle ne s'applique qu'aux vins mis en bouteilles en Italie, et comme il faut des délais importants pour l'obtention du label D.O.C., certains des noms les plus connus et les plus respectés en Italie ne l'ont pas encore obtenu. Il ne faut pas les remettre en question pour cela — on peut comprendre qu'un pays qui a des traditions vinicoles si anciennes ait quelque difficulté à définir à la fois les régions et les méthodes.

La D.O.C. délimite le vignoble, précise la nature du sol et la disposition des vignes, les cépages utilisés, la proportion des cépages, les méthodes de culture, la production du vignoble et la méthode de vinification. Elle spécifie également le temps de vieillissement en fût — par exemple, le Chianti doit rester un an en fût pour avoir droit à l'appellation *vecchio,* deux ans pour *classico,* (bien que l'étendue de la zone «classico» soit également définie) et trois ans pour *riserva* (les Chiantis Brolio y restent cinq ans). Les bouteilles, même les bouteilles régionales et les étiquettes sont contrôlées; c'est pourquoi une grande partie du vin appelé autrefois Chianti n'a droit maintenant qu'à l'appellation toscan. Les peines pour infraction à ces lois sont sévères, allant de l'amende à la prison et à la fermeture des établissements coupables.

Un vin qui n'a pas encore reçu sa D.O.C. peut très bien être de qualité et conforme aux indications portées sur l'étiquette — et cela s'applique bien sûr aux vins expédiés en fûts et mis en bouteilles sur leur lieu de vente. Cette législation ne peut pas garantir la qualité, dont viticulteurs et négociants sont seuls responsables, mais elle en donne une indication et elle a permis d'améliorer progressivement la réputation des vins italiens sur les marchés d'exportation.

Suisse

Les vins suisses sont, comme on pourrait s'y attendre du fait du climat et de la géographie, frais et légers. Les principales régions vinicoles de la Suisse sont: canton de Genève; canton du Valais; les vigno-

Cépages

Les cépages classiques, comme le Merlot ou le Riesling, figurent souvent sur les étiquettes. Les cépages indigènes de Sicile comprennent pour les blancs Inzolia, Grecanico et Cateratto, et pour les noirs Pignatello, Nerello Mascalese et Frappato; en Sardaigne on trouve le Cannonau et le Nuragus, noirs. L'Asti Spumante vient du Moscato, et d'autres vins mousseux sont issus du Pinot blanc; le Lambrusco, rouge mousseux, vient du cépage de même nom. En Italie centrale, on trouve surtout le Trebbiano blanc et le Sangiovese noir; le Chianti peut être issu de plusieurs variétés, mais le Sangiovese prédomine. Le Nebbiolo est le grand cépage noir du Piémont, qui donne Barolo et Barbaresco, et le Grignolino donne le vin du même nom. On cultive beaucoup le Malvasia pour les vins doux.

bles de Lavaux et de La Côte dans le canton de Vaud. Il s'en produit également sur les bords du lac de Neuchâtel. La majorité des vins sont blancs, et issus de nombreux cépages classiques, qui ont parfois des noms locaux — par exemple, le Sylvaner est appelé Johannisberg; le Marsanne, Ermitage. Le Fendant, une variété de Chasselas blanc, fait un des meilleurs vins blancs; les rouges, dont la Dôle du Valais est le plus connu, sont principalement issus du Gamay et du Pinot noir. Les vins blancs d'Aigle et Yvorne dans le canton de Vaud sont parmi les meilleurs.

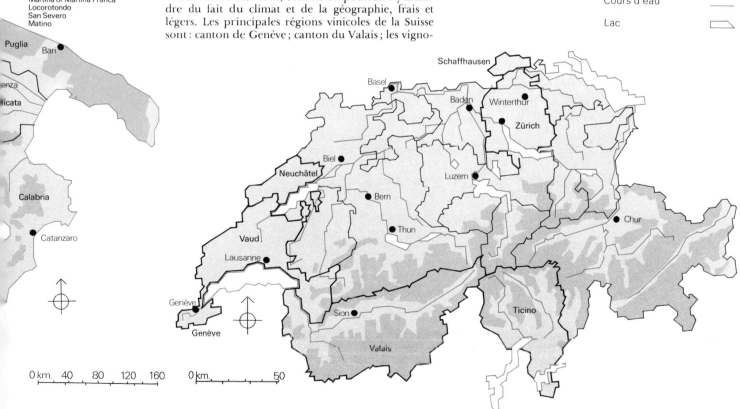

Espagne et Portugal

Espagne

Les paysages espagnols sont très variés, et les écarts de température parfois importants. Le Rioja Alta, par exemple, est moins ensoleillé que le Rioja Baja, et il y a une nette différence entre les vins des deux rives de l'Ebre.

Les vignobles du Xérès sont de trois types; le plus typique, celui qui produit les meilleurs Finos, a un sol de craie blanche presque luisante, l'*albariza*. Les sols des autres vignobles du Xérès contiennent essentiellement du sable ou de l'argile. La région de Valdepeñas («Vallée des pierres») porte bien son nom.

Le gouvernement espagnol et le Ministère de l'agriculture ont établi certains contrôles de la qualité, précisés dans un décret de 1970, et ils ont institué des Consejos Reguladores de las Denominaciones de Origen, qui établissent et font respecter la réglementation dans les régions suivantes:

Allela et Panadés, Alicante, Almansa et Mancheula, Mancha, Méntrida, Carinena, Cheste, Utiel-Requena et Valence, Huelva, Jerez-Xérès-Sherry et Manzanilla-Sanlúcar de Barrameda, Jumilla, Málaga, Montilla et Moriles, Navarre, Rioja, Tarragone, Valdepeñas, Priorato, Ribera et Valdeorras.

Portugal

Les vignobles portugais proches de la côte, comme ceux de Lisbonne et de Colares, sont souvent exposés et sablonneux. C'est le sable qui a préservé les vignes de Colares des attaques du phylloxéra. Le Minho, verte région vinicole, est ondulé et parsemé de belles forêts. On y fait de bons vins ordinaires, rouges et blancs. Plus à l'intérieur, au nord de Lisbonne, les vins prennent le caractère du paysage plus montagneux. La vallée du Douro, région du Porto, est sauvage et grandiose, avec ses schistes arides où lutte la vigne.

Dès le début du XXᵉ siècle, on a commencé à mettre en place une législation, les principales régions définies étant: Vinhos Verdes, Douro (pour le Porto), Dão, Moscatel de Setubal, Colares, Bucelas et Carcavelos. Diverses autres zones seront sans doute classées: Torres Vedras, Ribatejo, Haut-Douro (qui n'est classé que pour le Porto), Lafoes, Lamego, Pinhel, Agueda, Bairrada, et Lagoa dans l'Algarve. Le contrôle du gouvernement s'exerce par l'intermédiaire de trois organismes: Instituto do Vinho do Porto, Junta Nacional do Vinho et Casa do Douro. Les diverses régions possèdent un sceau particulier qui doit apparaître sur les bouteilles.

Porto millésimé

Actuellement, tout le Porto millésimé — vin d'une seule année — est mis en bouteilles dans la ville de Porto. Chaque établissement décide de «déclarer» un millésime et, si certaines années ils sont nombreux à le faire, les autres années peu d'établissements font un Porto millésimé, et cela dépend des quantités de raisin nécessaires pour leurs coupages célèbres. Chaque maison a son caractère particulier et, si certains établissements portugais font de bons Portos millésimés (et d'autres Portos), ce sont généralement les maisons britanniques qui font les meilleurs. Le Porto millésimé, même dans une année légère, ne doit se boire qu'après huit à dix ans au moins, mais il vaut mieux en attendre vingt; si on le conserve correctement, sa durée de vie égale ou dépasse celle d'un être humain. Comme il n'y a jamais assez de Porto millésimé pour satisfaire la demande, entreposer un vin à la naissance d'un enfant pour le boire quand il sera adulte est évidemment un investissement sûr mais c'est aussi une pratique judicieuse pour le plaisir du buveur.

Millésimes récents

1960 grands vins savoureux, qui ont l'avenir devant eux; 1963 année très charmante et impressionnante, loin de son apogée — au moins vingt ans; 1966 d'un caractère léger, mais très agréables et attirants, prêts dans trois ou quatre ans; 1970 très bonne année, vins de beaucoup de profondeur et de fruit — pas prêts avant au moins huit ou dix ans; 1975 le premier millésime déclaré par tous les négociants depuis 1970, vins fins, agréables, assez proches de ceux de 1966; 1977 année prolifique, vins fins, plus nobles que ceux de 1975, certains établissements ayant obtenu une qualité qui rappelle les millésimes célèbres de l'Entre-deux-guerres. Ces vins devront vieillir très longtemps.

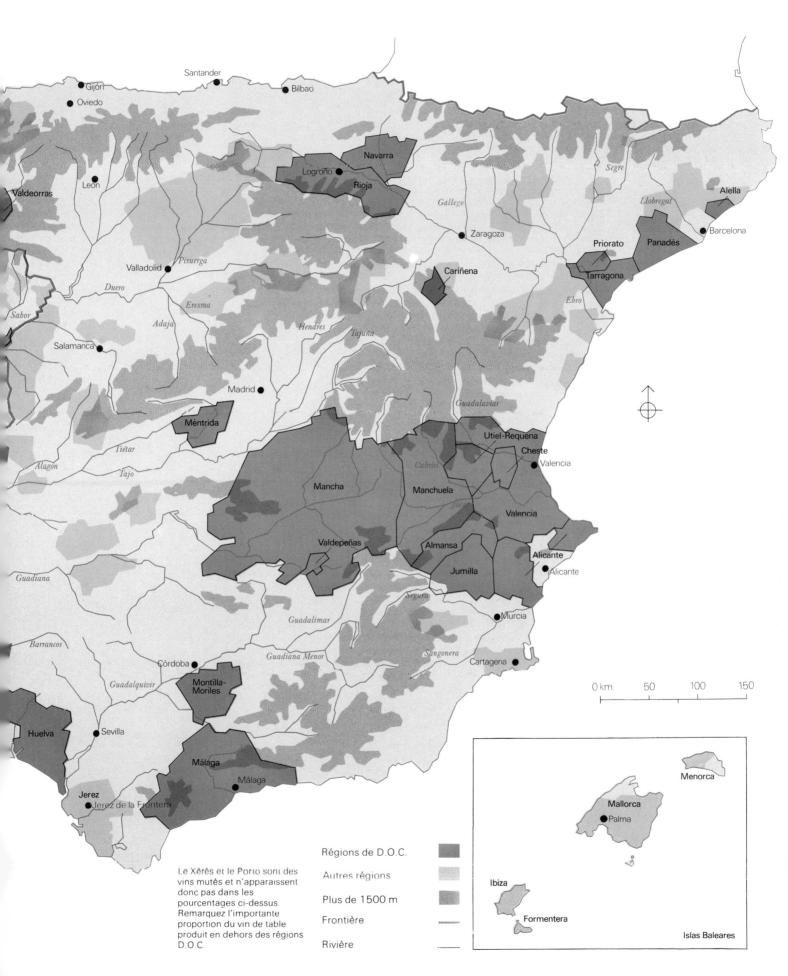

Gijón
Oviedo
Santander
Bilbao

Valdeorras
León
Navarra
Logroño
Rioja
Alella
Barcelona

Segre

Gállego
Zaragoza

Priorato
Panadés
Tarragona

Cariñena

Valladolid
Pisuerga
Duero
Eresma
Adaja
Sabor

Ebro

Hendres
Tajuña

Salamanca

Madrid

Méntrida

Guadalaviar

Utiel-Requena
Cheste
Valencia

Tiétar
Alagón
Tajo

Mancha

Cabriel

Manchuela

Valencia

Júcar

Valdepeñas
Almansa
Alicante
Alicante

Jumilla

Guadiana

Segura

Murcia

Guadalimar

Barrancos

Guadiana Menor
Sangonera

Córdoba
Cartagena

0 km.   50   100   150

Montilla-
Moriles

Guadalquivir

Huelva
Sevilla

Málaga
Málaga

Jerez
Jerez de la Frontera

Le Xérès et le Porto sont des
vins mutés et n'apparaissent
donc pas dans les
pourcentages ci-dessus.
Remarquez l'importante
proportion du vin de table
produit en dehors des régions
D.O.C.

Régions de D.O.C.

Autres régions

Plus de 1500 m

Frontière

Rivière

Menorca

Mallorca
Palma

Ibiza

Formentera

Islas Baleares

155

Europe orientale,
Proche-Orient et Afrique du Nord

Afrique du Nord

Les vignobles de l'Afrique du Nord s'étendent du Maroc à l'Egypte, mais la production du vin est concentrée en Tunisie, en Algérie et au Maroc, dans les zones les plus tempérées le long de la côte ou dans les montagnes. De nombreux vignobles ont été pris en main par des organismes d'Etat, qui ont souvent eu beaucoup de mal à obtenir une production de qualité suffisante pour intéresser tous les marchés d'exportation.

L'Afrique du Nord produit tous les types de vins, mais du fait de la chaleur, les blancs n'ont généralement pas assez d'acidité alors que les rouges sont habituellement corsés et agréables. Les rosés sont également corsés et très fruités. On ne devrait pas négliger ceux que l'on trouve sur les marchés d'exportation, qui correspondent exactement à ce que de nombreux pays septentrionaux demandent et constituent une boisson courante agréable et économique. Ils portent parfois le nom du négociant qui les importe, mais les voyageurs les trouveront sous le nom des négociants locaux et parfois même celui de la localité ou du cru.

Proche-Orient

Cette région est le berceau de la vinification et depuis l'Antiquité d'énormes quantités de vin y ont été produites. Actuellement peu de vins ont une forte personnalité et la plupart se rangent dans les catégories ordinaires où ils vont de bons à très agréables. L'altitude de certains vignobles, comme à Chypre, permet à certains vins blancs d'atteindre à la fraîcheur ou la nervosité, grâce à l'habileté des viticulteurs modernes, et l'on trouve de bons vins blancs secs en Turquie, mais ce sont les rouges et les rosés qui plairont immédiatement aux consommateurs familiers des vins classiques. Les vins doux, comme ceux de Grèce : Mavrodaphne, Samos (où l'on fait maintenant un vin sec), de Chypre : Commandaria, et d'autres localités où l'on fait des blancs baptisés demi-secs pour les touristes, répondent à la demande des gens actifs pour qui le sucre et la douceur ont beaucoup d'attraits. On produit également de grandes quantités de vins mutés ou mousseux.

URSS

L'URSS produit d'énormes quantités de vins, et notamment beaucoup de « Champanski ». Quelques-uns des meilleurs vins viennent de Crimée.

Les plants hybrides qui furent cultivés après le phylloxéra sont maintenant remplacés par diverses variétés classiques.

Grèce

Les amateurs de vin regrettent que la Grèce fasse tant de bons vins, mais point d'excellent ; ce qui, espérons-le, peut changer. Les vins résinés (retsina) sont probablement dus à la résine dont on recouvrait le vin pour éviter son oxydation. La plupart des vins grecs sont originaires du Péloponnèse, environ 15 % d'Attique, près d'Athènes (Patras est le centre de la plus grande installation vinicole), et le reste de Macédoine. Les îles de Rhodes, Samos, Santorin et la Crète cultivent la vigne, généralement sur un sol volcanique.

Il existe de nombreux cépages locaux, comme le Savatiano blanc, les Muscats rouge et blanc (Samos, célèbre pour ses Muscats, a une appellation protégée), et l'on dit que le Monemvasia (l'ancêtre du Malmsey) est originaire du Péloponnèse.

Chypre

Les vins de Chypre sont célèbres depuis l'Antiquité. Actuellement, les grandes entreprises vinicoles sont responsables d'une importante proportion des exportations. On y fait tous les types de vins, chaque établissement ayant diversifié sa production, et bien que l'étranger connaisse Chypre principalement pour son Xérès doux, on y fait également du Xérès sec (parfois avec une « fleur » locale), des vins de table de tous les types, y compris des vins mousseux et un pétillant, aussi bien que des vins mutés et le célèbre Commandaria.

Les cépages locaux comprennent le Mavron noir, le Xynisteri blanc et l'Opthalmo rose pâle. Des expériences sont en cours avec de nombreux cépages classiques que l'on peut planter sans greffe puisque l'île a été préservée du phylloxéra.

Roumanie

La viticulture est aux mains de l'Etat qui fait son possible pour améliorer la qualité. Les régions principales sont Arad, le sud de l'Olténie, Drăgăsani et Arges, Transylvanie, Dealul Mare, Cotnari en Moldavie, Odobesti et Dobroudja.

On cultive de nombreux cépages classiques et quelques cépages indigènes, dont les variétés de Grasă, le Furmint (parfois appelé Coarna ou Som), le Feteasca, qui donne des vins rouges ou blancs, et pour les bons blancs le Leanyka, le Tămiîoasă Rom Romaneasca et le Frìucusa.

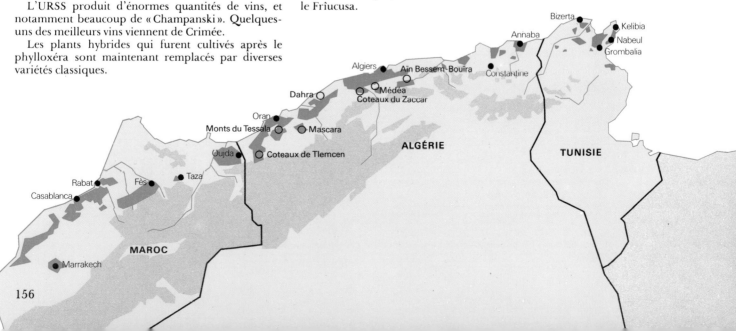

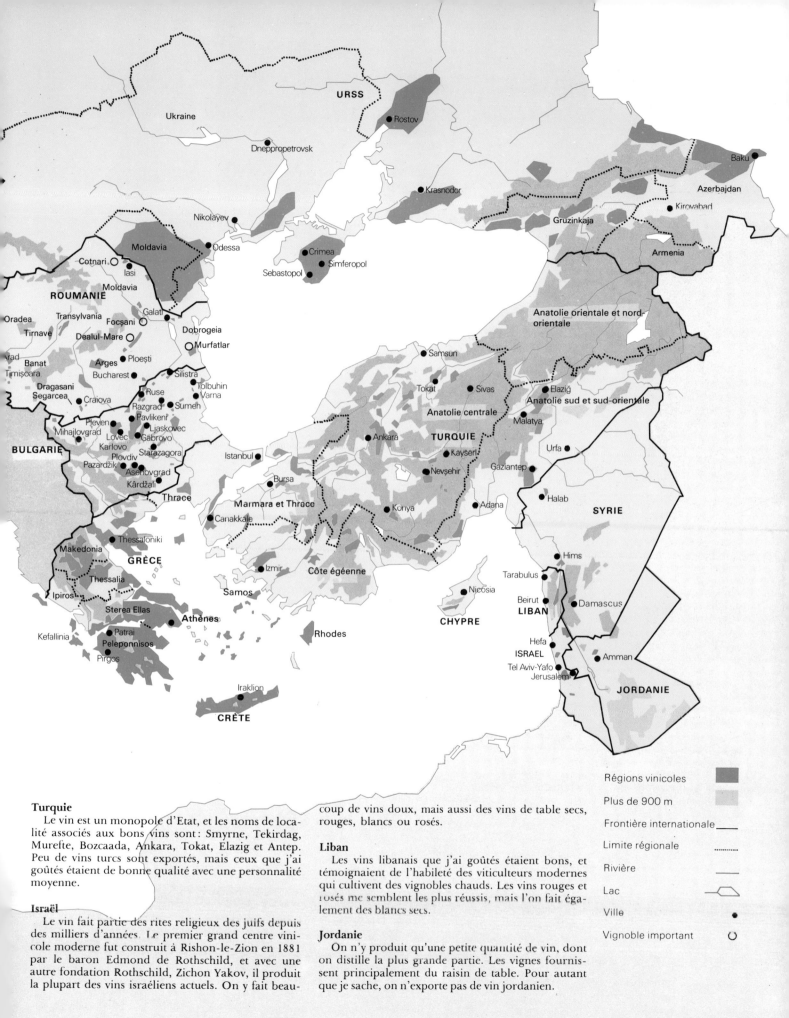

Turquie

Le vin est un monopole d'État, et les noms de localité associés aux bons vins sont : Smyrne, Tekirdag, Murefte, Bozcaada, Ankara, Tokat, Elazig et Antep. Peu de vins turcs sont exportés, mais ceux que j'ai goûtés étaient de bonne qualité avec une personnalité moyenne.

Israël

Le vin fait partie des rites religieux des juifs depuis des milliers d'années. Le premier grand centre vinicole moderne fut construit à Rishon-le-Zion en 1881 par le baron Edmond de Rothschild, et avec une autre fondation Rothschild, Zichon Yakov, il produit la plupart des vins israéliens actuels. On y fait beaucoup de vins doux, mais aussi des vins de table secs, rouges, blancs ou rosés.

Liban

Les vins libanais que j'ai goûtés étaient bons, et témoignaient de l'habileté des viticulteurs modernes qui cultivent des vignobles chauds. Les vins rouges et rosés me semblent les plus réussis, mais l'on fait également des blancs secs.

Jordanie

On n'y produit qu'une petite quantité de vin, dont on distille la plus grande partie. Les vignes fournissent principalement du raisin de table. Pour autant que je sache, on n'exporte pas de vin jordanien.

Régions vinicoles

Plus de 900 m

Frontière internationale ___

Limite régionale ....

Rivière ___

Lac

Ville •

Vignoble important O

Amérique du Sud

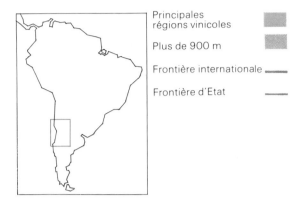

Principales
régions vinicoles

Plus de 900 m

Frontière internationale ———

Frontière d'Etat ———

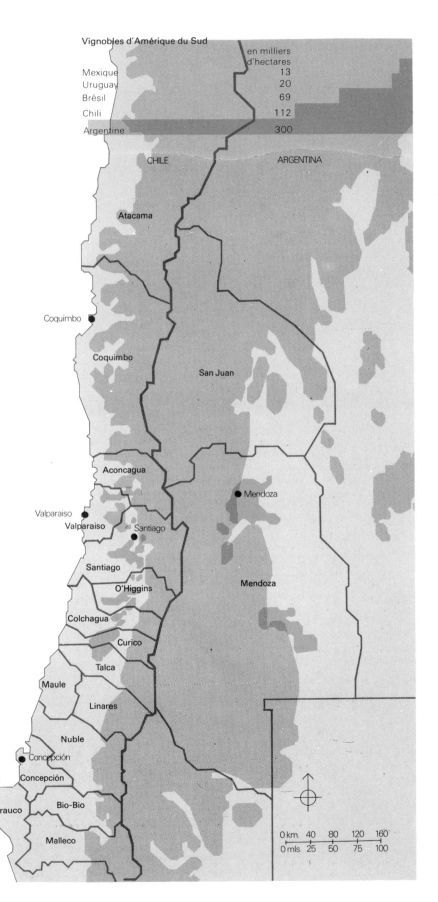

Vignobles d'Amérique du Sud

	en milliers d'hectares
Mexique	13
Uruguay	20
Brésil	69
Chili	112
Argentine	300

Argentine

L'Argentine est le quatrième producteur de vin du monde. On en exporte relativement peu, mais la consommation intérieure est importante; la qualité est parfois élevée, notamment dans les provinces de Mendoza et San Juan et dans la région du Río Negro. On y utilise aussi bien la méthode Charmat que la méthode champenoise pour les vins mousseux, et l'on y produit d'énormes quantités de vermouth.

On y cultive de nombreux cépages classiques mais aussi l'indigène Criolla qui est sans doute le Mission.

Chili

La plupart des vignobles ont un sol volcanique, comme à Huesca et Elqui dans le Nord, dans la partie centrale (notamment à Aconcagua, Maipo, Cachapoal, et Lontué), et dans le Sud, à Itata et Cauquenes; Llano del Maipo, près de Santiago, fait les meilleurs vins au goût des Argentins.

Les cépages classiques donnent naissance à tous les types de vins, tranquilles ou mousseux, mutés et beaucoup de vermouth. La remarque la plus importante concernant les vins du Chili est sans doute que la vigne n'a pas été attaquée par le phylloxéra et que les plants n'ont donc pas été greffés.

Brésil

Les vignobles du Brésil sont principalement localisés dans le Rio Grande do Sul sur la côte Atlantique. On y fait des vins mousseux et des vins de table. On cultive de nombreux hybrides et quelques cépages classiques.

Uruguay

Les vignobles d'Uruguay se trouvent essentiellement dans la région de Montevideo, et produisent des vins rouges, blancs et mutés.

Pérou

Les vins péruviens sont produits autour d'Ica, Locumba, Lima et dans la vallée de la Sicamba. On utilise de nombreux cépages classiques.

Mexique

Les régions vinicoles sont: les rives nord du golfe de Californie, Laguna à la frontière des Etats de Coalhuila et Durango, Parras et Saltillo au Coalhuila, Aguascalientes, San Juan del Rio au Querétaro, Delicias au Chihuaha, et la région de Hermosillo au Sonora. Le cépage Criolla, ou Mission, est encore très cultivé mais on utilise de plus en plus de variétés classiques. On produit également des vins mutés ou mousseux grâce à la méthode Charmat.

Etats-Unis: Etat de New York

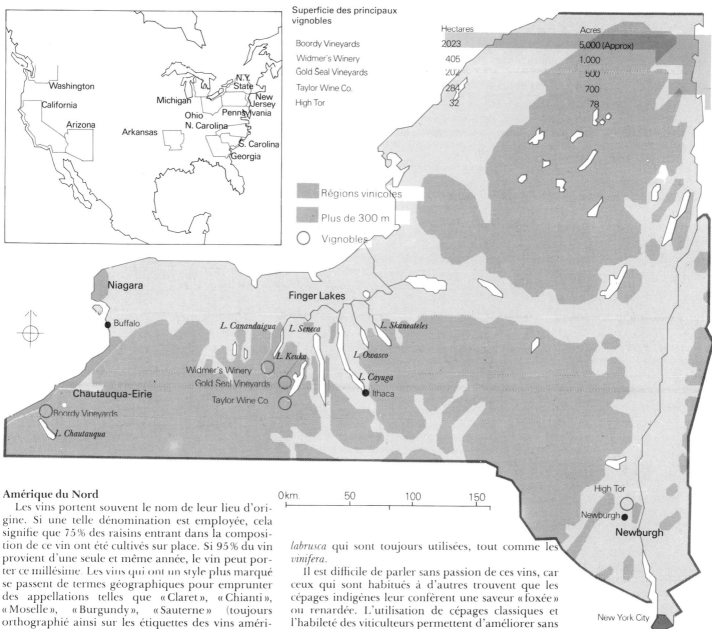

Superficie des principaux vignobles

	Hectares	Acres
Boordy Vineyards	2023	5,000 (Approx)
Widmer's Winery	405	1,000
Gold Seal Vineyards	202	500
Taylor Wine Co.	284	700
High Tor	32	78

Régions vinicoles

Plus de 300 m

◯ Vignobles

Cépages
Les plus célèbres variétés de la côte Est sont (d'après le guide *Grossman*) le Scuppernong blanc, le James et le Misch noirs, tous des Muscats ; le Delaware et le Catawba rosés (le premier donne des blancs et des mousseux, le second des mousseux et des blancs doux) ; le Niagara et le Duchess blancs, et le Concord noir. On trouve aussi de nombreux hybrides et quelques variétés classiques.

Amérique du Nord

Les vins portent souvent le nom de leur lieu d'origine. Si une telle dénomination est employée, cela signifie que 75% des raisins entrant dans la composition de ce vin ont été cultivés sur place. Si 95% du vin provient d'une seule et même année, le vin peut porter ce millésime. Les vins qui ont un style plus marqué se passent de termes géographiques pour emprunter des appellations telles que «Claret», «Chianti», «Moselle», «Burgundy», «Sauterne» (toujours orthographié ainsi sur les étiquettes des vins américains), «Champagne», etc. Les vins portent également le nom d'un cépage qui doit dans ce cas constituer 51% du vin. Les étiquettes doivent préciser qui s'est chargé de la mise en bouteilles et de l'expédition, et où ces opérations ont eu lieu ; lorsque le terme *produced* (produit) apparaît, le viticulteur-éleveur doit s'être chargé de la production d'au moins 75% du vin contenu dans la bouteille. Le mot *made* (fait) le remplace parfois, sans que la qualité en soit modifiée, tout au moins pour les entreprises réputées.

Les étiquettes sont rigoureusement contrôlées et leur terminologie définie de façon exacte.

Côte Est

Les premiers colons qui se sont établis dans l'est de l'Amérique du Nord au XVIe siècle ont fait du vin en plantant de grandes exploitations avec les vignes sauvages indigènes, notamment *vitis rotundifolia* et *vitis labrusca* qui sont toujours utilisées, tout comme les *vinifera*.

Il est difficile de parler sans passion de ces vins, car ceux qui sont habitués à d'autres trouvent que les cépages indigènes leur confèrent une saveur «foxée» ou renardée. L'utilisation de cépages classiques et l'habileté des viticulteurs permettent d'améliorer sans cesse la qualité. On y fait tous les types de vins, même un Xérès dans l'Etat de New York et des mousseux, dont le plus connu est Great Western à Pleasant Valley.

Les régions vinicoles s'étendent au Canada (la péninsule Niagara et une partie de la Colombie britannique), à l'Etat de New York (notamment les Finger Lakes), à la région Westfield-Fredonia sur le lac Erié et l'Hudson, et autour de Highland dans le comté de Sullivan. On trouve des vignobles dans l'Ohio de Sandusky à Cleveland le long du lac Erié, dans la Williamette Valley dans l'Orégon, près d'Atlantic City dans le New Jersey et à certains endroits de la plaine qui s'étend de la Virginie à la Floride. Il y a également des vignobles au Missouri (près de Harman et dans les collines Ozark), autour de Benton Harbour au Michigan, au bord du lac Erié en Pennsylvanie, et également en Arkansas et au Maryland.

Etats-Unis : Californie

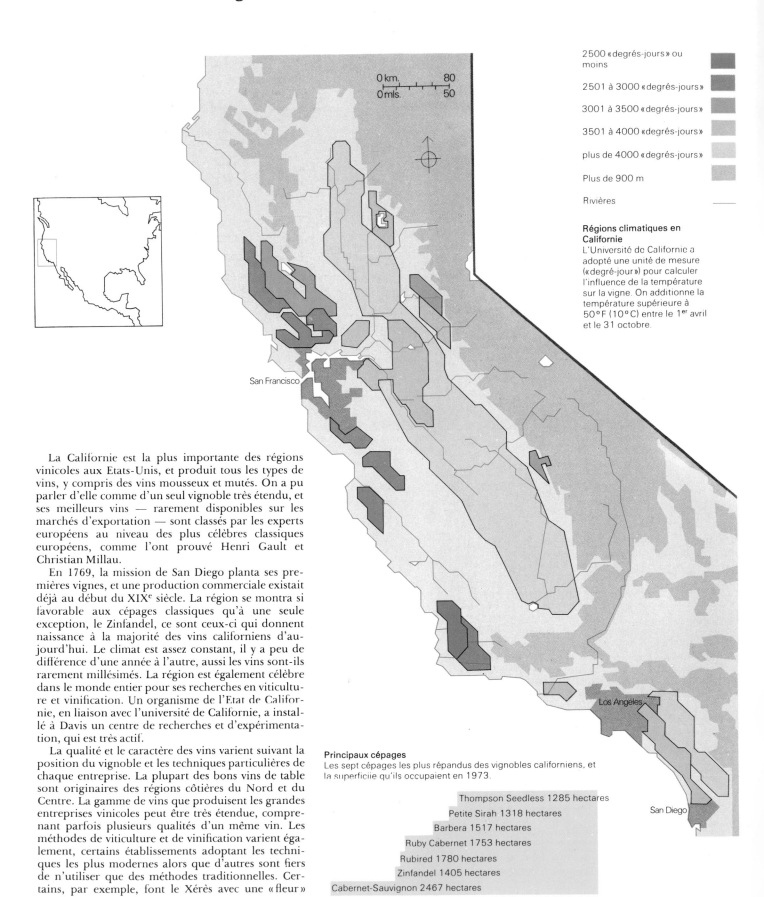

2500 «degrés-jours» ou moins

2501 à 3000 «degrés-jours»

3001 à 3500 «degrés-jours»

3501 à 4000 «degrés-jours»

plus de 4000 «degrés-jours»

Plus de 900 m

Rivières

Régions climatiques en Californie
L'Université de Californie a adopté une unité de mesure («degré-jour») pour calculer l'influence de la température sur la vigne. On additionne la température supérieure à 50°F (10°C) entre le 1er avril et le 31 octobre.

La Californie est la plus importante des régions vinicoles aux Etats-Unis, et produit tous les types de vins, y compris des vins mousseux et mutés. On a pu parler d'elle comme d'un seul vignoble très étendu, et ses meilleurs vins — rarement disponibles sur les marchés d'exportation — sont classés par les experts européens au niveau des plus célèbres classiques européens, comme l'ont prouvé Henri Gault et Christian Millau.

En 1769, la mission de San Diego planta ses premières vignes, et une production commerciale existait déjà au début du XIXe siècle. La région se montra si favorable aux cépages classiques qu'à une seule exception, le Zinfandel, ce sont ceux-ci qui donnent naissance à la majorité des vins californiens d'aujourd'hui. Le climat est assez constant, il y a peu de différence d'une année à l'autre, aussi les vins sont-ils rarement millésimés. La région est également célèbre dans le monde entier pour ses recherches en viticulture et vinification. Un organisme de l'Etat de Californie, en liaison avec l'université de Californie, a installé à Davis un centre de recherches et d'expérimentation, qui est très actif.

La qualité et le caractère des vins varient suivant la position du vignoble et les techniques particulières de chaque entreprise. La plupart des bons vins de table sont originaires des régions côtières du Nord et du Centre. La gamme de vins que produisent les grandes entreprises vinicoles peut être très étendue, comprenant parfois plusieurs qualités d'un même vin. Les méthodes de viticulture et de vinification varient également, certains établissements adoptant les techniques les plus modernes alors que d'autres sont fiers de n'utiliser que des méthodes traditionnelles. Certains, par exemple, font le Xérès avec une «fleur»

Principaux cépages
Les sept cépages les plus répandus des vignobles californiens, et la superficie qu'ils occupaient en 1973.

Thompson Seedless 1285 hectares

Petite Sirah 1318 hectares

Barbera 1517 hectares

Ruby Cabernet 1753 hectares

Rubired 1780 hectares

Zinfandel 1405 hectares

Cabernet-Sauvignon 2467 hectares

Régions vinicoles et vignobles
Ci-dessous, sept comtés vinicoles et la
superficie des vignobles au cours des années
impaires de 1965 à 1973, qui montre les
modifications importantes de ces vignobles.

1965
1967
1969
1971
1973

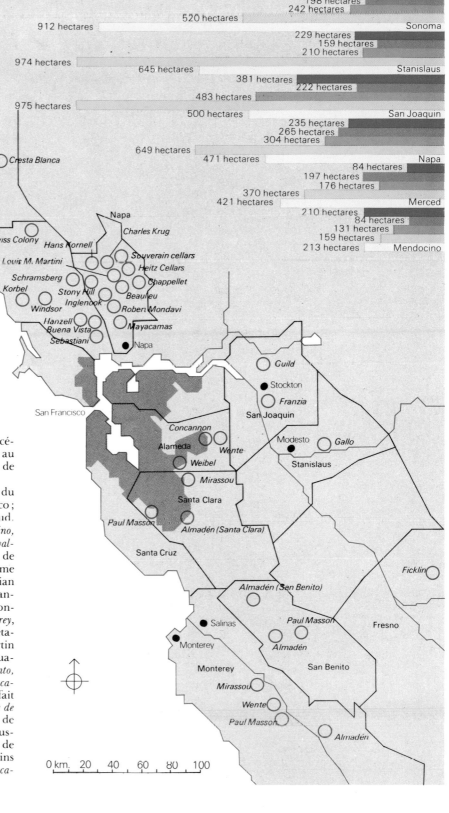

5178 hectares
1225 hectares

39 jectares
82 hectares
153 hectares
Monterey

242 hectares
198 hectares
242 hectares
Sonoma

912 hectares
520 hectares
229 hectares
159 hectares
210 hectares
Stanislaus

974 hectares
645 hectares
381 hectares
222 hectares
San Joaquin

975 hectares
483 hectares
500 hectares
235 hectares
265 hectares
304 hectares
Napa

649 hectares
471 hectares
84 hectares
197 hectares
176 hectares
Merced

370 hectares
421 hectares
210 hectares
84 hectares
131 hectares
159 hectares
213 hectares
Mendocino

Parducci
Cresta Blanca
Mendocino

Napa
Charles Krug

Italian Swiss Colony
Hans Kornell
Sonoma
Souverain cellars
Louis M. Martini
Heitz Cellars
Schramsberg
Chappellet
Korbel
Stony Hill
Beaulieu
Windsor
Inglenook
Robert Mondavi
Hanzell
Buena Vista
Mayacamas
Sebastiani
Napa

Guild
Stockton
Franzia
San Joaquin

Concannon
Alameda
Wente
Modesto
Gallo
Weibel
Stanislaus
Mirassou
Santa Clara
Paul Masson
Almadén (Santa Clara)

San Francisco

Santa Cruz

Ficklin

Almadén (San Benito)
Paul Masson

Salinas
Almadén
Fresno
Monterey
San Benito
Monterey
Mirassou
Wente
Paul Masson
Almadén

0 km. 20 40 60 80 100

Cépages
Les principaux cépages
classiques sont, pour les vins
rouges : Cabernet-Sauvignon,
Gamay, Pinot noir ; pour les
blancs : Chenin blanc, Folle
Blanche (le plus important
cépage de la région de
Cognac avant le phylloxéra), et
le Pinot blanc. Le cépage le
plus remarquable est sans
doute le Zinfandel indigène,
noir, très répandu, qui donne
des vins rouges intéressants.
On cultive de nombreux autres
cépages, ceux que l'on
retrouve dans d'autres
vignobles du monde
comprennent : Aleatico,
Barbera, Carignan, Grenache,
Grignolino, Merlot, Malvoisie,
Valdepeñas, Aligoté,
Gewürztraminer, Melon,
Müller-Thurgau ; de nombreux
Muscats, Palomino, Sémillon,
Sylvaner, Trebbiano, Pedro
Ximénez et Sauvignon ; on
trouve plusieurs variétés de
Riesling, notamment Emerald,
franconien, gris, blanc, de
Johannisberg ; et de
nombreux cépages du Porto et
du Madère.

comme à Jerez, alors que d'autres utilisent un procédé de chauffage qui donne une saveur particulière au Xérès. Même le cépage Zinfandel donne des vins de style différent suivant les différentes zones.

Les trois régions principales sont les vignobles du Centre et du Nord, près de la baie de San Francisco ; la grande vallée centrale ; et la Californie du Sud. Elles peuvent être divisées ainsi : *Sonoma-Mendocino,* qui comprend les bons vignobles de Buena Vista ; *vallée de Napa-comté de Solano,* célèbre pour ses vins de grande qualité et ses établissements connus comme Charles Krug, Heitz, Beaulieu, Mondavi et Christian Brothers ; *Livermore-Contra Costa,* à l'est de San Francisco, comprenant les vignobles Wente et Concannon ; *Santa Clara-San Benito-Santa Cruz-Monterey,* au sud de San Francisco, qui comprend les établissements comme Hallcrest, Almadén, San Martin et Martin Ray, qui produisent du vin de table de qualité et parfois des vins mousseux ; *Lodi-Sacramento,* pour les vins mutés-apéritifs et les vins de table ; *Escalon-Modesto,* au milieu de la vallée centrale où l'on fait de grandes quantités de vins de table ; *Fresno-vallée de San Joaquin,* principale région pour les bons vins de dessert, mais on y fait aussi des vins de table et mousseux ; et finalement les trois districts principaux de Californie du Sud qui produisent en général des vins de table assez légers, tranquilles ou mousseux, *Cucamonga, Ontario* et *San Diego-Escondido.*

Afrique du Sud et Australie

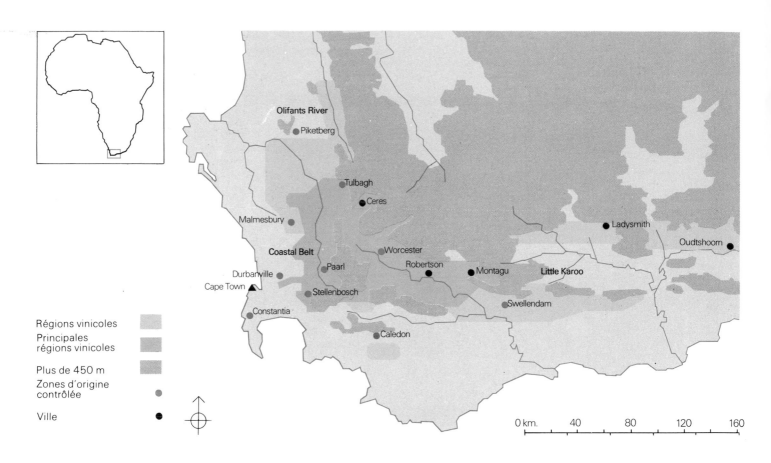

Régions vinicoles
Principales
régions vinicoles
Plus de 450 m
Zones d'origine
contrôlée
Ville

Olifants River
Piketberg
Tulbagh
Ceres
Malmesbury
Ladysmith
Oudtshoorn
Coastal Belt
Worcester
Paarl
Robertson
Montagu
Little Karoo
Durbanville
Cape Town
Stellenbosch
Swellendam
Constantia
Caledon

0 km.   40   80   120   160

Cépages

On a cru quelque temps que le Steen, qui donne certains des meilleurs vins blancs d'Afrique du Sud, était soit un raisin indigène, soit une variété de Sauvignon ; on sait maintenant qu'il s'agit d'une variété de Chenin blanc. Mais d'autres vins, d'un style différent, portent l'appellation Chenin blanc. Parmi les autres cépages, on trouve : Palomino, Glourkatel, Clairette blanche, Riesling, Hanepoot (Muscat d'Alexandrie), Pedro Luis, Chenin blanc et Steen, pour les vins blancs ; pour les rouges, Hermitage (Cinsaut), Cabernet-Sauvignon, Shiraz, Tinta das Baroccas, divers cépages du Porto, et le Pinotage, hybride du Pinot noir et de l'Hermitage du Cap ou Cinsaut.

Afrique du Sud

En 1655 on planta pour la première fois des vignes au cap de Bonne-Espérance, dans les jardins de la Compagnie hollandaise des Indes orientales, et on fit du vin en 1659. Le gouverneur Simon van der Stel installa sa ferme à Groot Constantia, et de nombreux colons, dont des Français, installèrent des vignobles à Fanschoek, Paarl, Drakenstein et Stellenbosch. En 1918, l'association coopérative des viticulteurs (connue sous son sigle sud-africain KWV) fut fondée et, par une politique constante d'amélioration de la qualité, réussit à reconquérir nombre de marchés. En 1972 elle délimita les zones de culture pour les vins d'origine et les crus et, en 1973, elle institua des sceaux garantissant l'origine, le cépage, le millésime et la qualité des vins en bouteilles.

Les principales régions où l'on cultive les vignobles qui forment un spectacle extraordinaire sont : Coastal Belt, Little Karoo et les vallées de la Breede, l'Olifants et l'Orange. Les vins blancs secs sont principalement produits vers Stellenbosch, Paarl, Tulbagh, et les rouges près du Cap, Stellenbosch et Paarl ; les Xérès sud-africains légers, viennent également des régions de Stellenbosch, Paarl et Tulbagh ; ceux qui sont plus robustes de Montagu, Robertson et Worcester, qui font aussi de bons Muscatels et de grandes quantités d'eau-de-vie et de spiritueux. On fait des vins de dessert vers Paarl et Stellenbosch. Jusqu'à présent, ce sont les vins mutés, particulièrement les Xérès, qui ont été exportés, mais l'on commence à connaître de plus en plus les vins de table, tranquilles, pétillants et mousseux, bien que la consommation locale de vin rouge soit telle qu'on ne peut guère en exporter. Les viticulteurs essaient d'empêcher la fermentation malo-lactique de se produire car ils veulent conserver l'acide malique dans le vin ; c'est pour la même raison qu'ils ne laissent pas les vins rouges subir la fermentation secondaire ; on peut cependant trouver quelques vins vieux, faits de façon traditionnelle.

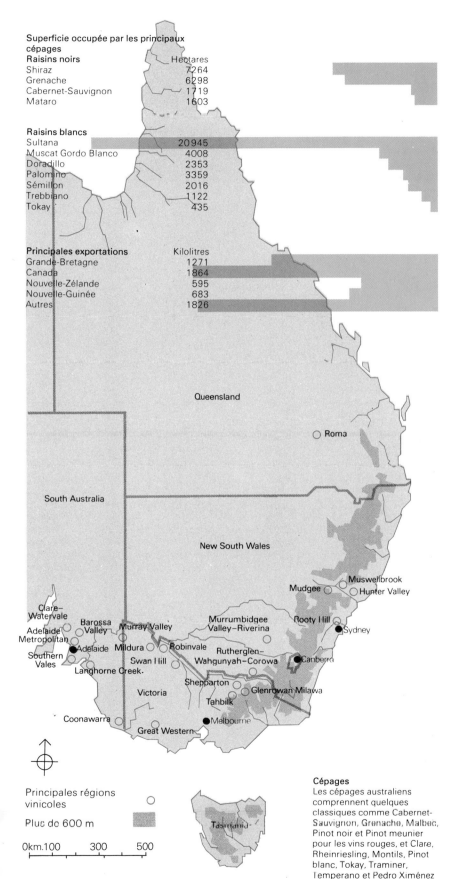

Superficie occupée par les principaux cépages

Raisins noirs	Hectares
Shiraz	7264
Grenache	6298
Cabernet-Sauvignon	1719
Mataro	1603

Raisins blancs	
Sultana	20945
Muscat Gordo Blanco	4008
Doradillo	2353
Palomino	3359
Sémillon	2016
Trebbiano	1122
Tokay	435

Principales exportations	Kilolitres
Grande-Bretagne	1271
Canada	1864
Nouvelle-Zélande	595
Nouvelle-Guinée	683
Autres	1826

Queensland

○ Roma

South Australia

New South Wales

Mudgee ○   ○ Muswellbrook
           ○ Hunter Valley

Clare–
Watervale
       Barossa   Murrumbidgee   Rooty Hill ○
Adelaide   Valley   Murray Valley   Valley–Riverina   ● Sydney
Metropolitan
                                    Robinvale   Rutherglen–
Southern   ● Adelaide   Mildura   Wahgunyah-Corowa   ● Canberra
Vales   Swan Hill
     Langhorne Creek.   Shepparton
                              Glenrowan Milawa
            Victoria   Tahbilk
Coonawarra   ● Melbourne
       Great Western

Principales régions
vinicoles   ○

Plus de 600 m

0 km 100   300   500

Tasmania

Australie

Le capitaine Phillip apporta des plants de vigne à Port Jackson en 1785, mais l'instigateur de la vinification fut James Busby qui (remplissant son rôle d'éducateur) planta des ceps en Nouvelle-Galles du Sud en 1832, principalement dans la vallée de l'Hunter, où le phylloxéra n'avait jamais pénétré.

Aujourd'hui on fait du vin dans de nombreuses régions d'Australie : près des premiers établissements de colons, comme Sydney, Melbourne, Adélaïde et Perth ; à Rutherglen, Clare/Watervale, Coonawarra, Tahbilk et dans les vallées de l'Hunter et de la Barossa ; à certains endroits de la vallée du Murray et dans le nord de celle du Murrumbidgee (Riverina). Les grands établissements vinicoles ont une gamme complète de vins et chacun a son individualité propre : leurs produits portent de moins en moins des noms de vins européens, mais celui de l'établissement. On fait des vins mousseux — ceux de Great Western étant très réputés — et des vins pétillants ou perlants, ainsi que des vermouths et des vins mutés. La plupart des meilleurs vins vieillissent longtemps en fûts, comme certains classiques européens.

Cépages

Les cépages australiens comprennent quelques classiques comme Cabernet-Sauvignon, Grenache, Malbec, Pinot noir et Pinot meunier pour les vins rouges, et Clare, Rheinriesling, Montils, Pinot blanc, Tokay, Traminer, Temperano et Pedro Ximénez pour les blancs. On en trouve d'autres, qui portent parfois un nom différent en Australie : Cinsaut, Mataro, Hermitage rouge (parfois appelé Shiraz noir ou Petite Syrah) pour les vins rouges ; et pour les blancs : Aucerot (Chardonnay ou Pinot gris), Blanquette (Doradillo), Chasselas (parfois appelé Sweetwater), Frontignac, Gordo Blanco (Muscat d'Alexandrie ou Lexia), Palomino (lui aussi parfois appelé Sweetwater, ou Listan), Sémillon (Hunter River Riesling — ce qui est très déconcertant — ou Sheperd's Riesling), Verdelho, Waltham Cross (Malaga blanc ou Rosaki), Hermitage blanc (Shiraz blanc, Ugni blanc, Trebbiano, St-Emilion).

163

Lexique

La terminologie du vin

On utilise des centaines, voire des milliers de termes lorsque l'on analyse le vin, qu'on le déguste, qu'on l'estime, ou qu'on en parle dans les établissements d'enseignement œnologique. Ces termes varient suivant la langue de chaque pays, mais certains sont internationaux.

La différence est nette entre une terminologie qui définit correctement son objet, et les termes et les phrases qui ne forment qu'un pur jargon. C'est bien une utilisation intempestive des expressions œnologiques qui a fait que tous ceux qui portent un grand intérêt au vin sont qualifiés de snobs. Lorsque j'étais profane en ce domaine, je me suis rendu compte que les plus grands experts étaient parfaitement capables de s'exprimer clairement et simplement ; l'amateur de vin en profite de son mieux, et lorsqu'il a acquis une certaine expérience il comprend davantage encore.

Je rangerai les termes utilisés en trois catégories. La première, qui traite des faits — ou parfois des opinions —, fait référence à *ce qu'est le vin* : son caractère général, comme très sec, doux ou puissant.

La deuxième considère les attributs généraux d'un vin ; ils comprennent par exemple le corps et le fruité, et des qualités moins évidentes comme la délicatesse et la finesse. Comme le goût est un domaine subjectif, il n'est pas possible d'employer ces termes avec rigidité, mais une certaine expérience de dégustation et la connaissance de l'utilisation qu'en font d'autres experts permettent d'élaborer un lexique commun.

Viennent enfin les termes descriptifs qui permettent de transmettre l'impression que dégage le vin. Parfois, les mots qui viennent le plus naturellement à l'esprit ne peuvent être employés parce qu'ils ont une signification vinicole spécifique, comme « léger » ou « lourd ». Aussi ces termes descriptifs proviennent-ils de mon expérience personnelle, de mes discussions sur les vins avec des viticulteurs et des négociants ; j'y ai ajouté ceux que j'ai trouvés utiles dans les écrits et l'enseignement qui concernent le vin. C'est en fait l'expérience et l'habitude qui permettent à chacun de se forger son propre vocabulaire pour décrire les vins, et ce dernier peut enrichir la terminologie des autres à condition qu'il soit utilisé avec discernement. (Dans mes notes de dégustation j'ai employé l'expression « noyaux de pêche sucés » pour décrire un Bourgogne blanc de la Côte de Beaune, mais cette expression pourrait paraître ridicule à certains et ne pas parler à un débutant.) Il faut cependant employer ces créations, ces néologismes, avec prudence ; comme une langue, un lexique doit être assimilé avant que l'on puisse rompre avec ses règles ou inventer de nouvelles définitions.

Principales catégories

Demi-sec : Se dit de vins aimables ; ils ne sont pas doux, mais ont un soupçon de moelleux, parfois dû aux cépages nettement épicés ou riches en sucres naturels, même si la vinification vise à obtenir des vins vraiment secs.

Direct : S'applique à des vins qui offrent immédiatement ce qu'ils possèdent au plaisir du buveur. Ce terme ne signifie absolument pas que ces vins sont superficiels, ternes, ou procurent moins de plaisir que d'autres. Les vins directs donnent une impression immédiate ; il faut les boire pour le plaisir et non pour en discuter.

Doux : Qui possède une douceur évidente. Dans les vins de qualité, cette douceur ne provient pas de l'adjonction de sucre, mais de la vinification. La cueillette des raisins et la vinification ont une grande importance pour obtenir une douceur naturelle.

Moelleux : Qualifie une douceur implicite ou interne qui n'est pas affirmée. Certains cépages et certaines méthodes de vinification peuvent donner des vins légèrement doux qui ont également une grande fraîcheur.

Personnalité moyenne : Pour un plaisir immédiat et quelque chose d'un peu plus profond. De tels vins peuvent être commentés quelque peu ; ils suggèrent souvent les vins fins auxquels ils peuvent être apparentés (originaires de la même région ou issus des mêmes cépages) et ce sont fréquemment les versions restreintes de vins puissants. Ils sont souvent de qualité, et le choix est considérable.

Puissant : Se dit de vins qui, quand ils sont rouges, peuvent comprendre les meilleurs du monde. Ce terme peut faire référence à d'autres vins qui possèdent une certaine complexité, même s'ils sont directs, et font une impression plus forte que celle que procure le simple plaisir. Les vins puissants ne sont pas forcément riches en alcool, ni difficiles à apprécier ou à supporter.

Sec : Catégorie moins évidente que très sec ; le vin n'a aucune douceur, mais son caractère peut être souple et plein. La plupart des vins secs sont « étendus » (voir ce mot).

Très doux : Qui a une douceur prononcée, concentrée, mais ne doit jamais être ni écœurant ni visqueux, ni ressembler à une mélasse alcoolisée.

Très sec : S'emploie pour un vin sans aucune trace de douceur, mais avec une sécheresse affirmée, presque râpeuse.

Attributs généraux

Affirmé : Qui possède un attribut remarquable et spécifique, comme le goût ou l'odeur provenant du raisin, du climat, du sol, etc., qui attire immédiatement. Ne pas confondre ce terme avec agressif.

Corps : Ce terme fait référence au caractère général du vin, qui peut être léger, moyen ou corsé. Il se rapporte principalement à la saveur, bien qu'il puisse caractériser le bouquet. Un vin direct peut être corsé, un vin puissant léger de corps, et vice versa.

Délicat : Le contraire de robuste. Les vins délicats ont des saveurs ou des odeurs qui ne sont jamais ni affirmées ni évidentes, mais dont les nuances rehaussent la valeur. Il ne faut pas confondre ce terme avec fragile, car certains des vins les plus délicats peuvent être également profonds, puissants, complexes et persistants ; les vins directs peuvent être délicats.

Elégant : Ce terme exprime l'équilibre d'un vin rouge ou blanc, et la façon dont il est perçu par le buveur. Des vins restreints, aussi bien que des vins étendus, peuvent avoir de l'élégance, mais on la trouve plus souvent chez les vins puissants ou ceux qui ont une personnalité moyenne, principalement dans les qualités supérieures ; cependant elle peut se trouver aussi chez les vins directs.

Fermeté : S'applique à des vins qui sont — si l'on peut dire — « assis » dans le verre ; ils sont parfois à la limite de la puissance et de la profondeur. De nombreux vins sont fermes quand ils sont bien faits, mais cette caractéristique ne les empêche pas d'être délicats et/ou élégants.

Frais : Se dit de vins à leur apogée quand ils sont jeunes, et de nombreux vins directs. Ils rafraîchissent le palais, qu'ils soient blancs ou rouges, et quelle que soit la température à laquelle on les boit. Un grand vin puissant peut être à la fois frais et nerveux. Dans ce cas, il gardera sa nervosité toute sa vie, mais il peut perdre sa fraîcheur en vieillissant, sans cesser d'être un grand vin.

Fruit ou Fruité : Un vin donne d'autant plus de plaisir qu'il équilibre le fruit et l'acidité. Le fruité témoigne d'une odeur ou d'une saveur de fruits. Certains vins semblent plus fruités que d'autres, du fait des raisins dont ils sont issus et de leurs caractéristiques individuelles. En général, les vins en vieillissant ont tendance à perdre leur fruité ; pour les plus grands vins, cette perte n'est préjudiciable en rien, du moins pendant un certain temps, car le vin peut conserver son harmonie, le fruit se changeant en profondeur ou subtilité. Mais un vin qui est essentiellement agréable pour son fruité sera moins plaisant en vieillissant. Une odeur fruitée n'évoque pas obligatoirement le goût ou l'odeur de raisin ; ce peut être le cas pour certains vins et avec certaines variétés de raisins, notamment le Muscat, mais c'est rare. Certaines personnes associent un fruit (pêche, noisette, etc.) à un vin particulier afin de mieux s'en souvenir.

Léger : Ce terme fait référence au corps du vin, à son caractère individuel. Un vin puissant peut être léger, moyen ou corsé; un vin direct peut aussi bien être léger que corsé. Pour les viticulteurs et les négociants, ces mots «léger» et «lourd» se rapportent au degré alcoolique du vin et à son acidité; dans la classification des vins, ces mots sont employés dans un autre contexte. Le degré alcoolique d'un vin de table léger va jusqu'à 14, celui d'un vin de table lourd est supérieur.

Lourd: Voir **Léger**

Nerveux: Parfois confondu avec frais, mais la nervosité est un trait permanent de la nature du vin qui possède une certaine vivacité pour stimuler sur-le-champ tous les sens qui participent au goût. La nervosité appartient principalement aux vins blancs, bien que de nombreux rouges puissent la posséder; les vins nerveux sont généralement originaires de vignobles où l'acidité est assez importante.

Profond: Les vins fins et les grands vins, notamment ceux qui sont puissants, ont souvent de la profondeur. Lorsqu'il les goûte, le dégustateur semble plonger dans de nombreuses sensations, que les vins soient jeunes ou parvenus à maturité.

Robuste: Se dit d'un vin qui s'impose aux sens avec netteté. De nombreux vins puissants sont robustes, mais ce terme s'applique surtout aux vins rouges directs ou à ceux qui ont une personnalité moyenne.

Termes descriptifs

Acide: Plusieurs acides se trouvent dans le vin; le pire est l'acide acétique qui apparaît sous l'action de *mycoderma aceti,* qui change le vin en vinaigre. Mais d'autres acides sont indispensables au bon vin, dont ils équilibrent le fruit et auquel ils donnent de la nervosité et de la fraîcheur, conservant le vin et lui conférant un aspect brillant. S'il manque d'acidité, un vin est mou et insipide. Si l'alcool est le squelette du vin et le fruit sa chair, l'acidité en est le système nerveux. Les laboratoires étudient la teneur en acides des vins; les plus importants sont l'acide citrique, l'acide malique, et surtout l'acide tartrique.

Anhydride sulfureux: L'anhydride sulfureux SO_2 est l'antiseptique le plus utilisé dans le monde viticole car il tue les bactéries néfastes et permet de conserver le vin. Malheureusement, s'il reste trop d'anhydride sulfureux à l'état libre dans le vin, celui-ci prend une odeur et un goût désagréables. La présence de «soufre» se manifeste parfois par un épais brouillard dans un établissement viticole, et par une odeur âcre qui prend à la gorge quand on goûte les vins blancs jeunes. Employé avec mesure, l'anhydride protège le vin ou l'aide à traverser une étape difficile, mais utilisé inconsidérément, il donne au vin une odeur désagréable et parfois même un goût d'œufs pourris.

Apre: On l'utilise parfois en liaison avec le mot «amer», mais je l'emploie pour qualifier un vin qui semble résister au dégustateur — un vin qui repousse, d'une façon agressive et désagréable.

Aromatisé: Se dit de vins qui ont une forte odeur de plantes ou herbes aromatiques, parfois légèrement épicée.

Arôme: On l'a merveilleusement défini comme «l'odeur du goût». Il est difficile de séparer l'arôme du goût, l'un entraînant l'autre.

Arrière-goût: Un écho du goût et de l'odeur qui revient dans la bouche lorsque, une fois le vin avalé, on expire par le nez. Comme l'ombre du vin, cet arrière-goût doit être agréable; il peut révéler un attribut supplémentaire qui n'avait pas été remarqué précédemment, ou un défaut caché. L'arrière-goût est différent de la persistance, et il peut être prononcé même si la persistance est courte.

Avare: Terme que j'emploie pour les vins d'un caractère sans noblesse; ils ne donnent pas avec générosité, ni leur odeur, ni leur goût, et ils déçoivent invariablement. Leur style mesuré, limité, peut être dû soit à leur vinification particulière, soit à une mauvaise récolte.

Avenant: Le vin attire, séduit, se montre à son avantage, mais avec discrétion. Cet attribut peut être agréable dans un vin restreint, il ne doit pas être exagéré dans un grand vin.

Bois (goût de): Le vin prend parfois une odeur ou un goût de bois, d'autres disent de tonneau; cela arrive généralement lorsque les fûts ont été mal préparés avant d'accueillir le vin. Ce n'est pas forcément désagréable chez un vin jeune, mais ne devrait pas se manifester dans un vin fin à maturité.

Bouche (en): S'applique à certains bons vins, comme le Beaujolais, quand leur fruit est leur principal attrait, et permet au buveur de les avoir bien «en bouche».

Bouchon (goût de): On ne le reconnaît pas toujours immédiatement, car il lui faut parfois un certain temps pour se manifester lorsqu'on a débouché une bouteille, et on peut quelquefois le détecter en sentant le bouchon lorsqu'on l'a retiré. Il faut y penser lorsqu'un vin semble n'avoir pas d'odeur ou paraît plat. Dans sa forme extrême, il confère au vin une odeur nauséabonde qui rappelle à certains le bouchon pourri, et qui pour moi évoque le chlore. Le vin n'est pas nocif à boire, et ce goût peut provenir d'un bouchon défectueux, endommagé par le charançon du liège ou une infiltration de vin. Lorsqu'on rencontre un tel vin il est utile de le goûter pour se souvenir de sa saveur et son odeur. La différence est nette entre les goûts de bouchon, de moisi, ou de bois. Le vendeur ou le sommelier devrait

toujours remplacer une bouteille présentant de tels défauts.

Bouquet: C'est l'ensemble des sensations olfactives d'un vin, et en particulier le résultat de la fermentation et du vieillissement. Il se peut qu'un vin très jeune n'ait pas de bouquet, mais il aura habituellement un arôme, et généralement une odeur.

Brillant: Terme technique utilisé pour un vin blanc ou rouge parfaitement exempt de dépôt. Les vins sont généralement brillants et limpides, mais de nombreux vins fins renferment des particules, ce qui ne veut pas dire que le vin n'est pas parfait. Ces vins n'ont pas subi de filtrations excessives, et un vin qui n'est pas parfaitement brillant n'acquiert pas par là un caractère négatif. A l'époque victorienne, on se servait de verres tintés pour les vins blancs, afin de ne pas voir les particules en suspension dans le vin. On peut parfaitement rendre les vins ordinaires brillants et limpides, mais quant aux vins fins, il faut seulement se soucier de savoir si la présence d'un dépôt nuit ou non au goût, et se souvenir que les plus grands vins se nourrissent de leurs dépôts lors de leur vieillissement en bouteilles. On dit que parfois, lorsqu'on filtre un vin, on le débarrasse de ses impuretés, mais aussi d'une partie de son caractère. La présence de dépôt dans un verre peut résulter d'un service défectueux, mais elle peut aussi signifier que le vin est très fin et qu'il faut le manipuler avec soin.

Champignons (odeur de): Les très vieux vins prennent parfois une odeur de champignons, certains disent de truffes. C'est une odeur propre, presque fraîche, et très concentrée.

Charme: Fait référence à un vin qui attire sans ostentation, par des qualités évidentes mais discrètes, comme une personne dont le sourire implique cependant une certaine réserve. N'importe quelle sorte de vin peut posséder du charme, mais certains même parmi les plus grands n'en ont jamais. Pour moi, souvent les vins à leur apogée, quelle que soit leur catégorie, témoignent du charme; ils sont agréables sans exigence, et ne gênent ni n'embarrassent le buveur. Certains cependant ne prisent guère cette qualité, et d'autres estiment qu'elle est hors de propos pour certains vins mondialement célèbres.

Charnu: Adjectif qui peut être favorable ou douteux; le fruit qui n'est pas équilibré par l'acidité peut donner un vin charnu, et déséquilibré. D'un autre côté, un vin étendu peut, lors de son vieillissement, traverser une période au cours de laquelle il semble posséder une surabondance de fruit et de rondeur, même s'il a assez d'acidité et une fermeté intérieure. Avec le temps, ce caractère disparaîtra et le vin pourra se développer pleinement.

Contradictoire : Ce terme très personnel me sert à qualifier un vin qui présente deux impressions qui me semblent antagonistes, et proviennent de l'odeur et du goût. Un vin peut n'être contradictoire que pendant une période assez courte, mais certains vins ont été délibérément faits ainsi pour attirer le consommateur.

Court : Le contraire de *long*. Le goût de certains vins, en particulier de nombreux vins directs, ne persiste qu'un court instant. Même parmi les vins fins, certains millésimes particuliers donnent un vin court. Ce terme n'implique pas forcément un manque de qualité, c'est une simple constatation.

Croquant : Terme personnel que j'emploie pour des vins si frais et fruités qu'il semble que l'on puisse les écraser contre le palais ou les presser dans la bouche. Un vin croquant semble important dans la bouche, et si substantiel qu'il donne l'impression d'offrir une certaine résistance. De nombreux vins fins sont croquants, particulièrement quand ils sont jeunes.

Déclin : Ce terme signifie que le vin a dépassé son apogée et commence à décliner ; il peut cependant être fort agréable et offrir beaucoup d'intérêt.

Déséquilibre : A certaines époques de leur développement, de jeunes vins présentent des attributs qui semblent sans lien aucun les uns avec les autres. Cela n'implique pas forcément un manque de proportions ; une certaine expérience de dégustation rend à même de prévoir si les éléments du vin peuvent se réunifier.

Détrempé : Ce vin fait penser à un morceau de bois imprégné d'eau que l'on lécherait. Ce goût peut parfois se trouver dans des vins qui sans cela seraient bons ou fins ; il est le signe d'un défaut dans la vinification ou la conservation.

Distinction : Louange légèrement inférieure à « race » ; un vin restreint ou même bon marché peut posséder de la distinction quand il est à son apogée.

Domaine : Terme utilisé pour désigner un cru. Un jugement de 1938 établit la synonymie de domaine, château (en Gironde), clos et cru. Un vin du domaine provient donc d'une exploitation particulière existant réellement. La mention « mis en bouteille au domaine » est une garantie d'authenticité.

Dur : La dureté est rarement une qualité, et se trouve particulièrement chez un vin jeune qui n'est pas parvenu à maturité : elle provient souvent du tanin et de la jeunesse. La dureté est à la rigueur acceptable chez un vin bon marché qui accompagne une nourriture ordinaire à la saveur forte.

Equilibre : Relation harmonieuse entre les divers éléments qui composent un vin ; certains vins seront agréables essentiellement à cause de qualités particulières, comme la saveur, la fragrance, l'arrière-goût, etc. Un vin bien équilibré présentera à leur avantage ses attributs fondamentaux.

Etendu et **restreint :** Façon assez facile de distinguer les vins qui ont beaucoup à donner, ou très peu. Ce n'est en rien péjoratif, car un bon vin restreint (comme un Riesling des Balkans ou d'Amérique) peut être très bon dans la limite de ses possibilités. Mais un vin étendu, comme un bon Moselle ou Rheingau, doit donner à l'amateur des sensations plus importantes et plus détaillées.

Eventé : S'applique à un vin qui, du fait de son âge, n'est plus que l'ombre de lui-même ; ses attributs sont encore présents, mais tout juste.

Fané : De très vieux vins — parfois même de plus jeunes — peuvent se faner rapidement dès que la bouteille est débouchée et qu'ils sont exposés à l'air ; ils perdent généralement leur bouquet avant leur saveur.

Fin : Un vin qui est fin, quelle que soit l'étape de son développement, sera par nature aristocratique et, tout en gardant son individualité, possédera, harmonieusement équilibrées, toutes les qualités qui peuvent plaire à un œnophile éclairé. La plupart des grands vins sont fins, mais ce n'est pas le cas de tous, et tous les vins fins ne sont pas obligatoirement grands. Cet attribut peut également appartenir à des vins très modestes.

Finesse : On a justement défini ce mot comme « la qualité qui vous fait commander une seconde bouteille pour vous rendre compte de ce qu'est vraiment le vin ». Un vin qui a de la finesse gardera toujours un certain mystère, une fascination indéfinissable qui pousseront les amateurs à l'explorer. La finesse n'appartient généralement qu'aux grands et très grands vins, et c'est le résultat de l'harmonie réussie de nombreux attributs.

Fini : La toute dernière impression de l'odorat et du goût. Que cette impression dure ou non, elle doit être à la fois agréable et nette, ni terne ni fade. Il est étrange de constater que le goût et l'odeur peuvent être très différents pendant la persistance et lors des sensations initiales, indiquant parfois ce que le vin va devenir. Certains vins ont une délicieuse nervosité, d'autres semblent épanouir avec vigueur leur goût et leur odeur. Un des exemples les plus nets est la comparaison entre les vins doux de Barsac et de Sauternes : ces derniers sont doux du début à la fin, alors que ceux de Barsac sont doux au début et secs à la fin.

Fragrance : S'applique à une odeur qui est légèrement parfumée, avec un arôme nerveux, souvent élégant. De nombreux vins jeunes et des vins fins ont une fragrance marquée.

Grand : Un grand vin possède race, charme et finesse — qualités aristocratiques qui, à mon avis, laisseront une impression inoubliable à ceux qui auront la joie de goûter un tel vin.

Gras : De nombreux vins jeunes et étendus ont un goût de surface prononcé, ainsi qu'une odeur supplémentaire qui, pour moi, évoque la bonne « graisse » et que je qualifie donc de « grasse ». En se développant, les vins perdent ce goût qui n'est en rien désagréable ; c'est simplement une exubérance de jeunesse.

Joli : De nombreux vins restreints méritent ce qualificatif ; c'est aussi le cas de certains bons crus les mauvaises années et de nombreux vins qui sont meilleurs quand on les boit jeunes. Il y a autant de différence entre un « joli » vin et un grand vin qu'entre un joli visage et un beau visage.

Large : Le vin a une certaine étendue quant au bouquet, au goût et à l'arrière-goût.

Levures (goût de) : Bien que le vin soit le résultat de l'action des levures, il ne devrait jamais prendre leur goût ou leur odeur, sauf à certains moments particuliers, notamment lorsqu'on vient de le mettre en bouteilles. Cette odeur plate, qui ressemble à celle du carton, provient des levures mortes : le vin a été mal soigné. L'odeur de levures est différente de l'odeur d'amiante que le vin peut conserver de son passage dans un filtre.

Limpide : Ce mot indique qu'un vin ne présente aucun dépôt, qu'il est parfaitement « clair » ; on l'associe souvent à brillant. Un vin limpide est aussi vivant qu'un verre d'eau de source quand on le compare à un verre rempli d'eau du robinet.

Madérisation : Ce terme vient d'une vague ressemblance avec le Madère. Les vins blancs, du fait de l'âge ou d'une mauvaise conservation, peuvent s'assombrir et prendre une teinte ambrée due à l'oxydation du vin. Cela ne les empêche pas d'être toujours agréables à boire, mais leur goût est différent. Des vins pleins peuvent parfois être améliorés par la madérisation, mais ce n'est que rarement le cas des plus nerveux.

Malade : Si un vin semble en mauvaise condition quant à l'aspect, le goût, l'arrière-goût ou le bouquet, il peut être malade et traverser une phase pendant laquelle des experts habiles s'occuperont de lui. A certains moments de leur développement, où lorsqu'ils ont été déplacés, des vins peuvent tomber malades ; ils seront alors soit décevants, soit désagréables à boire. Il ne faut pas condamner le vin, mais chercher un conseil. S'il est soigneusement traité, le vin se rétablira.

Manque de maturité : Les vins sont parfois issus de raisins imparfaitement mûrs, soit parce qu'ils ont été délibérément ramassés ainsi, soit parce que les conditions atmosphériques lors des vendanges n'ont pas permis d'attendre plus longtemps. De tels vins peuvent posséder une fraîcheur et une acidité marquées si les raisins étaient suffisamment mûrs pour ne pas le rendre aigre ou acide. Pour un vin qui ne devrait être fait qu'avec des raisins parfaitement mûrs, on peut quelquefois déceler ce manque de maturité dans une acidité excessive ou une saveur âpre ; le viticulteur essaie parfois de pallier ce défaut en adoucissant le moût ou même le vin.

Mince : Ce qualificatif négatif est presque le contraire de rond. Le vin dilué d'eau est mince. D'une façon similaire, des vendanges mouillées peuvent donner des vins minces ; un vin très âgé peut également perdre son fruit et progressivement devenir mince ou même décharné.

Moisi (goût de) : De nombreuses odeurs, plutôt désagréables, rappellent le moisi. Mais il y a une grande différence entre une odeur saine et l'odeur humide, vaguement pourrie, éventée, qui est vraiment une odeur de moisi ; ce goût de moisi provient généralement d'une vinification ou d'une conservation imparfaites.

Mort : État d'un vin qui s'est complètement désintégré et ne possède ni goût ni odeur. Cela peut se produire avec des vins très vieux ou des jeunes qui ont été mal faits ou maltraités, par exemple soumis à des températures extrêmes, chaud ou froid, pendant longtemps.

Mou : Vin qui a une acidité insuffisante et qui, possédant trop de fruit, semble grossier. Ce défaut apparaît dans de nombreux vins blancs originaires de vignobles chauds, et qui ont été mal faits. Il est rare que l'on puisse améliorer un vin mou, et encore plus rare qu'il s'améliore de lui-même.

Mouillé : On peut détecter ce trait chez certains vins faits avec des raisins vendangés pendant une forte pluie. L'eau semble avoir lavé le vin, affadissant légèrement sa saveur sans que, bien sûr, le degré alcoolique n'ait été affecté.

Mousse : Il s'agit de l'effervescence du vin, qui peut être très légère et à peine perceptible. Certains très bons vins blancs en ont un peu, notamment quand ils sont jeunes. Elle peut ne pas apparaître quand on regarde la bouteille, mais se manifester par un léger picotement sur la langue.

Muet : Les vins peuvent traverser des périodes pendant lesquelles ils ne «parlent» pas au dégustateur, et il lui est alors impossible de les apprécier. Ces périodes peuvent correspondre à des phases de maturation ou être le résultat d'un traitement que le vin vient de subir. Des vins en bouteilles peuvent paraître muets lors de la floraison de la vigne ou pendant les vendanges. Ce peut être aussi le cas si les vins viennent d'être

déplacés, transportés ou stockés. Parfois la raison n'est pas évidente, et cet état peut durer des mois avant que le vin ne recouvre, éventuellement, la santé.

Nuancé : Ce terme s'applique à un vin qui possède une grande variété d'odeurs et de saveurs délicatement subtiles.

Oxydation : Effet de l'exposition du vin à l'air. Jusqu'à un certain point, il peut être bénéfique d'aérer un vin, mais si l'aération est trop longue, il sera anéanti. Les très vieux vins peuvent s'oxyder au contact de l'air qui reste dans la bouteille sous le bouchon.

Parfumé : Parfois l'odeur du vin porte la marque évidente d'un parfum de fleur, de fruit, ou autre. Un parfum trop fort peut cependant rompre l'harmonie ; un vin qui aurait une senteur de rose trop prononcée serait plus proche d'un parfum que d'un vin.

Pasteurisation : Procédé de stabilisation qui consiste à chauffer le vin jusqu'à une température donnée et à le maintenir à cette température pendant un certain temps. Ce n'est *pas*, comme on le suppose parfois, la stérilisation du vin obtenue en le faisant bouillir, ce qui tuerait complètement ce vin. La pasteurisation, dont le nom vient de Louis Pasteur, tue les bactéries et vise donc à prévenir toutes les maladies ou les modifications dont elles pourraient être cause ; on a parfois utilisé ce procédé pour hâter le vieillissement du vin. Si elle est correctement effectuée, la pasteurisation permet aux vins exportés de voyager sous de bonnes conditions et de rester en bon état jusqu'à la table du consommateur. Si elle est excessive, elle altère les caractères spécifiques des vins pour n'en faire que des breuvages insipides. Certains négociants ont insisté pour obtenir des vins pasteurisés, plus sûrs, et cet abus est un désastre aux yeux de l'œnophile. Heureusement, il y a fort peu de risques que l'on pasteurise les meilleurs vins du monde.

Persistance : Durée des diverses impressions de dégustation qui se manifestent aussi bien dans le nez que dans le palais. Certains experts ont mesuré la persistance de différents vins, mais c'est une question d'appréciation personnelle, et tous ne sont pas d'accord quant à savoir si un vin déterminé est «long» ou non. Certains vins donnent à penser qu'ils vont persister, or leurs impressions s'effacent soudain ; d'autres durent longtemps, parfois plusieurs minutes. Les impressions ne s'affaiblissent pas obligatoirement avec le temps et on peut les comparer à la traîne d'une grande dame, traîne qui est encore dans la pièce alors que la dame a déjà franchi la porte.

Petit : Un petit vin n'est pas nécessairement inférieur et il peut être très agréable. Le plaisir qu'il donnera sera cependant plus

modeste que celui d'un grand vin ou d'un vin étendu.

Plat : Terme employé pour un vin mousseux dont on a laissé s'échapper tout le gaz carbonique ; le vin n'est donc plus mousseux. Cela se dit aussi péjorativement d'un vin tranquille.

Pleurer : Lorsque l'on fait tourner le vin dans un verre, il laisse parfois des traînées sur le bord : on dit que le vin «pleure». Cet effet est dû à la glycérine, présente dans tous les vins, mais surtout les plus doux. Lorsque le vin pleure d'une façon importante, cela signifie simplement qu'il est de qualité, que cette dernière soit déjà évidente ou seulement potentielle.

Prise : Un vin qui a de la prise semble adhérer à la bouche, ce qui n'est pas du tout désagréable.

Proportion : Les proportions d'un vin doivent être équilibrées pour que le fruit, l'acidité et l'alcool forment un tout harmonieux. Parfois, sans que la vinification soit fautive, les proportions ne sont pas correctes, l'odeur étant trop forte pour la saveur, ou l'arrière-goût trop puissant. Tous les constituants du vin doivent rester dans des proportions telles que l'ensemble soit agréable.

Racé : S'applique à un vin vieux qui fait part de toutes ses qualités et de sa subtilité avec harmonie, sans ostentation aucune, ni affirmation exagérée. Il est parfois possible de déceler dans un vin de race les raffinements de sa vinification.

Rafle (goût de) : Le goût de rafle est toujours associé à la teneur en tanin, bien que certains le relient à la verdeur ou à la jeunesse d'un vin. Lorsque l'on mord la rafle (pédoncule) d'une grappe de raisin, c'est ce goût que l'on a dans la bouche. Ce goût trop prononcé indique un vin un peu déséquilibré, qui manque parfois de maturité. Il est peu probable qu'il perde sa dureté et devienne un vin harmonieux. Chez les très jeunes vins, ce goût de rafle peut être agréable (car leur charme repose souvent sur leur fraîcheur et leur verdeur), et ils peuvent s'adoucir en vieillissant.

Renfermé : Se dit de vins, même fins, qui semblent repliés, concentrés sur eux-mêmes. Un vin renfermé peut devenir tout à fait agréable à boire si on lui fait subir une légère aération en le décantant.

Réservé : S'applique à un vin lent à révéler ses qualités, et qui n'enchante le nez et le palais que graduellement. Ce n'est pas synonyme de profondeur ou de complexité, bien qu'un vin réservé puisse posséder ces traits.

Restreint : Voir **Étendu.**

Richesse : Ne qualifie pas obligatoirement un vin doux, bien que les vins doux soient souvent riches. Ce mot peut s'appliquer à un vin d'une grande profondeur, ou subtilité, et

167

qui possède beaucoup de fruit. En général, on l'emploie le plus souvent quand on parle des vins de liqueur, de dessert, et bien sûr des grands vins de table doux.

Rondeur : De nombreuses personnes trouvent très utiles des références à des formes. Certains vins immatures semblent anguleux, d'autres droits, etc. Un vin rond a un bon squelette (l'alcool), agréablement couvert de chair (le fruit), le tout rehaussé par une belle peau (le bouquet). Un excès de rondeur est un manque d'équilibre, mais de nombreux vins jeunes sont dans ce cas et s'améliorent par la suite. La rondeur du vin dépend de la qualité qu'il devrait atteindre dans l'idéal ; un grand vin à son apogée ne devrait jamais être trop rond. On apprécie cette qualité lorsque l'on garde un moment le vin dans la bouche.

Rude : N'a pas nécessairement un sens très péjoratif, mais implique un caractère évident et un manque de profondeur, de finesse et d'élégance. Certains vins restreints sont naturellement rudes, aucun vin fin ne devrait l'être — mais certains le sont.

Sensible : Ce mot signifie qu'une unité s'établit entre le vin et celui qui le boit. Un vin sensible se manifestera au nez, au palais et à l'esprit du buveur, et il offrira une multitude d'impressions à ceux qui peuvent les identifier.

Séparé : Parfois, à la suite d'une maladie ou du fait de la jeunesse ou du grand âge, les éléments d'un vin semblent se séparer, et se distinguer individuellement, rompant ainsi l'harmonie. Même dans cet état, certains vins fins peuvent être agréables et fascinants.

Souple : Aimable et glissant. Un vin vraiment souple possède ces deux qualités et se boit facilement. Les très grands vins sont rarement souples, d'après ma terminologie, car je n'associe pas cette qualité à la puissance, mais la plupart des bons vins soit directs, soit de personnalité moyenne, sont très agréablement souples.

Tanin : Les tanins se trouvent dans la peau, les pépins et la rafle du raisin, et ils contribuent à donner longue vie à certains vins, notamment aux grands rouges. Le tanin est un des éléments du dépôt qui permet aux vins de vivre dans les bouteilles. Le tanin des jeunes vins a un goût âpre, astringent, et il provoque un resserrement des tissus de la bouche, notamment sur les côtés de la langue.

Terni : Il est difficile pour quelqu'un qui n'a pas l'habitude de distinguer ce caractère dans un vin, car il ne correspond pas toujours à son aspect. Le goût n'est pas net, et on a l'impression de déceler un élément étranger au vin. C'est sans doute le résultat d'une manipulation défectueuse avant la mise en bouteilles, ou de l'emploi d'une bouteille sale.

Vert : Parfois utilisé pour décrire l'odeur, qui est alors fraîche, presque aiguë. Quant au vin, ce terme désigne l'agréable fraîcheur que possèdent certains vins lorsqu'ils sont très jeunes. De nombreux vins qui ont vieilli possèdent également cet attribut, commun au bouquet et à la saveur, qui rafraîchit le palais et qui évoque l'air que l'on respire dans une forêt ou dans un jardin après la pluie, âcre et profond. Un excès de verdeur dans un vin peut cependant indiquer qu'il fut fait avec les fruits d'une vigne trop jeune.

Vivace : Terme personnel que j'utilise pour décrire un vin dont les attributs sont très vivants, et qui s'offrent d'eux-mêmes au dégustateur. Un vin vivace est animé, parfois même enjoué, et cela s'applique bien sûr à des vins mousseux ou pétillants, mais ce terme peut également, à mon avis, qualifier des vins parfaitement tranquilles.

Lexique des termes vinicoles

Termes que l'on peut trouver sur les étiquettes ou dans les listes de vins.

A.O.C. : Appellation d'origine contrôlée — mention réglementée par l'Institut national des appellations d'origine (I.N.A.O.), France.

Abboccato et **amabile :** Termes italiens, signifiant légèrement doux ou demi-doux.

Auslese : Terme allemand qui signifie que le vin est fait à partir de grappes sélectionnées.

B.O.B. : Buyer's own brand — le vin est fait et/ou étiqueté pour un client spécial, marchand ou négociant. Utilisé notamment pour le Champagne.

Beerenauslese : Terme allemand, signifiant que le vin est fait de raisins individuellement sélectionnés.

Bereich : Région vinicole allemande ; apparaît sur les étiquettes de vins allemands suivant la nouvelle législation allemande.

Blanc de Blancs : Vin blanc de raisins blancs, pas obligatoirement mousseux, et sans signification si le vin est issu d'un seul cépage.

Bocksbeutel : Bouteille trapue utilisée pour les vins de Franconie et certains autres vins.

Bouchon : Le bouchon des meilleurs vins porte généralement la marque du domaine et le millésime.

Brut : Ce terme signifiant sec est généralement utilisé pour le Champagne qui n'a pas reçu de liqueur d'expédition.

Claret : Terme anglais utilisé depuis le Moyen Age et signifiant vin de Bordeaux.

Climat : Le climat est un terme bourguignon qui correspond au château bordelais.

Crémant : C'est un vin qui a moins de mousse qu'un véritable mousseux, avec une pression qui va généralement de 2,5 à presque 4 atmosphères. Ne pas confondre avec la commune de Cramant, en Champagne, bien qu'il existe un crémant de Cramant.

Cru : En général, ce mot désigne d'une part un terroir délimité et d'autre part le vin de ce terroir. Dans le Bordelais, le sens est plus restreint : c'est un château.

Cru bourgeois : Ces crus bordelais ne sont pas classés et viennent immédiatement après les cinquièmes crus classés.

Cru classé : Expression réservée aux crus qui ont subi un classement, le plus célèbre étant celui de 1855 pour les vins rouges du Médoc (plus Haut-Brion).

Cuve close : Cette méthode, également appelée procédé Charmat, permet d'obtenir des vins mousseux.

Cuvée : Le contenu d'une cuve. L'expression

tête de cuvée désigne les premiers jus du pressurage et elle implique une qualité supérieure.

D.O.C. : Label de contrôle des vins italiens en bouteilles. Une législation assez proche existe pour certains vins espagnols et portugais.

Edelzwicker : Vin alsacien qui est un coupage fait avec des raisins nobles.

Eiswein : Vin issu de raisins récoltés tardivement et gelés au moment du pressurage.

Erzeuger-Abfüllung : Terme allemand actuellement utilisé pour des vins mis en bouteilles à la propriété.

Fiasco : Fiasque italienne. Les fiasques à panse couverte de paille des Chiantis ordinaires disparaîtront progressivement à cause du coût de la main-d'œuvre.

Frais : A ne pas confondre avec frappé, ou pire, glacé — traitement que l'on ne devrait jamais faire subir à un vin.

Frizzante, Spumante : Termes italiens pour pétillant et mousseux ; Espumoso est l'espagnol pour mousseux, qui se dit Sekt en allemand.

Gay-Lussac : Le physicien français Louis Joseph Gay-Lussac a inventé l'alcoomètre centésimal destiné à mesurer la teneur en alcool des liquides.

Governo : L'expression *governo all'uso toscano* fait référence au procédé qui permet de rendre presque pétillants certains Chiantis et d'autres vins italiens, comme s'ils avaient subi une fermentation secondaire. Très apprécié en Italie, mais assez peu à l'étranger.

Hock : Terme anglais qui désigne les vins du Rhin, comme *claret* signifie Bordeaux rouge.

Liquoreux, moelleux : Expriment un degré de douceur, le premier supérieur au second.

Monopole : Sert à indiquer une exclusivité et est utilisé notamment pour les vins de marque de certains producteurs. Désigne aussi un climat bourguignon appartenant à un seul propriétaire.

Mousseux : Vin dont la pression à l'intérieur de la bouteille est d'environ 5,5 atmosphères. Pour les méthodes de production voir pages 100-101.

Passito : Terme italien désignant un vin issu de raisins légèrement séchés au soleil.

Pétillant : Cette appellation est réglementée pour certains vins, et signifie dans ce cas que leur pression est de 2 à 2,5 atmosphères. Pour d'autres, elle fait simplement référence au pétillement que l'on sent sur la langue. Les *vinhos verdes* ou vins verts du Portugal en sont un bon exemple, on les qualifie d'ailleurs parfois de perlants. La mousse peut

être naturelle ou provoquée ou accentuée par le viticulteur.

Pipette, sonde : Appareil qui sert à tirer un peu de vin d'un fût. C'est un tube creux, comme une grosse seringue, que l'on introduit dans le récipient. Une pression du doigt permet de le fermer et de garder prisonnier le liquide qu'on libère, lorsque la pipette est hors du récipient, en relâchant simplement cette pression.

Qualitätswein, QbA, QmP : Classification allemande.

Quinta : Terme portugais pour domaine ou propriété.

Riserva, Reserva : Termes italien et espagnol qui indiquent une qualité supérieure et, dans certains pays, sont contrôlés.

Spätlese : Vendange tardive.

Spritzig : Terme allemand qui indique un très léger picotement naturel de certains vins fins. Ce terme n'apparaît pas sur les étiquettes, mais ce pétillement particulier dans un vin est signe de sa vivacité et n'indique pas qu'il travaille.

Sur lies : Le vin a été mis en bouteilles sur lies — c'est-à-dire directement du tonneau, sans filtration. Le Muscadet est célèbre pour cela.

Tastevin : Petite tasse peu profonde destinée à goûter le vin, que l'on emploie toujours en Bourgogne où les caves sont peu éclairées. La «tasse de vin» bordelaise, maintenant désuète, avait une forme légèrement différente. Les Chevaliers du Tastevin forment une confrérie bourguignonne, et les vins qu'ils sélectionnent portent la mention «tasteviné». Elle marque la préférence de la confrérie mais n'est pas obligatoirement une indication sur la qualité du vin.

Teneur : La teneur en alcool du vin se mesure de façons diverses dans les différents pays, mais la méthode la plus simple est l'alcoomètre centésimal de Gay-Lussac. Les vins de table vont de 7 à 14° (ce sont des vins légers, au-delà de 14° ils paient des droits de douane plus importants) ; les vins de liqueur ont de 18 à 21° (ce sont des vins lourds) ; les vermouths et de nombreux apéritifs à base de vin ont de 16 à 20°. Personne ne peut déterminer la teneur en alcool d'un vin en le goûtant ; cette recherche appartient aux laboratoires.

Trockenbeerenauslese : Terme allemand signifiant que les raisins ont en partie séché sur la vigne et, en général, ont été sujets à l'action de *botrytis cinerea*.

V.D.Q.S. : Vins délimités de qualité supérieure. Cette appellation française est inférieure à l'A.O.C., mais elle est également contrôlée.

Vin de marque : Vin de coupage produit par une marque commerciale.

Vin de paille : Vin du Jura, provenant de raisins séchés sur la paille.

Fûts et Containers		*Litres*
Pipe	Porto, Tarragone	522,8
	Madère	418
	Marsala	422,54
Butt de Xérès		490,68
Aum	Vin du Rhin	136,50
Halbstück	Palatinat et Rhin	610
Stück		1200
Halfuder	Moselle	580
Fuder		1000
Barriques	Bordeaux et Bourgogne (barriques de transport)	221
	Barrique de Bordeaux (stockage et maturation)	213-222
	Pièce de Bourgogne (stockage et maturation)	218-231
	Barrique de Mâcon	214
	Barrique australienne	223
Feuillette de Chablis		136
Gönci de Tokay		136

Le **container** qui sert à expédier les vins bon marché peut contenir soit 2432 litres, soit 2659 litres pour les containers en acier inoxydable. Ce peut être également toute la cargaison d'un navire tanker destiné au transport du vin.

Index

Les chiffres en italique renvoient aux illustrations.
Les noms de châteaux se trouvent à Château.

Remerciements

Des centaines de personnes, dont la plupart s'occupent du négoce des vins, m'ont permis d'écrire ce livre ; de nombreuses firmes britanniques ont mis à ma disposition l'expérience et le savoir de leur personnel, du bureau au cellier ; des associations de viticulteurs et de négociants, des officines gouvernementales du monde entier ont fait preuve d'une bonne volonté inépuisable, et de nombreuses personnes, que je n'ai parfois jamais rencontrées, m'ont consacré leur temps sans compter pour me fournir des informations ou vérifier des références.

Je remercie particulièrement le baron Elie de Rothschild, de Château Lafite-Rothschild, qui m'a fait la grande faveur d'écrire la préface de cet ouvrage.

La maison Sichel de Bordeaux et les sociétés Sichel de Londres et de Mayence ont longtemps été mes mentors, et c'est à Hedges & Butler et John Harvey que je dois mes premières connaissances œnologiques.

Les personnes et les sociétés suivantes m'ont permis de goûter de nombreux vins particuliers et m'ont aidé dans mes recherches : O. W. Loeb ; Edouard Robinson ; Hatch, Mansfield ; Rutherford, Osborne & Perkin ; Martini & Rossi ; Charles Kinloch ; Lay & Wheeler ; Corney & Barrow ; Berry Bros. ; Norton & Langridge ; Mentzendorff ; Vins Régionaux Français ; Dolamore ; Adnams de Southwold ; Averys de Bristol ; Cock, Russel ; Laytons ; G. F. Grant ; Balls Bros. ; Deinhart ; Rawlings Voigt ; F. & E. May ; J. B. Reynier ; Percy Fox ; Gilbey Vintners ; Grants de St-James ; Heyman Bros. ; Findlater Matta ; Rigby & Evens ; Geo. Sandeman ; Walter Siegel ; André Simon ; Stowells ; Teltscher Bros ; Richard & William Teltscher ; Williams & Humbert. L'Institut italien du Commerce extérieur, la SOPEXA, la Maison du Portugal,

l'Ambassade espagnole, le Bureau du Commerce et du Tourisme de Chypre, le Centre vinicole australien m'ont fourni aide, assistance et hospitalité. Je dois à l'Association des Vignerons sud-africains la visite du Cap et des entreprises et des vignobles sud-africains.

Parmi mes nombreux amis étrangers, je voudrais particulièrement remercier M. Guy Schÿler, d'Alfred Schÿler, Bordeaux, et Château Lafite ; Martin Bamford, de Château Loudenne ; John Davies, de Château Lascombes ; Ronald Barton, de Léoville et Langoa-Barton ; M. Edouard Cruse. En Bourgogne, les établissements de Louis Latour, dans la vallée du Rhône, M. Pierre Ligier de la Maison du Vin, Avignon, les établissements Noilly Prat de Marseille et Sète, la Distillerie de la Côte Basque à Bayonne, les établissements de Rémy Pannier et Goblet à Saumur, les sociétés de Hugel, Dopff, Kuehn, Trimbach et Dopff & Irion en Alsace, et, en Champagne la CIVC, Moët et Chandon, Pol Roger, Mercier, Laurent Perrier. En Allemagne de

très nombreuses sociétés m'ont apporté une aide appréciable, et je voudrais exprimer ma gratitude au Professeur Becker, de Geisenheim. A Chypre, mes amis de KEO, SODAP, ETKO et la Commission des Produits de la Vigne m'apprirent beaucoup sur leur histoire viticole et le redressement des vignobles, ce que firent pour leur île les diverses autorités siciliennes que je pus consulter.

Je dois de nombreux renseignements à diverses sociétés ou associations du Piémont et de Toscane ; au Portugal, à Gremio, à l'Association des Négociants de Porto, et à l'Association des producteurs de Vinho Verde ; à Madère, à l'Association vinicole de Madère et particulièrement à Horace Zeno et Noël Cossart. A Paarl, la KWV et de nombreux vignerons m'apportèrent une aide précieuse.

Parmi les nombreux amis que je tiens à remercier en Grande-Bretagne, ceux dont les noms suivent ont apporté une contribution particulière à cet ouvrage : Patrick Forges, de Moët et Chandon, Londres ; W. J. S. Fletcher, de Cockburn ; Martinez, Mackenzie, John Lipitch de R. & C. Vintners ; David Peppercorn ; James Long de Gilbey Vintners ; sir Guy Fison, de Charles Kinloch ; J. W. Clevely, de H. Parrot ; Jack Wards, de l'English Vineyards Association ; John Grinter, de The Four Vintners ; R. Hawkey, de Grierson Blumenthal ; Peter Hallgarten, de S. F. & O. Hallgarten ; Pat Simon, de Pat Simon Wines ; Clive Coates ; Geoffrey Jameson, de Justerini & Brooks ; David Rutherford, de Rutherford Osborne &

Perkin ; Gilbert Wheelock, de Martini & Rossi ; Lionel Frumkin, de Southard ; Jeremy Roberts, de Waverley Vintners ; R. E. H. Gunyon dont les connaissances des vins d'Europe orientale m'ont été très profitables ; Julian Jeffs, qui m'a beaucoup aidée pour le Xérès ; Jan Read, grâce à qui j'ai pu goûter des vins espagnols exceptionnels, dont il parle si bien ; Helen Thomson, de O. W. Loeb, qui a relu le manuscrit et établi l'index ; et Mme Margaret Bird, pour son travail impeccable de dactylographie. Je veux également remercier le personnel de Dorling Kindersley, qui s'est intéressé avec enthousiasme aux techniques de dégustation et m'a apporté une aide pratique inestimable.

Pamela Vandyke Price

Dorling Kindersley Limited s'associe aux remerciements exprimés par l'auteur, exprime sa gratitude à ceux qui ont participé aux illustrations et aux photographies originales de ce livre, et remercie particulièrement Amy Carroll ; Counsel Ltd ; H. Erben Ltd ; Food de France ; Guy Gravett ; S. M. Groenbof ; A. G. D. Heath ; Albert Jackson ; John Marshall ; Saxon Menné ; Paxton et Whitfield ; Jean Peissel ; le Bureau de Commerce du Gouvernement portugais, Londres ; David Russel ; C. Shapland & Co. ; Sotheby & Co. ; l'Ambassade de Turquie à Londres ; Vitcovitch Bros. ; D. A. Willis ; Wine and Spirit Association de Grande Bretagne et le Wine Development Board ; l'Institut du Vin, San Francisco ; les Vins de Grèce.

Cet ouvrage a été conçu, réalisé et édité par DORLING KINDERSLEY LIMITED

Rédacteur en chef
Christopher Davis
Directeur artistique
Bridget Morley
Rédacteur littéraire
Lizzie Boyd
Dessinateurs
Derek Ungless
Malcolm Smythe

La recherche cartographique est l'œuvre de **Harriet Bridgeman Ltd.** (chercheurs : Edward Saunders, Rachel Hay), **Jackson Day Designs** et **Arka Graphics**

Conseillers
Clive Williams
Ecole vinicole Gilbey Vintners
Helen Thomson
O.W. Loeb & Co. Ltd.
Terry Robards
New York Times

Photographe
Philip Dowell
Artistes
David Ashby
Roy Coombes
Michael Craig
Bill Easter
Andrew Farmer
Nicholas Hall
James Robin
Stephanie Todd
Owen Wood
Michael Woods

L'adaptation française de cet ouvrage a été conçue et réalisée par l'Agence Internationale d'Edition,

Rédacteur
Paul Alexandre

Conception artistique
J. F. Lamunière

Jean-Baptiste Chaudet se tient à la disposition de tous les amoureux du vin. Vous pouvez lui écrire à l'adresse suivante : 35, rue Geoffroy-Saint-Hilaire, 75005 Paris.

Illustrations
Barnabys Picture Library ; Peter Baker Photography ; Bodleian Library ; Université de Bristol, Départ. d'Agriculture et Horticulture ; Cockburn Smithes ; Colorific ; Daily Telegraph ; Robert Estall ; Foto Fass ; Bureau de Tourisme du Gouvernement français ; Grants de St-James ; Guy Gravett ; Sonia Halliday ; Michael Holford Picture Library ; Mansell Collection ; Mary Evans Picture Library ; Moët et Chandon ; G. H. Mumm & Co. ; Andrew Morland ; Picturepoint Ltd. ; Rapho ; Ronald Sheridan ; SOPEXA ; Werner Forman ; Wine and Spirit Education

Crédit photographique de l'édition française :
Michel Guillard (Agence Scope), pages 62-63, 64-65, 66-67, 80-81, page de garde.
Jacques Guillard (Agence Scope), pages 68-69, 76-77, 78-79.
Philippe Beuzen (Agence Scope), pages 60-61.
Jaquette face et dos : Jacques Guillard (Agence Scope)
Jaquette face : François Tissier.

L'éditeur remercie vivement la compagnie des cristalleries de Baccarat, Paris qui a permis de réaliser cette photo.